朱雪梅 著

高等职业教育发展模式研究

GAODENG ZHIYE JIAOYU FAZHAN MOSHI YANJIU

中山大学出版社
·广州·

版权所有　翻印必究

图书在版编目（CIP）数据

高等职业教育发展模式研究/朱雪梅著. —广州：中山大学出版社，2016.11

ISBN 978 - 7 - 306 - 05698 - 6

Ⅰ. ①高⋯　Ⅱ. ①朱⋯　Ⅲ. ①高等职业教育—发展模式—研究　Ⅳ. ①G718.5

中国版本图书馆 CIP 数据核字（2016）第 108965 号

GAODENG ZHIYE JIAOYU FAZHAN MOSHI YANJIU

出 版 人：徐　劲
策划编辑：金继伟
责任编辑：周　玢
封面设计：林绵华
责任校对：王　璞
责任技编：何雅涛
出版发行：中山大学出版社
电　　话：编辑部 020 - 84110771，84113349，84111997，84110779
　　　　　发行部 020 - 84111998，84111981，84111160
地　　址：广州市新港西路 135 号
邮　　编：510275　传　真：020 - 84036565
网　　址：http://www.zsup.com.cn　E-mail：zdcbs@ mail.sysu.edu.cn
印 刷 者：佛山市浩文彩色印刷有限公司
规　　格：787mm×1092mm　1/16　18.25 印张　278 千字
版次印次：2016 年 11 月第 1 版　2016 年 11 月第 1 次印刷
定　　价：45.00 元

如发现本书因印装质量影响阅读，请与出版社发行部联系调换

内 容 简 介

在当今时代，高等职业教育（以下简称"高职教育"）被赋予了重大使命和热切期待，普遍成为各国发展的战略重点；同时又因受到政府与市场、职业与学术、模式移植与本土适应等发展关系的掣肘而陷入两难困境。高等职业教育发展模式已成为高职教育领域引人关注并值得深入探究的问题。然而，一个国家高职教育发展并非简单地移植成功模式或设计发展方案即可完成的，我们需要对高等职业教育发展模式演进规律和各国发展模式形成进行复杂理解，才能为把握未来提供坚实的基础。

本书的主旨是：通过对高等职业教育发展模式演进和不同国家实践形态的研究，尝试构建高等职业教育发展模式的分析框架，探寻高职教育发展内在规律和不同国家模式形成机理，并为中国高职教育发展模式转变提供框架性建议。

为此，本研究综合采用文献分析法、比较研究法、因素分析法、历史分析法等研究方法，进行了以下三个方面的研究：把高等职业教育发展放置于人类社会现代化进程中，在社会经济发展进程中梳理高职教育发展脉络，探索高等职业教育模式演变的规律；比较分析高职教育在典型国家的不同发展模式和实践形态，通过研究不同国家高等职业教育发展历程、模式形成、影响因素等，探寻蕴藏在其中的高等职业教育发展本质的、稳定性的内在规律和发展趋向；在规律探索的基础上，探寻中国高等职业教育发展模式的形成、特征及存在的问题，构建符合发展方向和适应中国经济文化的新模式。本书共分为四个部分的主要内容。

第一部分为导论和第一章。导论论述了选题的缘由与意义，评述国内外相关研究综述及本课题研究问题、思路、内容与方法。第一章主要通过分析对高职教育发展产生重要影响的现代化理论、新制度主义理论和人力资本理论，在厘清高职教育发展模式的关键要素基础上，进一步构建了高职教育发展模式形成的分析框架：以服务社会为中心，高职教育在服务社会经济中发生模式演进，高职教育在服务本国中形成特色模式。这一分析模式围绕三个核心问题：①高职教育如何在服务社会、满足社会需求中发展，并随社会发展演变而改变模式；②高职教育如何在契合一国具体国情下得以组织和形成特色模式；③高等职业教育在发展历程中与高等学术教育之间的关系演变。

第二部分为第二章。从纵向历史的维度，探寻在人类不同生产技术和社会经济条件影响下高职教育发展进程及其模式演变，从农业社会旁落于民间的学徒制教育，到工业社会"工厂－学校"模式，再演变为现代信息社会的多元合作模式。高职教育发展模式演进规律主要为：高职教育以服务社会为中心与人类社会互动演进发展，高职教育在与社会文化相适应中发展；高职教育与人文教育从对峙到融合；高职教育发展源流历经汇聚与分化。

第三部分为第三章到第六章。主要是利用分析框架，以高职教育发展模式的形成为核心问题，对美国、德国、澳大利亚三个高职教育发展典型国家进行实践形态的比较分析。分析高职教育如何在服务社会、适应国情和与经济发展互动中发展并形成模式特色，在进程中把握其不同的发展模式。主要分析结论有：①各国高职教育在不同的社会文化、具体国情和需求中形成了不同的发展模式——美国多功能一体化模式、德国双轨双元制模式、澳大利亚国家资格框架下的市场化模式；②高等职业教育发展模式的形成受到社会文化、经济发展、制度体制等多方面的影响；③发展高职教育是美国、德国、澳大利亚这三个国家强盛的关键，其成功的经验在于高职教育必须密切服务社会经济发展，积极推动产业转型升级。

第四部分为第七章、第八章。在以上研究基础上，探讨中国高职教育发展历程与模式特征，重点分析现有模式存在的问题，并构建发展模式新框架。在特有的社会文化和国情背景中，中国高等职业教育形成了政府主导自上而下、学校本位企业缺位的发展模式，正是这种发展模式造成了高职教育与普通高等教育（以下简称"高教"）缺乏互通、与产业界互动不足、院校发展同质化、人文割裂与文化贬抑等发展问题；基于高职教育发展的规律与趋向，本研究提出了多元融合的中国高等职业教育发展模式新框架，中国高等职业教育发展应从传统的束缚中挣脱，从模式移植到本土化探索，从教育形态和教育内容的革新，迈向以人的全面发展和终身教育为内容的整体性变革。

目　　录

导论 ……………………………………………………………… 1
 一、问题提出 ………………………………………………… 1
 二、研究主旨 ………………………………………………… 3
  （一）探寻高职教育发展的基本规律 …………………… 3
  （二）把握高职教育发展基本走向 ……………………… 4
  （三）解构与重构中国高职教育发展模式 ……………… 6
 三、关键概念界定 …………………………………………… 10
  （一）职业教育 …………………………………………… 10
  （二）高等职业教育 ……………………………………… 13
  （三）发展模式 …………………………………………… 20
 四、文献研究综述 …………………………………………… 23
  （一）关于高职教育发展模式演进的研究 ……………… 23
  （二）关于不同国家高职教育发展模式的研究 ………… 31
  （三）关于中国高职教育发展模式的研究 ……………… 35
  （四）关于中国高职教育发展相关问题的研究 ………… 38
  （五）主要文献基本评述 ………………………………… 42
 五、研究问题、线索、内容与方法 ………………………… 44
  （一）研究问题 …………………………………………… 44
  （二）研究线索 …………………………………………… 45
  （三）研究内容 …………………………………………… 46
  （四）研究方法 …………………………………………… 48

第一章 高等职业教育发展模式理论基础与分析框架 …… 50
一、相关理论基础 …… 50
（一）现代化理论 …… 50
（二）新制度主义理论 …… 58
（三）人力资本理论 …… 62
二、高职教育发展模式关键要素 …… 69
（一）系统运行：政府、市场（企业）、院校机构的参与方式 …… 69
（二）教育体系：高职教育与学术性高等教育的关系 …… 71
（三）培养模式：高职教育人才培养要素的组合关系 …… 71
三、本研究分析框架 …… 72
（一）以服务社会为中心 …… 73
（二）互进发展：高职教育在服务社会经济中发生模式演进 …… 74
（三）适应发展：高职教育在服务本国实际中形成特色模式 …… 77

第二章 高等职业教育发展模式演进 …… 79
一、学徒制模式——高职教育的原生型 …… 80
（一）农业社会背景考察 …… 80
（二）学徒制职教模式的产生与发展 …… 85
（三）学徒制职教模式特征 …… 91
二、"工厂－学校"模式——现代高职教育的产生与制度化 …… 96
（一）工业社会背景考察 …… 97
（二）现代高职教育产生与发展 …… 101
（三）"工厂－学校"高职教育模式特征 …… 108
三、多元合作模式——现代高职教育的繁盛 …… 110
（一）信息社会背景考察 …… 111

（二）高职教育的多元发展 …………………………………… 115
　　　（三）多元合作高职教育模式特征 ……………………………… 117
　四、高职教育发展模式演进规律 ………………………………………… 120
　　　（一）以服务社会为中心：高职教育与人类社会互进
　　　　　　发展 …………………………………………………………… 120
　　　（二）传统与变迁：高职教育与社会文化适应发展 ………… 123
　　　（三）对峙与融合：高职教育与人文教育的消长 …………… 124
　　　（四）汇聚与分化：高职教育发展的路径与源流 …………… 128

第三章　美国高等职业教育发展模式 ……………………………………… 132
　一、美国高职教育发展的社会背景 ……………………………………… 133
　　　（一）自由、平等、多元的文化传统 ………………………… 133
　　　（二）实用主义价值取向 ……………………………………… 134
　　　（三）经济发展与工业文明 …………………………………… 135
　二、美国高职教育服务社会的发展历程 ………………………………… 137
　　　（一）服务经济生产：赠地学院与传统教育改造 …………… 138
　　　（二）满足社会需求：从初级学院到社区学院 ……………… 141
　　　（三）促进生涯发展：从 STW 到 STC 战略 ………………… 145
　三、多功能一体化发展模式特征 ………………………………………… 148
　　　（一）一体化的教育体制 ……………………………………… 148
　　　（二）多功能综合化教育模式 ………………………………… 150
　　　（三）学术与职业的融合 ……………………………………… 151
　　　（四）密切服务于社区需要和经济发展 ……………………… 152

第四章　德国高等职业教育发展模式 ……………………………………… 155
　一、德国高职教育发展的社会背景 ……………………………………… 155
　　　（一）重商崇技的文化传统 …………………………………… 156
　　　（二）学术性与实用性并重的历史沿袭 ……………………… 156
　　　（三）重视职业教育的社会共识 ……………………………… 157

（四）企业参与职业教育的内在动力与制度规约 …………… 158
二、德国高职教育服务社会的发展历程 …………………………… 159
（一）工业化阶段与工业学校体系的发展
（"二战"前）………………………………………… 159
（二）经济高速发展与高等专科学校、职业学院的建立
（"二战"后至1975年）…………………………… 160
（三）产业结构调整与高职教育多层次发展
（1975年至今）……………………………………… 161
三、双轨双元制发展模式特征 ……………………………………… 166
（一）高职教育与高等学术教育体系双轨互通 ……………… 166
（二）学校、企业合作的双元制教育模式 …………………… 168
（三）全民职业教育 …………………………………………… 169
（四）企业广泛参与 …………………………………………… 170

第五章　澳大利亚高等职业教育发展模式 ………………………… 172

一、澳大利亚高职教育发展的社会背景 …………………………… 172
（一）英国传统与多元文化 …………………………………… 173
（二）产业结构与社会需求 …………………………………… 173
二、澳大利亚高职教育服务社会的发展历程 ……………………… 174
（一）服务社会：高级教育学院的产生与发展
（"二战"后至1975年）…………………………… 174
（二）促进经济：技术与继续教育体系建立
（1975年至20世纪末）…………………………… 178
（三）技能立国：技术与继续教育体系拓展
（21世纪至今）……………………………………… 183
三、国家资格框架下的市场化发展模式特征 ……………………… 185
（一）基于国家资格认证框架（AQF）的混合体系 ………… 186
（二）学历教育与职业培训融为一体 ………………………… 188
（三）政府调控下的市场化运作 ……………………………… 189

第六章　不同国家高等职业教育发展模式比较 ……………… 191
　　一、各国高职教育发展模式关键要素比较 ………………………… 191
　　　　（一）实施机构 ……………………………………………… 191
　　　　（二）运行机制 ……………………………………………… 193
　　　　（三）教育体制 ……………………………………………… 195
　　　　（四）培养模式 ……………………………………………… 196
　　二、各国高职教育发展模式的共同特征 …………………………… 197
　　　　（一）高职教育服务社会目标有侧重 ……………………… 197
　　　　（二）高职教育发展模式存在阶段性 ……………………… 198
　　　　（三）高职教育与学术教育融合发展 ……………………… 199
　　三、各国高职教育发展模式的影响要素 …………………………… 202
　　　　（一）文化基础：高职教育与社会文化相互适应 ………… 202
　　　　（二）经济基础：高职教育与经济发展适应与互动 ……… 204
　　　　（三）政治基础：高职教育发展有赖于政府推动 ………… 205
　　四、各国高职教育发展模式的成功经验 …………………………… 207
　　　　（一）发展高职教育是国家强盛的关键 …………………… 207
　　　　（二）高职教育密切服务社会经济发展 …………………… 209
　　　　（三）高职教育积极推动产业转型升级 …………………… 210

第七章　中国高等职业教育发展模式之形成 ………………… 212
　　一、中国高职教育服务社会的发展历程 …………………………… 212
　　　　（一）教育救国：实业教育初兴（1949 年之前） ………… 212
　　　　（二）政治至上：劳动大学与半工半读
　　　　　　　（1949—1978 年） ………………………………… 215
　　　　（三）服务社会：职业大学的建立及其分化
　　　　　　　（1978 年至 20 世纪末） …………………………… 216
　　　　（四）推动经济：职业技术学院的勃兴
　　　　　　　（20 世纪末至今） …………………………………… 218
　　二、政府主导学校本位发展模式的特征 …………………………… 222

（一）双轨并行而不互通 ………………………………………… 222
　　　（二）政府主导自上而下 ………………………………………… 224
　　　（三）学校本位企业缺位 ………………………………………… 225
　三、中国高职教育发展模式存在的问题 …………………………… 227
　　　（一）体系不全，与普通高等教育缺乏等值与互通 …………… 227
　　　（二）封闭办学，与产业界互动不足 …………………………… 228
　　　（三）行政推动，院校发展同质化 ……………………………… 230
　　　（四）人文割裂，人的发展被忽视 ……………………………… 231
　　　（五）文化贬抑，社会吸引力不足 ……………………………… 231

第八章　中国高等职业教育发展模式之重构 …………………… 234
　一、国际视野下高职教育发展模式新趋向 ………………………… 234
　　　（一）各类各层次教育间有效转换互通 ………………………… 234
　　　（二）政府、社会、企业多元参与 ……………………………… 235
　　　（三）高职教育功能综合化 ……………………………………… 235
　　　（四）融入终身教育体系 ………………………………………… 236
　　　（五）促进人的全面发展 ………………………………………… 237
　二、多元融合：中国高职教育发展模式新框架 …………………… 239
　　　（一）全面服务社会经济发展：构建高端技能型人才培养
　　　　　 体系 …………………………………………………………… 239
　　　（二）从双轨隔离走向双轨并行互通 …………………………… 243
　　　（三）从学校本位走向产学研合作 ……………………………… 247
　　　（四）从政府主导走向院校自主发展 …………………………… 249
　　　（五）构建多功能融合的高职教育机构 ………………………… 252
　　　（六）构建"育人"与"制器"并重的高职培养体系 …………… 253

结语 ……………………………………………………………………… 256
　一、高职教育发展模式演进 ………………………………………… 256
　二、不同国家高职教育实践形态 …………………………………… 258

三、中国高职教育发展模式形成与重构 …………………………… 261

参考文献 ………………………………………………………………… 264

后记 ……………………………………………………………………… 277

导　　论

一、问题提出

  许多人都在努力探讨 20 世纪世界发生如此重大变革的原因，在诸多答案中，一个最重要的因素便是教育与现代大工业生产的结合。康奈尔（W. Conell）在《二十世纪世界教育史》一书中把 20 世纪世界的巨变归因于现代教育的觉醒，而这种觉醒就使教育开始注重社会功效，教育开始与经济建立起内在的联系。职业教育自产生之日起就与社会经济发展紧密相连，它在开发人力资源、促进就业、满足多元化教育需求方面起着举足轻重的作用，成为一个任何民族和国家都不敢忽视的力量。历史不断地证明，哪个国家的职业教育走在前列，该国就会在经济和国家建设中获得相应的发展成就。职业技术教育曾被誉为日本、德国等发达国家经济腾飞、民族振兴的"秘密武器"，从西方发达国家的经验来看，其"发达"无不与职业技术教育的发展有关。英国在工业革命开始后便加快发展职业技术教育，这使其在相当长的时间内保持了"世界工厂"的地位；德国则利用职业技术教育这一"秘密武器"，在第二次世界大战（以下简称"二战"）的废墟中重整旗鼓，短短几十年便再次跻身世界经济强国；美国、日本、法国、瑞典、新加坡等国也都从发展职业技术教育中尝到了甜头，职业技术教育不仅使他们减少了人力、物力、财力资源的浪费，也大大提高了企业的竞争能力和国家的综合实力。当今世界面临着日益激烈的经济竞争和国力较量,而这归根结底是人才的竞争,其中除了高层次拔尖人才之外,更重要的是高技术、高技能人才和高素质的劳动者。国际劳工组织在《世界就业报告(1998—1999)》中指出:"一个国家的经济运行状况主要取决于对新技术和劳动技能的获得和运用。"因此,发展职业教育已经普遍成为世界各国政府的政策重点所在,将其视为本国在全球竞争中不可或缺的发展关键,更是被后发型现代化国家视为摆脱落后局面、赶超发达国家的良方。高等职业教育肩负着重大历史责任,因此,高等职业教育便成为教育领域乃至社会研究的新重点和难点。

许多学者对高职教育改革进行了反思与拷问:高职教育与普通高等教育究竟有何区别?高职教育的本质和定位是什么?为何中国政府发展职业教育热情高涨,然而社会民众却并不热衷,并斥之为"二流教育"?为何中国高职教育在工学结合、校企合作的道路上如此举步维艰,甚至到最后流于形式?面对发达国家强大的经济实力和支撑其发展的强大职业教育体系,作为后发型现代化国家的中国一直孜孜不倦地试图引进他国的理念和模式用于自己的发展,如德国的"双元制"模式、美国的社区学院模式、澳大利亚的TAFE(技术和继续教育)模式,一直都是中国高职教育移植借鉴的对象。但历史教训告诉我们,简单地投资于某种新的教育模式,采纳其他国家的方式或采取短期的办法,都不能解决问题,现实的情况往往复杂而独特。教育模式不能移植,单纯的借鉴又水土不服,高等职业教育发展有无规律和道路可循?中国高职教育又该走怎样的发展道路?

要解决这种根源性的困惑,必须从更广阔的历史的、国际的视野,系统考察世界高职教育的基本进程及其不同发展模式的问题,并从更宏观的角度审视中国高等职业教育的发生与发展。教育现代化研究呈现了新的视角,通过对现代教育改革与发展的整体描述,呈现了波澜壮阔的世界教育现代化进程和丰富多彩的各国教育现代化实践。教育现代化研究范式强调教育发展的现状性演变,一方面反映人类教育现代化演变的历史进程,另一方面呈现人类教育现代化进程中先进与落后国家教育发展路径的差异。"只有从教育现代化的高度,从现代教育改革的角度,才能从本质上认识职业技术教育的作用,而只有真正认识职业技术教育的现代功能和历史意义,才能有力地推动教育现代化。一切离开发展职业技术教育的教育现代化是不可想象的。"① 教育现代化为研究高等职业教育发展打开了视野,并找到了利器。

为回答以上高职教育发展问题,本书将其凝聚为"高职教育发展模式"这一命题,力求从高职教育发展历程中梳理发展脉络,探析在社会经济现代化进程中高职教育模式演变的规律,以及高职教育在各国不同的发展模式及其形成机理,进而对中国高职教育发展模式进行价值判断、选择与再造。寄望于通过这一课题把零碎、片断的思想汇集起来,从而呈现出一条逐渐清晰的思路。

二、 研究主旨

(一) 探寻高职教育发展的基本规律

作为一种高等教育类型,高等职业教育发展问题历来是教育理论研究的基本内容之一。但很长时间以来,高等职业教育发展研究更多的是从一个国家教育系统内部来分析高职教育定位、功能、运行等,或者是介绍国外经验并加以比较借鉴。在迈向现代化的过程中,高等职业教育有其自身的发展演进规律,同时由于各民族国家政治经济环境不同,高职教育在各国的实践中形成了迥异的发展路径和模式。正是这些发展规律左右着当前高职教育的实践发展,并影响着各国高职教育发展道路的选择,然而,对此方面却少人探究,少量的研究又较为零碎,难以准确呈现和解释。本研究把高等职业教育发展置于人类社会现代化进程中,考察高职教育在教育现代化不同阶段的模式演变,比较分析高职教育在典型国家的不同发展模式,是研究高等职业教育发展问题的新视角和新范式。

对于不同发展环境的国家,高等职业教育发展道路不同,研究高等职业教育发展模式演进,客观评估不同国家高等职业教育发展的基本进程和

---

① 冯增俊:《教育现代化与面向21世纪的高等职业技术教育》,载《嘉应大学学报(社会科学)》1996年第3期。

发展道路，探讨高职教育与产业发展互动、民族文化传统与高职教育发展的关系、高职教育与高等教育系统的关系，比较分析各国高职教育发展模式及其形成因素，能够提供客观分析国家高职教育发展状况的一种分析框架。目前对中国高等职业教育发展问题的理论研究大都关注对问题本身的分析，没有将高等职业教育发展中遭遇的问题与高职教育演进规律和民族国家环境结合在一起，没有从教育发展的宏观视野研究高等职业教育在现代化进程中的模式研究和发展规律、拓展高等职业教育理论研究的思路和领域。

（二）把握高职教育发展基本走向

20 世纪下半叶，世界上大多数国家的高等教育普遍出现了两个共同的发展趋势，一是数量规模的迅速增长，高等教育从精英走向了大众；二是高等教育类型的急剧分化，被分化出来的高等教育类型各国名称不一，但就其培养目标而言，主要是职业技术性人才。[①] 在《高等教育不能回避历史——21 世纪的问题》一书中，克拉克·克尔分析了这一高等教育的分化趋势，提出了高等教育系统分化与变革的"趋同模式"，即在高等教育内部按工作的层次进行分化，在较高的智力活动层次，非常强调优秀，在不那么高级的学术层次有一个大众化和普遍的入学部门——从而做到同样地既培养高级人才又为扩大入学机会的现代需求服务。英才主义与平等主义的共存，是高等教育分化的共同趋势。20 世纪 70 年代，欧洲教育部长会议组织了一个"第三级教育多样化专题调查组"并提交了"第三级教育多样化"的报告，报告指出：传统的高等教育制度，既不能满足各方面不断增加的学生们的需要，也不能适应这些国家技术上发展和社会中技术和资格极大多样化对教育的需求，要解决以上问题，只有把传统高等教育改变成范围较广、具有各种目的和各种水平的多样化第三级教育体系。而所谓多样化就是指既要发展传统的学术型大学，也要发展非学术型高校，培养

---

① 杨金土、孟广平、严雪怡等：《对技术、技术型人才和技术教育的再认识》，载《职业技术教育》2002 年第 22 期。

实用型技术人才。

高等教育多样化已成为国际共识,而大力发展高等职业教育也已成为各国实现高等教育多样化和大众化的必然选择。面对这一趋势,联合国教育、科学及文化组织(以下简称"联合国教科文组织")做出了回应,于1997年全面修订了"国际教育标准分类"(international standard classification of education,ISCED),对原版本的三级分类系统做了较大调整,其中最大的变化就是将属于高等教育的第5层次从横向上划分为A、B两类,A类是授予高等研究课程或高级技术专业方面职业,B类则是传授某一特殊职业或职业群所需要的实践技术和专门技能。克拉克·克尔提出,人们已经把注意力转到整个高等教育或中学后的教育,而不再单独注意传统大学部门了。"在高等教育内部把注意力只集中在传统的大学已经成为一个时代错误,甚至是一个有代价的时代错误,这样的集中注意传统大学,从12世纪到19世纪是合适的,但是在20世纪就很不合适,在21世纪就更不合适了。"①1998年联合国教科文组织第一届世界高等教育大会提出的《关于高等教育的变革与发展的政策性文件》中说:"几乎世界各地的高等教育都趋向多样化,虽然有些学校,尤其是具有理论传统的大学对变革有一定程度的抵触,但从总体上说,高等教育已经在较短时期内进行了意义深远的改革","许多国家的高等教育制度,出现了两元的但未必是两极的分化现象——大学类型及非大学类型的高等院校……多样化是当今高等教育中值得欢迎的趋势,定当全力支持"。②各国发展实践证明,职业教育地位的高低、质量的优劣,直接影响到国家的发展与生产力的提高,因此日益受到各国政府与教育家的重视。

自文艺复兴运动和新教改革特别是工业革命后,生产性质发生质变,大生产迫切需要科技进入学校,但受到古典人文教育的激烈对抗,于是便以另一种教育——职业技术教育的方式来满足工业化的要求,由此也开始了古典人文教育与现代科技教育的长期对抗和紧张。高等职业教育正是在这种传统人文和技艺的对抗中产生。冯增俊认为,职业技术教育是"在传

---

① [美]克拉克·克尔:《高等教育不能回避历史——21世纪的问题》,王承绪译,浙江教育出版社2001年版,第101页。

② 联合国教科文组织:《关于高等教育的变革与发展的政策性文件》。

统教育不能适应现代生产发展的夹缝中生长起来的重要教育形式。职业技术教育应当明确自身的历史重任，不仅在于满足社会生产发展的要求，而且也要担负起改造传统教育的历史使命"①。邬大光在研究大学分化的复杂性及其价值时也认为，大学分化是满足社会和个人需求的必然过程，当已有的大学组织不能满足社会和人的发展要求时，就必然会产生一种新的教育机构。②在近代科学发展和民族国家兴起的推动下，一批以科学技术为内容、应用性为特征，适应近代科技发展和生产需求的新型高等教育机构开始出现，各种承担高等职业技术教育的新型高等学校应运而生、迅速发展，现已遍布世界各国，如18世纪法国出现了专门学院，俄国出现了技术性专门学院；19世纪初德国出现柏林大学的同时，也出现了每区一所的工业学校职教网，并随工业化发展升格为工业学院、工科大学；日本出现了专门学校，包括高等师范学校和实业专门学校等；19世纪末美国出现了初级学院，并于20世纪中期发展成为社区学院。"二战"后，大多数国家的高等教育由精英化进入大众化甚至普及化的阶段，在这一规模扩张过程中，高等教育经历了前所未有的结构变革，高等教育系统逐渐分化成为一个多层次、多类型、多形式、多渠道的纵横交错的网络。

高等职业教育发展促进高等教育体系的多元化发展，同时代表着高等教育改革的方向，从这个角度而言，我们有必要深入探讨：高等职业教育存在的依据及其内涵又是什么？它与中等职业教育之间、与普通高等教育之间有着怎样的关系，是建立平行于普通高等教育的体系并与之双轨并行，还是走向融合？本研究在历史进程和各国实践中，考察高等职业教育如何与高等学术教育互相影响和发展，进而研究高等职业教育发展走向，将有助于丰富和深化高等教育理论研究。

（三）解构与重构中国高职教育发展模式

中国制造业工业增加值居世界前列，堪称制造业大国，但还远非制造

---

① 冯增俊：《中国高等职业技术教育发展模式探析》，载《华东师范大学学报（教育科学版）》2006年第12期。

② 邬大光：《大学分化的复杂性及其价值》，载《教育研究》2010年第12期。

业强国。中国制造业的劳动生产率仅约为美国和日本的 4%、德国的 5%。究其原因,在于中国产业结构不合理,技术创新能力不强,产品附加值低,资源消耗大,所有这些都与从业人员技术素质偏低、高技能人才匮乏有很大关系。同样的生产线和材料,中国就是生产不出德国的"奔驰";即使全部使用从国外进口的零部件,但由于装配技术差,国内厂家组装出来的产品的整体质量仍然比不上国外企业使用同样的零部件组装出来的产品,市场就以"国内组装"与"国外原装"来区别产品的质量。有资料显示,发达国家的高级技工在制造业工人总数中占 40%;而中国的制造业中高级技工仅为 3.5%,而且绝大多数技工,尤其是青年技工还达不到规定的标准。生产同一块手表,发达国家是 6 个合格的工人加 4 个技师,而我们是 9 个不合格的工人加 0.5 个技师。①没有大量技术过硬、手艺高超的技术工人,怎么能生产出高质量的产品?这种技术和人才上的弱势,使中国在加入 WTO 后不得不面临在国际竞争中的劣势。7 亿多劳动力和低廉的工资成本,可能会使我们在一个时期内成为一个制造业的大国,但普遍缺乏制造技能则绝不会使我们成为制造业的强国。② 先进的技术可以引进,现代的管理模式可以借鉴,高精尖人才也可以引进,但大批量的高技能人才和技术工人是不可能引进的,只能靠教育来解决。

同时,中国是世界上人口最多、劳动力资源最丰富的国家,得天独厚的人口优势在为经济和社会发展提供充足人力资源,也支撑了中国近 30 年的工业化进程。然而,劳动力供求关系正发生变化,2004 年开始的以"民工荒"为表现形式的劳动力短缺现象在中国沿海各地相继出现,珠三角地区尤为突出,由此引发了一系列激烈论战。有学者认为,中国正逐渐从劳动力无限供给的"人口红利"向"刘易斯拐点"过渡,中国经济发展已经迎来了"刘易斯转折点","劳动力无限供给的特征逐渐消失"(蔡昉,2007)。其重要的表现之一就是,结构性劳动力短缺,非技术性劳动力市场生存空间急遽挤压,传统的依靠资本积累扩张型的增长方式即将走到尽头。为此,要采取发展教育和培训提高劳动力技能,促进就业的正规化和

---

① 闵良臣:《30 万年薪为何招不到高级技工》,载《南方周末》2003 年 10 月 30 日。
② 张建成:《中国制造业的发展与职业教育体系的改革》,载《教育研究》2004 年第 12 期。

改善劳动力市场保护等措施,将经济增长建立在创新和技术进步的基础上,实现惠及全民的发展目标。① 而如何将巨大的劳动力负担转变为能够适应并促进经济发展的人力资源、并改善中国新劳力构成以适应现有产业结构已成为中国必须要解决的问题。冯增俊在对这一问题进行深入研究后认为,破解中国劳工荒这一刘易斯拐点难题,关键是要全面推动教育服务产业发展为重点的"二次教育革命",其主要的内容便是发展职业技术教育。② 冯增俊提出:"自 1980 年以来的 15 年是中等职业技术教育时代,而自 1995 年之后的 15 年则必须应当成为高等职教发展的时代,只有这样,才能为中国经济的新起飞奠定坚实的基础。"③ 在中国经济结构转型的现阶段,发展高等职业教育成为当前中国教育发展战略的重中之重。

然而相对于西方国家高等职业教育的发展,中国还处于起步阶段。20 世纪 90 年代,在中国高等教育大众化进程中的高等教育扩招政策和民办高校迅速兴起两大力量的推动下,高等职业教育真正引起了广泛关注并获得较大发展,通过"三改一补"使高等院校数量和招生规模成倍增长。然而,中国职业教育规模上的飞速发展也并未如我们期许的愿景般实现职业教育在国家工业化、现代化进程中的支撑、促进和引领的作用,也未能如其他国家如澳大利亚、德国等成为缓解就业问题的良方,却反而造就了新的就业问题,日益加剧的就业危机正在成为埋葬扩招成果的导火索。这种超常规的发展速度和规模,也并未从根本上改变传统教育模式,反而引发了中国高教更深刻的紧张。④ 究其缘由,我们所固守的教育模式所培养的人才不适应社会经济的需要,其主要问题所在就是职业教育缺乏与经济发展的实质性联系,游离于社会经济之外,缺乏维系生命的社会之根。在中国扑面而来的高职热的呼声中,人们更多听到的是教育内部尤其是职教内

---

① 《人口研究》编辑部:《从"民工荒"到"返乡潮":中国的刘易斯拐点到来了吗?》,载《人口研究》2009 年第 2 期。
② 冯增俊:《民工荒、刘易斯拐点与二次教育革命》,http://business.sohu.com/20110210//n279264835.shtml.
③ 冯增俊:《教育现代化与面向 21 世纪的高等职业技术教育》,载《嘉应大学学报(社会科学)》1996 年第 3 期。
④ 冯增俊:《中国高等职业技术教育发展模式探析》,载《华东师范大学学报(教育科学版)》2006 年第 12 期。

部、教育主管部门和地方领导的声音,产业部门的声音显得微乎其微。现代教育发展规律表明,高职教育产生与发展的动因应该来自产业部门,或者由教育部门与产业部门在进行大量调查的基础上联合提出,才能保证高职办学的有效性和发展的科学性。中国著名职业教育家,被称为"中国职业教育第一人"的黄炎培先生说:"苟与我六十万金办中国职教,我必以二十万金充调查费。"① 然而,与西方发达国家职业教育发源于企业并由企业推动不同,中国的职业教育发展是由政府主导设计并推动的,而一个本应是职业教育的生命之源的重要角色——产业部门缺位了。产生这一问题的根源是什么?

由于中国发展高等职业教育是仓促上阵,理论准备先天不足,办学起点普遍不高,缺乏对于高层次、高水平、高素质技能型或实务型人才培养的系统设计和整体考虑,高职教育在规模上虽获得了跨越式发展,然而在其理论准备与认识上仍是"少年"。国外职业教育制度和模式的"本土化"困难重重,固然有许多现实原因,理论研究的薄弱也难辞其咎。近十年来,高等职业教育已进入教育研究领域并成为其热点问题,人们开始从不同的视角审视这一"教育奇观"。有人从历史的脉络阐释职业教育兴起、发展和盛衰的规律,有人从理论层面与实践层面分析职业教育存在的意义以及发展中出现的问题,也有人从制度层面构建职业教育发展的政策环境,还有人从教育衔接的角度构建职业教育体系框架。然而,中国高职教育发展问题绝不是零敲碎打的问题研究能够解决的,对于后发现代化的中国,这个问题已成为中国决策者无法回避的重要课题。

正是在这一背景下,本研究从更广阔的历史的、国际的视野审视中国高等职业教育的发生与发展。高等职业教育有着怎样的特征与内涵?究竟有怎样的发展规律和方向?中国高职教育在整个教育系统中如何定位?中国高职教育究竟应该如何办学和发展?应建立怎样的高职教育体系来应对未来社会的人才需要?要解决这些问题,有必要对当今中国高职教育发展模式进行价值判断、选择与再造,因此就需要探讨中国高职教育的发生、发展,分析其发展路径和存在的问题。希望通过本研究对现实问题的深入

---

① 中华职业教育社:《黄炎培教育文选》,上海教育出版社1985年版,第179 – 180页。

分析及系统思考,能剖析中国当前高等职业教育发展模式的现状与挑战,为中国高职教育发展模式转变提供框架性建议,而不仅仅局限于提供针对某一问题的解决方案。

三、关键概念界定

对研究对象进行科学界定是研究一切事物的基本起点,它规定着研究的科学方向,也是衡量所进行的研究是否达到科学化水平的重要尺度之一。只有在基本概念界定的基础上,才能确定事物的本质、规定理论的范畴、反映事物的规律、做出相应的结论。研究高等职业教育发展模式问题,首先遇到且无法回避的问题就是职业教育、高等职业教育、发展模式等的内涵界定问题。

(一) 职业教育

职业教育概念的内涵和外延历来是职业教育界争论的焦点。从中国20世纪80年代以来出版的职业教育专著来看,有关这一术语的解释不下30种,在研究论文中辨析其概念更是不计其数。职业教育是一个在变动中发展的概念,其形态也在不断演变和发展,是一个历史范畴;同时职业教育在不同国家、地区、组织的不同阶段,称谓和提法并不相同。本研究将基于以上事实界定本研究中"职业教育"的边界。

1. 概念与称谓

联合国教科文组织自20世纪70年代起一直使用"技术与职业教育",国际劳工组织使用"职业教育与培训",世界银行和亚洲开发银行自20世纪80年代中期开始使用"技术和职业教育与培训",美国自20世纪末以来则使用"生涯与技术教育",中国台湾地区称为"技职教育"。这仅仅是使用较为普遍的名称,实际使用的名称远远不止这些,美国有学者统计,美国不同的州和组织关于此类教育的名称多达两百多种。①

中国在职业教育的概念与称谓的问题上,也有过激烈而持久的争论。近代职业教育在起步时称"实业教育",1917年中华职业教育社(以下简称"中华职教社")成立后,"职业教育"逐渐成为一个通用的名称。新中国成立后一段时间,人们把它看成资产阶级的东西避而不用,将其分别称为中等专业教育和技工教育,直到1963年才再次提出"职业教育"的名称。随后,"技术与职业教育""技术和职业教育""职业教育""技术教育"种种称谓均被使用。在1985年起草《中共中央关于教育体制改革的决定》时称谓之争再起,中华职教社力主继续沿用"职业教育",而有的学者采用"技术教育"这一名称,后来折中为"职业技术教育"。1995年《中华人民共和国教育法》颁布时采用了中华职教社提出的"职业教育"概念。对此,中国首任职业技术教育司司长孟广平先生认为,把"职业技术教育"改为"职业教育"最大的问题是不利于已经很薄弱的技术员类人才的培养,所以主张采用国际上多数国家通用的"技术与职业教育"。② 1996年《中华人民共和国职业教育法》颁布后,中国有关术语日趋统一为"职业教育"。

在西方,职业教育(vocational education)多数情况下是指培养一般熟练工人或半熟练工人的职业教育和培训;高一层次的"职业教育"通常称"技术教育"(technical education),即以培养一般的技术人员为主要目标;再高一层次的"职业教育"为专业教育(professional education),以培养工程师或高级专业技术人员为目标。1984年,联合国教科文组织出版的《技术和职业教育术语》一书中,已对"技术教育"和"职业教育"加以区别:职业教育通常在中等教育后进行,学习内容"着重于实践训练"(the emphasis is usually on practical training),主要培养"技能人员"(skilled personnel);技术教育则是"设置在中等教育后期或第三级教育(高中后教育)初期,以培养中等水平人员(技术员、中级管理人员等)以及大学水平的工程师和技术师"。③ 而1999年4月联合国教科文组织在

---

① 徐国庆:《职业教育原理》,上海教育出版社2007年版,第24页。
② 孟广平:《我的职业技术教育观》,上海教育出版社2005年版,第162页。
③ UNESCO. Terminology of technical and vocational education [M]. UNESCO,1984.

韩国召开的第二届国际职业技术教育大会上，则使用了一个综合性的概念："技术和职业教育与培训"（technical and vocational education and training，TVET）。根据联合国教科文组织和国际劳工组织于 2002 年共同发布的《21 世纪的技术和职业教育及培训》的表述，TVET 包括：普通教育中的技术和职业入门教育，为从事某种职业做准备的技术和职业教育，作为继续教育组成部分的技术和职业教育。自此，中国"职业教育"或"职业技术教育"被学术界理解为等同于国际通用的技术和职业教育与培训（TVET）。

2. 内涵与外延

称谓之争的背后体现了对职业教育内涵的不同理解。法国教育家安多旺·莱昂则根据四个标准限定技术教育的领域：①在公立或私立学校，而不是在车间提供的；②包括普通的和职业的两种因素，后者包括制图术、工程和车间教育；③明确地与有关任务和职业的某种需要直接相联系；④与经济生活的农业、工业和商业部门相关，换句话说，与物质的生产和交换相关。即使这样规定和限定，技术教育仍然代表了一种混杂的集合。① 杨金土认为，职业技术教育是面向大众，主要培养从事生产、管理、服务第一线的操作人员、技术人员和管理人员，因此具有"大众性"和"实务性"。② 对于职业教育的内涵与外延，钱景舫的论述较有概括性："以目标角度言，包括较宽泛目标的教育和较有限目标的培训；以实施形态言，包括正式的学校教育和非正式的职业培训；以内容言，包括有关职业和技术的知识、技能、道德与态度；以阶段言，包括职业入门、职业准备、职后培训，贯穿人的职业发展的全过程。"③

不论其称谓如何，事实上在相关研究文献中，"职业教育""职业技术教育""职业和技术教育"所指是相同的。职业教育就其目标而言，是针对不断变化的劳动环境，通过规范的教育过程传授从事职业活动必需的职

---

① ［法］安多旺·莱昂：《当代教育史》，樊慧英、张斌贤译，光明日报出版社 1989 年版，第 97 页。
② 欧阳河等：《职业教育基本问题研究》，教育科学出版社 2006 年版，第 214 页。
③ 欧阳河等：《职业教育基本问题研究》，教育科学出版社 2006 年版，第 233 页。

业能力、知识和能力,属于培养技术型、技能型人才的一类教育和培训服务。中国与国际社会形成了日趋一致的认识,不论是中国所称的"职业教育"抑或是国际社会惯用的"技术和职业教育与培训(TVET)",都倾向于更加综合化。对这种日益宽泛和广阔的职业教育概念,中国学者将其称为"大职业教育观",即随着终身教育思想的普遍接受,职业教育成了贯穿于个人职业发展全过程的一种教育:职业准备教育—就业培训—岗位培训—晋级、转业、再就业培训等。① 横向上,它包括了职业教育、技术教育和职业培训;纵向上,它涵盖了普通教育中的职业入门教育、准备从事各项职业的职业准备教育和职后进一步提升的职业继续教育。

职业技术教育体系包括初等、中等和高等三个层次,但一般情况下除非特指,本研究所指的是中等和高等职业技术教育。"中等职业技术教育"是中等教育阶段职业教育的简称,高等职业教育是高等教育阶段职业教育的简称。本研究中出现的"职业教育""职业技术教育"所指内涵相同,不做区分。

(二) 高等职业教育

"高等职业教育"是一个中国化色彩浓厚、中国学术界通用的术语,但国外并无这一专门术语,各地区称谓不同。"但不使用这一名词并不意味着国际上就不存在高等职业教育这类教育活动,而只是表明不同国家传授相同教育内容和培养同种类型人才的教育机构不同而已。"② 不论在各国的实践中,还是世界公认的《国际教育分类标准》中,高等职业教育作为一个教育类型都是切实存在的。为使本研究命题能够具有国际可比性,又能解决中国本土问题,本研究采用这一中国本土话语"高等职业教育",以其本土含义为参照,并将其放置于国际视野中对其进行概念界定,以期在历史进程的纵向比较、各国实践的横向比较以及中国问题研究中寻求对话。

---

① 石伟平:《比较职业技术教育》,华东师范大学出版社2001年版,第328页。
② 肖化移:《审视高等职业教育的质量与标准》,华东师范大学出版社2006年版,第2页。

本研究将高等职业教育发展模式放置于人类现代化进程和国际实践进程中，为使本研究在历史比较和国际比较中有清晰、可比的研究对象，对"高等职业教育"进行清晰的概念界定，对本研究非常重要。同时，由于不同于其他教育类型或层次如"基础教育""高等教育"等有着明确的概念界限跨越，"高等职业教育"的概念界限跨越职业教育、高等教育、成人教育等，在历史演变中其内容与所指又在不断变化，因此科学界定"高等职业教育"又是一个具有挑战性的课题。

1. 在国际教育标准分类中的界定

"国际教育标准分类"是在联合国教科文组织于1958年第十届大会通过的关于国际教育统计标准的建议的基础上制订的，它的主要目的是使会员国在国内和国际收集、整理和提供教育统计资料时有一个国际通用的适当工具，便于在国际编制和比较各种教育资料。1976年版的《国际教育标准分类》采用初等教育、中等教育和中学后教育三级分类系统，把从学前教育到研究生教育的各级教育分成8个教育层次，其中对于ISCED5，即第三级教育第一阶段（授予不等同于大学第一级学位的学历证明）是这样界定的："本层次核心课程的教育对象是受完第二级第二阶段教育，准备继续学习某一专业课程的人，一般不授予大学学位。该层次各专业课程的特点是，对所学学科的理论性、一般性和科学性原理不太侧重，花时不多，而侧重它们在个别职业中的实际应用。故所列课程计划与相应的大学学位课程计划相比，修业期要短些，一般少于四年。"① 据此，ISCED5应属于高等教育的专科层次。ISCED6为"第三级教育第一阶段（授予大学第一级学位或同等学历证明）"，即高等教育的本科层次；ISCED7为"第三级教育第二阶段（授予大学研究生学历或同等学历证明）"，即高等教育的研究生层次等。

随着20世纪70年代以来世界范围内科技的迅猛进步和职业技术岗位的变化，职业技术教育开始出现由中等层次向高等层次高移的趋势，培养

---

① 联合国教科文组织教育统计局：《国际教育标准分类》，国家教育委员会教育发展与政策研究中心译，人民教育出版社1988年版，第33页。

高级技术型人才的高等职业教育在20世纪60年代得以在全世界迅速发展。面对这一趋势，联合国教科文组织对ISCED做了全面的修订，最终于1997年公布新的版本。"国际教育标准分类（ISCED1997）"将属于高等教育的第五层次（高等教育第一阶段）划分为A、B两类：5A是"理论型的为研究做准备（历史、哲学、数学等）或可从事高技术要求的职业（例如医学、建筑学等）的课程"；而5B的课程是"那些实用的、技术的、具体职业的课程"，比5A课程更面向实际，更与具体职业挂钩，其主要目的是让学生获得从事某个职业或某类行业所需的实际技能和知识。新版将5B的学制一般定为2～3年，但根据具体的专业要求，也可达4～6年，5B也可像5A一样达到本科或本科以上层次。

符合下列标准的教学计划应列入5B：

——比5A的计划更面向实际，更与具体的职业挂钩，但不能使学生直接进入高级研究计划。

——至少要有相当于两年全日制的时间，但通常是2年或3年。在根据累计学分授予学位的体制中，需要有类似的时间和强度。

——入学要求可能要求掌握《国际教育标准分类法》3B或4A的某些科目。

——能使学生从事某种职业。[①]

对照这一标准，高等职业教育相当于5B类型的教育，是更加定向于实际工作，并更加体现职业特殊性的一种教育类型。虽然这一标准不能视为典范，但它反映了世界教育发展的共同趋势，说明高等职业教育的产生与发展不是某一个国家的偶然现象，而是世界高等教育改革的共同趋势，也标志着以培养科学型人才和工程型人才为主的5A类高等教育和以培养技术型人才为主的5B类高等教育，已构成了现代高等教育结构的基本框架。

根据这一分类标准，凡以培养技术、技能应用型人才为目标，而非以研究型、学术型人才培养为目标的高中后教育，都可以看作高等职业教

---

① 教育部教育管理信息中心：《经联合国教科文组织批准的〈国际教育标准分类法〉》，载《教育参考资料》1998年第18期，第26页。

育。以此标准为参照，中国的高等职业院校、技术应用型本科、地方性学院都可以纳入高等职业教育的范畴。虽然这一划分过于粗略，但它给中国高等职业教育的启示是，高等职业教育是与学术型高等教育相区别的一种高等教育类型，它包括多个教育层次和多种教育机构，而不仅仅局限于高等职业院校。这一点恰恰是中国许多职教工作者和研究者所未能认识到的。

2. 在社会人才类型结构中的界定

石伟平认为："'高职'，系'高等职业技术教育'之全称也，它极有可能是我们国家的一种创造。我们从事职教研究多年来，从未在国外的文献中看到或在国际交流中听到有这样的表述。"[①] 在西方，职业教育（vocational education）在多数情况下是指培养一般熟练工人或半熟练工人的职业教育和培训；高一层次的"职业教育"通常称为技术教育（technical education），即以培养一般的技术人员为主要目标；再高一层次的"职业教育"即为专业教育（professional education），以培养工程师或高级专业技术人员为目标。职业教育、技术教育、专业教育三个词分别代表了职业人才培养的三个层次。"我们今天所谈的'高职'大概就是西方的'高等专业技术教育'，即技术员、工程师层次的职业人才教育与培训。"照此理解，高职在中国"早已存在"，"我国的专科教育、工科、应用性专业学科的本科教育（甚至研究生教育），都可归于此类。只不过我们过去没用'高职'这个词罢了……可谓之，'新瓶'装'老酒'"。[②]

为了更准确地界定高等职业教育的概念，还必须分析社会人才结构与分类以及与其对应的教育。中国学者杨金土、孟广平等从分析社会人才结构入手，认为社会人才的合理结构是社会正常运行的保证，而社会教育类型的合理结构又是社会人才合理结构的基础，以此思路界定了职业教育在教育体系中的定位。他们认为：社会中的人才可以分为两种类型的四个层次。一是学术型（科学型、理论型）人才——从事发现和研究客观规律的

---

① 石伟平：《比较职业技术教育》，华东师范大学出版社 2001 年版，第 336 页。
② 石伟平：《比较职业技术教育》，华东师范大学出版社 2001 年版，第 336 - 337 页。

工作，二是工程型（设计型、规划型、决策型）人才——应用规律进行设计、规划、决策工作，三是技术型（工艺型、执行型、中间型）人才——使工程型人才的设计、规划、决策变换成物质形态，四是技能型（技艺型、操作型）人才——在生产第一线或工作现场主要依赖操作技能进行工作。上述四类人才具有不同的社会功能和智能结构，因而相应地产生了四种不同的教育类型——学术教育、工程教育、技术教育和技能教育。一般说来，培养学术型人才的学术教育和培养工程型人才的工程教育都由大学本科和本科以上层次实施；而技术型和技能型人才由职业教育来培养，技能教育在多数国家通称为职业教育，由于它和技术教育都是培养在生产现场从事成熟技术的应用和运作的应用型人才，其间具有较多的共同点，因此联合国教科文组织将这两类教育合称为"技术和职业教育"①。

通过上述分析，职业教育主要实施对技术型和技能型人才的培养。技术型人才也称工艺型、执行型、中间型人才，他们在生产第一线或工作现场从事为社会谋取直接利益的工作，只有经过他们的努力才能使工程型人才的设计、规划、决策转换成物质形态或者对社会产生具体作用；而技能型人才也称为技艺型、操作型人才，是在生产第一线或工作现场从事为社会谋取直接利益的工作，主要应掌握熟练的操作技能以及必要的专业知识。对应教育，中等及初等职业教育应定位于培养技艺型、操作型技能人才，而高等职业教育应定位于培养技术型人才和高端、复合的技能型人才。

在这一视角中，将工程类教育排除在了高等职业教育之外。本研究采纳这一观点，基于以下理由：①工程型人才虽然与技术、技能人才一样同为非学术型人才，但其对知识结构和能力结构方面与技术、技能人才的要求已不仅仅是层次上的差异，而是体现为不同类型的人才。②工程型人才的成长和培养有其自身的规律，在中国已形成比较成熟的教育类型，可视为与高等职业教育并列的教育类型。因此，本研究将所关注的主题——"高等职业教育"界定为培养技术型人才和高端、复合技能型人才的高中后教育。

---

① 杨金土、孟广平等：《对发展高等职业教育几个重要问题的基本认识》，载《教育研究》1995年第6期，第7-15页。

3. 高职教育的类型与层次

任何问题的争论都起始于概念之争，这点在中国高等职业教育这一问题上尤为明显。什么是高等职业教育？它究竟是一种教育类型还是一个教育层次？这一问题是中国学术界、教育界关于高等职业教育研究的核心问题，对此问题的不同回答会对高等职业教育的实践产生不同的影响，也对中国高等教育发展模式选择及形成产生不同的影响。在中国话语体系中，高等职业教育是一个复合概念。对这一概念的分解，可以分为三种：一是分解为"高等－职业教育"，其意为职业教育的高等层次；二是分解为"高等职业－教育"，这里的"高等职业"指的是一种人才培养目标或教学内容，指以培养职业人才结构中较高层次人才为目标的教育；三是分解为"高等－职业－教育"，强调既具高等性、又具职业性的教育类型。由此可见，不同的分解，会带来对高等职业教育的不同理解。

高等职业教育的概念是与其他概念相区别而存在的相对概念，因此必须在与其他教育类别相区别的语境中寻找定义。高等职业教育与普通高等学术教育的区别在于其职业指向性和形式多样性，与中等职业教育的区别在于其知识的层次性高，所培养人才规格高。它所培养的人才规格介于普通高校与中等职业教育之间，从而其功能具有不可替代性。它与中等职业教育的区别在于，高等职业教育主要培养的是技术型人才，主要从事理论技术或高新技术工作，相当于技术员或高级技术员；中等职业教育主要培养技艺型人才，主要从事经验技术或具体操作工作，相当于技术工人。

随着社会的进步和教育普及化水平的提高，社会对教育提出了多样化的需求，第二次世界大战以来，全世界多数国家和地区的教育发展有这样一个共同趋势：高等教育的类型逐步分化，朝向多样化发展，大多数国家的高等教育体系形成了"二元体系"，即由大学和学院（又被称为"非大学"）两类机构组成。大学主要提供的是高级的学术训练和专业教育，授予包括学士、硕士和博士在内的各种学位；而学院主要提供的是以教学为主的专业教育与职业培训，学院一般只授予学士学位和本科以下的毕业证书。同时，不论是大学还是学院又走向了"趋同模式"，大学变得更加职业化，而学院受利益驱动在任务和职能上也向大学看齐，两者之间又出现了适当的融合。在这两种趋势主导下，高等教育走向大众化甚至普及化，高等职业教育以其实用的专业、较短修业年限、职业性课程吸引了占整个高等教育半数的学生。

4. 本研究中"高等职业教育"的界定

由于国内外的语言环境及称谓的差异，国内普遍使用"高等职业技术教育"或"高等职业教育"，但从国际上看，很少有其他国家使用这一名词，西方通常是以学校类型而非教育类型来指称"高等职业教育"这一性质的教育，如德国的职业学院、美国的社区学院、澳大利亚的 TAFE 学院等。但传授相同职业教育内容和培养同种类型人才的高等职业教育活动是切实存在的。综上所述，本人认为高等职业教育可以界定为：

（1）本研究主题中的"高等职业教育"属于"国际教育标准分类"中的 5B 类教育。高等职业技术教育是现代社会发展所必需的一种教育类型，以传授高等职业技术知识、培养高级技术应用型人才为目标，并成为现代教育体系中越来越重要的构成部分。

（2）高等职业教育是不同于普通学术教育的高等教育类型，是以教学为主的专业教育与职业培训，更加定向于实际工作和职业需要，修业年限较短，一般授予本科毕业以下证书。但随着社会发展，高等职业教育也出现了层次延伸等变化趋势。

（3）高等职业教育是职业教育的高等层次，是社会职业和生产技术同教育结合而形成的教育制度，它与中等职业教育有着层次上的区别与衔接。

（4）高等职业教育的培养目标是高端技术、技能型人才，在社会分工中他们将设计、规划、决策等转化为物质形态，将科学技术转化为现实生产力。

（5）受教育者的文化基础应具有高中文化水平或同等学力（包括中等职业学校、中等技工学校毕业生以及具有相当于高中文化水平者），定位于培养技术型人才和高端、复合技能型人才的高中后教育。接收中等职业学校毕业生入学是高职教育的重要标志。

应当指出的是，关于高等职业教育的定义的研究，是一个非常重要而复杂的学术问题。正如高等教育的界限埋藏在历史发展中一样，高职教育的界限也是随着历史的发展而逐渐显现的，因此在后面的章节中，尤其是在各个国家高职教育发展的探讨中，高职教育的界限随着历史的发展有不同的演进。这里根据本研究需要从高职教育本身特质给予界定，并参照职业教育与高等教育做出相对性概念界定，仅作为本书对高职教育模式研究过程中的概念参照。

（三）发展模式

高等职业教育在不同历史阶段、不同国家的发展道路不同，如在不同历史时期出现的学徒制模式、学校模式、多元合作模式，在不同国家出现的社区学院模式、双元制模式、市场化模式等，我们用一个术语"模式"来概括和对比分析高职教育的不同道路。

1. 模式的内涵

《现代汉语词典》（第5版）关于模式的含义的注释是：某种事物的标准形式或使人可以照着做的标准样式。与"模式"这个词相对应的英文单词有两个："model"，它的含义是"方式、模式、样式、时尚"；"pattern"，其意为"模范、式样、模式"。与"模式"相近的英文是"approach"，其意义是"方法、步骤、途径"；"style"，其含义为"风格、类型"。本研究认为，高职教育发展模式包含了以上所有意思，是指对高职教育发展问题的基本看法及其解决方法的统一。

具体而言模式包含两重含义：首先是一种简化了的规律，其次是一种系统的研究方法。作为一种简化了的规律，"模式"是指人们对某种或某组事物的存在或运动形式进行抽象分析后所作出的理论概括，因此是对规律的简化和摹写。具体地说，是人们为了某种特定的目的，对认识对象，包括其运行、表现或相互联系的形式、发展态势及机制运作的方向等方面所做的一种简化了的理论描述或摹写，可借助具体事物，也可用抽象方式来表达。同时，模式也是一种科学操作和科学思维的方法，其要点是分析主要矛盾、认识基本特征、进行合理建构。研究模式的过程就是对某事物的运行进程的规律的把握,是事物发展道路和运行方式的考察、提炼与解释。查有梁认为,模式就是"为解决特定的问题,在一定的抽象、简化、假设条件下,再现原型客体的某种本质特征;它是作为中介,从而更好地认识和改造原型客体、建构新型客体的一种科学方法"①。通过研究模式,可以帮助我们把握理想中的事物发展,当我们把认识或研究的结果概括为某种模式,就有利于人们认识和验证它。

2. 发展模式

美国人类学家露丝·本尼迪克特在1935年发表的《文化模式》一书中提出了"文化模式"的概念。本尼迪克特认为,人类行为的方式是多种多样的,一种文化只能选择其中一些,而所选择的这些方式包括人的生、死、婚姻等方式,以及在经济、政治、社会交往等领域的各种规矩、习俗,并通过形式化的方式形成一种文化模式。本尼迪克特认为,文化模式是经验性的,各种文化模式之间存在各自的不同。同时,文化模式是稳定的,借由个体作为载体,个体的总和构成有机整体。进而,本尼迪克特认为,一个有机整体形成的文化就是一种文化模式。"文化似乎是按照它自身的传统模式从那些东西里选择出来,而且似乎是要依一个模子把大多数个体铸出来。"②

发展模式(developing mode)即为一个国家、一个地区在特定的生活场景中,也就是在自己特有的历史、经济、文化等背景下所形成的发展方向,以及其发展的理念、体制、结构和行为方式等方面的特点,还有在发展进程中的战略选择等。高职教育发展模式,是指高职人才培养的形式、结构、途径,它探讨的是高职教育过程中诸因素的最佳结合和构成,但同时是对高职教育发展现实特征进行深入分析和极端化处理所提炼出来的清晰、纯粹的特征。由于人们在实践中认识事物的过程是不断摸索、曲折上升的,因而体现事物规模的模式也必然是不断发展、多样性的,高职教育发展模式依附于特定的历史背景,并且时刻处在动态的、发展的过程中。

---

① 查有梁:《教育建模》,广西教育出版社1998年版,第23页。
② [美] 露丝·本尼迪克特:《文化模式》,王炜等译,生活·读书·新知三联书店1988年版,第83页。

如杨启光（2011 年）认为，"模式是发展进程中的模式，是在发展进程中体现出某种模式，即进程中看模式，模式中有进程"①。模式与发展也必然是互相兼容、不可分割、互为体现的关系。

3. 高等职业教育发展模式

基于以上探讨，我们可以从以下三个方面理解高等职业教育发展模式：

首先，高职教育发展模式是符合高职教育本性的发展规律和逻辑。考察职业教育发展模式就是要研究职业教育的本性，在考察高职教育实践进程中对其发展动因、方向与运行的特点及其发展过程进行综合概括，把现代职业教育的发展规律和运行机制用模式的方式表达出来，以使我们更好地理解和把握职业教育的发展。研究高职教育发展模式就是要勾勒出职业教育的历史轨迹，也预示着职业教育未来的发展方向。

其次，高职教育发展模式就是对不同时期或阶段的高职教育实践特征的理性概括。研究高职教育不同的模式，必须将其放置在经济、文化和教育的整体现代化进程中进行考察，以此来分析不同发展阶段高职教育的不同模式的演化与推进逻辑，以及在这一进程中不同模式的变革更替。

最后，不同国家高职教育在基于本国国情和社会需要的基础上，服务社会并与经济发展互动，积极推进国家高职教育实践进程并形成典型模式。这种国家高职教育模式，是在高职教育发展规律的作用下，服务于本国高职教育实践的结果，因而是一般与特殊的关系。

纵向的高等职业教育基本进程中形成的由低级到高级发展的不同模式，与横向的不同国家高职教育进程与模式互动，构成了世界高等职业教育发展的生动图景。本研究正是要在纵向上探索高等职业教育历史演进及其模式特征，把握高职教育的历史发展规律，在横向上研究不同国家高职教育实践进程、典型模式及其形成机理，探索高等职业教育在实践中的形态与应用。

---

① 杨启光：《教育国际化进程与发展模式》，社会科学文献出版社 2011 年版，第 115 – 116 页。

四、文献研究综述

国内外对高等职业教育的研究有较大差别,主要原因是:高职教育在国外主要兴起于"二战"后,其规模发展在20世纪六七十年代;而在中国,高职教育起步于20世纪80年代,其规模发展在90年代后期。因此,中国对高职教育的研究也顺势后延。此外,国外对高职教育的研究主要被纳入高等教育或继续教育的视野,而国内则更多地被纳入职业教育的视野,虽然两者从理论上而言都是可以接受的,但不同的侧重点和参照系会使研究的结果和关注的焦点产生差异。前人的研究如同黑暗中的一束光明,照亮了探寻真理的路途,使我们更加深刻地思考职业教育的历史进程及其未来趋势。在对本研究进行阐述之前,有必要对国内外本主题相关研究进展进行一些归纳和综述。

(一)关于高职教育发展模式演进的研究

当今世界各国、地区不乏成功的职业教育模式与经验,而这些模式与经验又是深深扎根于其经济、福利政策、文化等社会要素之中的,任何一个国家或地区职业教育模式的形成都与这些因素有着极为复杂和密切的联系。[①] 石伟平从动态的视角对各国或地区职业教育体系与其社会特征之间的内在联系进行分析,认为影响职业教育的社会要素主要包括经济发展水平、经济发展模式、福利制度、产业结构、就业情况、文化形态等。综合当前文献,对高职教育发展模式演进的研究主要集中于以下三个方面:

1. 高职教育发展模式的内涵与维度

近十年来,高职教育发展问题已成为教育研究领域的热点问题,引起

---

① 石伟平、徐国庆:《世界职业教育体系的比较——一种新的分析框架》,载《中国职业技术教育》2004年第17期。

了众多研究者的关注。而高职教育发展模式作为高职教育发展问题的核心理论，研究者也多有触及，然而对"高职教育发展模式"的内涵和维度的认识仍含混不清、众说纷纭。高职教育发展模式内涵与维度的界定是本研究的核心，在众多文献中，以下的研究为本研究提供了借鉴与启发。

肖化移分析了国外高等职业教育的发展模式，将发展模式的内涵概括为四个层面，即：高等职业教育与普通高等教育发展的关系模式、高等职业教育的院校发展模式、高等职业教育发展的办学模式和高等职业教育发展的管理模式。①

刘悦在《国际高等职业教育发展模式比较》一文中提出，出于对高等教育学术性与职业性的取舍，在发达国家实现高等教育大众化与普及化的进程中，出现了三种主要的实施高等职业教育的发展模式，它们是一体化模式、多样化模式和二元制模式。②高职教育发展模式被理解为以学术教育与职业教育之间的关系为出发点的教育体制问题，至于是单独设置与普通高等院校平行的独立的高职院校，还是设置多样化的功能不同的高等院校，或是在同一类型高等院校中实施不同功能的教育，则形成了世界各国的各种不同的发展模式。

陈宝华尝试对中国高等职业教育发展模式进行划分，③依据政府与市场关系、公办与民办方式两个维度来分析，将中国高等职业教育发展模式划分为政府主导型、市场主导型、混合型三种。将政府主导－市场主导作为认识高职教育发展模式内涵的观点的还有王明伦（2010年）等。

查吉德认为，高等职业教育的发展面临着四组核心矛盾④：办学定位上，职业教育与高等教育的矛盾；价值取向上，经济价值与社会价值的矛盾；行为逻辑上，市场主导与行政主导的矛盾；办学路径上，传统大学差异化发展与去差异化的矛盾。上述矛盾的解决，关键是要将以上矛盾关系

---

① 肖化移：《国外高等职业教育发展模式探析》，载《河南职业技术师范学院学报（职业教育版）》2006年第2期。
② 刘悦：《国际高等职业教育发展模式比较》，载《黑龙江教育学院学报》2009年第7期。
③ 陈宝华：《试析我国高等职业教育发展模式——以深圳为例》，载《煤炭高等教育》2008年第1期。
④ 查吉德：《高职教育发展中的矛盾关系——制度变迁的视角》，载《现代教育管理》2013年第1期。

置于高职教育发展的阶段中去思考,抓住不同发展阶段的主要矛盾,并基于此系统设计、完善高等教育制度。

2. 技术变迁与高等职业教育模式选择

《世界教育大系·职业教育卷》一书中,把职业教育形态的历史演变描述成这样一条轨迹:职业教育最初是在生产劳动中传承劳动经验与技术的自然形态的职业教育,后经过培养职业人的徒弟教育,发展到今天的学校教育。① 王炜波认为,职业教育的发展经历了学徒制、职业教育形态、学校职业教育形态、学校与企业混合形态职业教育,以及以企业为导向、多机构共同参与的形态。② 石伟平用"古代职业技术教育的遗产:学徒制""近代职业技术教育的新陈代谢""现代职业技术教育的形成"三个标题来描述职业教育的发展史。③ 在职业教育形态演进中,技术不仅影响职业教育的内容、方法,还影响到办学模式,是职业教育模式选择的重要制约条件。对应不同特点的技术,职业教育必须有适合的模式,即职业教育必须依据技术的发展而适时做出调整。因循这条线索,研究者对高职教育模式发展进行了动态的、历史的研究。

楼世洲对工业化进程中职业教育与工业的互动关系进行了深入研究后认为,"职业教育就其发展阶段来说,在农业化和手工业阶段是以师徒制为主体,进入工业化初期则以技术教育为主要特征,当进入城市化的发展时期则形成了以就业为导向的职业教育。这三个阶段,可以认为是职业教育的初期、形成期和成熟期三个发展阶段"④。作者认为,这三个发展阶段不是一种替代关系,而是一种包容关系,技术教育包含师徒教育,而职业教育又包含前两种形式,其外延更加广泛。

肖化移博士从技术哲学与技术社会学角度,以技术发展为线索对职业技术教育模式的演变过程进行了动态性探讨,将其概括为四种模式⑤:

---

① 顾明远、梁忠义:《世界教育大系:职业教育卷》,吉林教育出版社2000年版,第8页。
② 王炜波:《论职业教育发展形态的演变》,载《学术交流》2005年第12期。
③ 石伟平:《比较职业技术教育》,华东师范大学出版社2001年版,第1—10页。
④ 楼世洲:《职业教育与工业化——近代工业化进程中江浙沪职业教育考察》,学林出版社2008年版,第7页。
⑤ 肖化移:《大众化阶段高职发展模式比较》,载《职业技术教育》2004年第7期。

①手工技术时期的学徒制培训模式。这个时期的技术主要限于手工生产技术，是一种经验型的技术，职业教育采取学徒制形式，14、15世纪随着欧洲行会的昌盛，学徒制亦进入最发达的时期。②大工业技术革命时期的学校模式与企业模式。从18世纪60年代开始，以蒸汽动力为标志的工业革命改变了整个社会的生产技术体系，大工业技术取代了以往发展十分缓慢的手工技术，这次技术革命的完成使技术体系发生了根本变革，科学的技术代替了经验的技术。大工业的技术革命要求教育能培养大批技术人才，学徒制培训模式显然不能适应这种大规模的需要，传统的学徒制培训模式逐渐为学校教育模式和企业教育模式所取代。③新技术革命后的合作模式。20世纪40年代开始以电子计算机技术为中心的新技术革命改变了生产生活方式，拙于实际操作训练的学校模式和拙于科技知识传授的企业模式之间的合作成为一种适应时代需要的职业教育新模式，即合作模式。合作模式兼有学校模式和企业模式的优点，有两种主要形式：一种是以学校教育为主的合作模式，一种是以企业培训为主、学校教育为辅的合作模式。④信息技术革命下的社会化综合模式。20世纪70年代开始的信息技术革命要求全新的职业教育模式，作者把它称为职业教育的社会化综合模式，其主要特点是办学主体多元化，资源充分共享，办学形式多元化等综合化趋向。

美国技术哲学家奥特加·伊·加西特认为，根据各个时期占统治地位的技术概念的不同，人类的技术发展史可以划分为三个阶段：第一，机会的技术阶段；第二，工匠的技术阶段；第三，工程科学的技术阶段。靳飞、李勋根据这三个阶段中的技术各有不同的特点，认为每一个阶段各有不同的职业教育模式①：①机会的技术阶段，自然状态的职业教育；②工匠的技术阶段，学徒制职业教育；③工程科学的技术阶段，学校职业教育。

以上的研究都指向一个重要观点，高职教育模式的依次转变，是许多因素共同作用的结果，其中有一种最本质、最核心的力量，就是人类技术

---

① 靳飞、李勋：《职业教育模式演变：技术视角的诠释》，载《教育学术月刊》2010年第1期。

的发展。对应不同特点的技术，职业教育必须有适合的模式，即职业教育必须依据技术的发展而适时做出调整。技术从根本上影响职业教育的各种变化，正是技术这一核心因素的不断进步，导致职业教育模式的不断转变。

3. 社会文化传统与高职教育发展逻辑

文化与教育之间密不可分，教育的发展必然受到文化形态的制约。文化传统一旦形成以后，就会按照自身的逻辑形成一种相对独立和稳定的结构，有时甚至会形成一种严密的封闭系统，具有强大的历史惯性。"这种强大的历史惯性根据自身与高职的改革发展方向的关系而产生促进或阻碍作用，与此同时，也决定了哪一种模式可以在特定的文化中生存和发展。"① 无论对文化形态作何理解，可以肯定的是，一定社会的教育模式是受一定社会特有的文化传统影响而形成的，正如斯宾格勒所说："一定社会特有的文化传统渗透于社会生活的各个方面，强烈地制约着教育过程的进行和人们养育子女的方式。"

德国学者格奥格在《文化传统和职业教育》一文中提出，职业教育的发展是一个复杂的历史过程，有着独特的"发展逻辑"（Entwicklungslogik）。正是因为职业教育有着自身的"发展逻辑"，在职业教育发展过程中，并非一定能采用最理想的问题解决方案，也并不是有意识的计划和政策所能左右的。职业教育的"发展逻辑"决定了它所采取的行为，也同样决定了各国高等职业教育发展模式的选择。因此，可以说发展模式是带有特殊社会和文化印记的，深受社会文化的影响，各国职业教育发展模式的不同是由于对具体历史问题做出某种反应而形成的结果。因此可以说，社会文化为职业教育发展提供了源头动力，是决定职业教育发展的最根本因素，正是在独特的社会文化的作用下，形成了独特的高等职业教育发展模式。

中国学者陈新文提出了文化形态影响职业教育发展的两种分析视角和

---

① 匡瑛、石伟平：《论社会文化传统对世界各国高职模式选择的影响》，载《教育与职业》2006年第33期。

路径：①纵向因素分析路径：选择文化形态中的某一个类型进行历史研究，以考察世界范围内职业教育模式的演变过程，如技术文化和制度文化的发展对职业教育模式选择的影响，重在揭示世界职业教育发展的共同文化因素。②横向比较分析路径：主要是以突出不同文化个性对不同国家职业教育模式的深刻影响为线索，探讨诸如德国为何会形成职业教育"双元制"模式，英国为什么会有"学徒制"职业教育模式，影响和制约它们的文化因素都有哪些。① 他认为各国职业教育模式的选择与变化，在很大程度上是由这一地区的社会文化形态所决定的。各民族思维方式、价值取向与文化传承的方式对职业教育的形成具有重要的深层影响，其中技术文化的发展是职业教育模式选择的重要制约因素。通过考察技术文化和职业教育模式的变化，可以看出，技术文化的发展是职业教育模式选择的重要制约因素，技术文化不仅影响职业技术教育的内容、方法、手段，还影响到办学模式、人才培养模式、课程与教学思想等。技术文化的作用使职业教育发生了从学校模式、企业模式、合作模式到社会综合模式的变迁。"这就是德国可以形成'双元制'模式、在日本能形成'产学合作'模式、而在美国可以形成'合作教育'模式、在英国可以形成'工学交替制'模式的原因。而中国在职业教育的发展过程中也曾借鉴国外的模式，但终究未能取得理想的成效，也是受文化的影响。"② 随着未来技术革命的不断发展，尤其是信息技术的广泛应用，以及由此而带来的观念创新，职业教育模式将趋向于更加多元化、多样性。

匡瑛、石伟平通过国际比较的方式，分析了世界各国及地区的社会文化传统和相应的高职模式，比较了各国的文化传统与其在高职地位、取向等方面的差异。③ 英国的绅士文化、经验主义和折中调和思维致使英国高职所走的道路与普通高等教育的精英路线不同，地位低于普通高等教育，高职"改革"变成了"改良"，在高职培养模式的选择上采取学科学习与岗位学习并重的"三明治"课程。美国的"实用主义"和"平等、自由"

---

① 陈新文：《技术文化的发展与职业教育模式演进》，载《职业技术教育》2008 年第 16 期。
② 同上。
③ 匡瑛、石伟平：《论社会文化传统对世界各国高职模式选择的影响》，载《教育与职业》2006 年第 33 期。

的文化传统造就了普适性、开放性和多元化的高职教育。德国的"职业主义"、宗教和州文化主权铸就了德国注重实践、颇具特色的双元制高职模式。澳大利亚文化传统中的包容性和"留精去糟"为其 TAFE 高职模式的成功奠定了重要基础。而中国"崇文尚礼"的人文文化倾向折射到教育方面就是一直以来在观念上对职业教育的轻视。文化的适应力、抗震性、类型、结构和属性等是影响高职模式取向的主要因素,它对职教地位的高低、高职个性取向与标准取向、崇尚效率的精英教育与崇尚公平的大众教育三个方面的取向会产生较大影响。

4. 人文与科学对抗中的高职教育发展模式定位

冯增俊对中国高等职业教育发展存在的问题进行研究后,认为中国高职乃至整个高教面临着时代性危机和历史性转型,而危机的根源是由"传统学术性"高教观,即"人文"与"科学"间的对立造成的。这一危机不仅仅是中国新旧体制碰撞下独有的产物,而且是根源于人类历史和教育发展的进程之中。他深入探究了人类教育发展中人文教育与科学教育的关系及其两个重大的转折点:第一个转折点是从原始和谐教育转向抑制技艺的人文传统教育。原始教育是一种低水平的生存性技艺教育,也是生存与技艺协调发展的教育,为更好地传授生产技术、服务社会而诞生了学校,但学校这一高水平教育一出现就被占有资源的少数统治阶级所垄断,发展为以古典人文为内容、学术性为特征、培养统治术(做官)为目的的传统封建教育。技术和技艺被认为是不登大学大雅之堂的雕虫小技而遭排斥于学校教学内容之外,传授生产技术依然通过口耳相传的原始方式进行,致使社会发展缓慢。第二个转折点是从古典人文教育转向现代科技教育,自文艺复兴运动和新教改革特别是工业革命后,生产性质发生质变,大生产使科技进入学校,但受到古典人文教育的激烈对抗,于是便以另一种教育——职业技术教育的方式来满足工业化的要求。现代意义上的大学始于 12 世纪,一直由人文学科统治教坛,18 世纪工业革命后科学进入大学,由此开始了古典人文教育与现代科技教育的长期对抗和紧张。在人文与科学的对立下,加剧了大学教育人文与科学的割裂;同时,把高职教育作为技艺性教育从科学教育中分离出来,使高等教育中形成技艺、科学与人文等层次和类型院校的对立。因此，职业技术教育不是另类教育，而为现代社会发展所必需，是在传统教育不适应现代生产发展的狭缝中生长起来的新的重要教育形式；高职教育发展必须坚定地遵循为生产服务的现代教育发展规律，坚持重视技术、技能及应用性的基本特性；高职教育应坚持走科技与应用融合人文，从而提升应用性学术，以此为基础努力发展新学术、新人文、新科技的发展道路，而不应当重复传统高校发展的道路，简单地套用普通高等教育院校的发展模式。① 通过这一视角，让我们对高职教育的产生与发展有了更深入的理解。从高等教育观念的演进和整个高等教育体系发展来看高职教育发展史，我们可以窥见些许真理之光，高职教育始终在与传统高教的抗争中成长，它的历史重任不仅在于满足社会生产发展的要求，而且也要担负起改造传统教育的历史使命。

学者徐平利基于一种渐进主义的历史哲学认识论，深入考察了职业教育的历史逻辑和哲学基础，对职业教育的起源与发展做出了富有洞察力的研究，提出的观点值得深思。"当科学进入大学，当'专业教育'得以恢复，是不是就等于大众化的'职业教育'开始了在高等教育的航程呢？"事实证明，当科学在大学中取得一席之地后，并未能将职业教育带入大雅之堂，反而"如升空的卫星脱离了火箭——科学与技艺分离开来，科学在大学把'劳力'和'劳心'重新排列组合，使大学又转变成了精英分子研究'高深学问的地方'。这一转变，在1810年洪堡创办柏林大学后成为共识"。② 洪堡创建的柏林大学按照系统严整的学科体系办学，一开始就把科学研究和实验作为大学的重要功能，将培养真、善、美的"完全的人"作为目标。同时，将职业教育与普通教育分开，成为并行的两轨，职业教育被视为非正规的教育。这种模式为世界各国普遍效仿，成为现代高等教育模式的源头。

肖化移提出，国外高等职业教育的发展模式主要包括四个层面，即高等职业教育与普通高等教育发展的关系模式、高等职业教育的院校发展模

---

① 冯增俊：《中国高等职业技术教育发展模式探析》，载《华东师范大学学报（教育科学版）》2006年第4期。

② 徐平利：《职业教育的历史逻辑和哲学基础》，广西师范大学出版社2010年版，第193页。

式、高等职业教育发展的办学模式和高等职业教育发展的管理模式。① 国外高等职业教育与普通高等教育发展的关系模式包含两种情况，一种是努力使高等教育机构整齐划一，一种是形成各种机构自己的特色。高等职业教育的院校发展模式先后出现过三种主要的模式，它们是综合化（一体化）、多样化和二元制。高等职业教育发展的办学模式从政府与高等职业教育的关系来看，可分为自治型、控制型、放任自流型、不即不离型等四种模式。

（二）关于不同国家高职教育发展模式的研究

在用比较教育学的方法研究高职教育发展的相关文献中，国内外研究主要集中于以下三个方面：

1. 高职教育发展模式的分类原则

一般来说，研究者在对不同国家职业教育模式进行归纳的时候，采用的都是职业教育实然模式的思路，提出了不同模式的划分原则。

比如，林奇（Lynch）按照组织机构划分的原则，将职业教育与培训体制划分为学徒制体系、公司培训、政府引导型培训、培训税收和以正规学校为基础的培训。②

克芬奇（Crouch）等按照成本主要承担机构的不同，将职业教育与培训分为国家提供模式、利益团体提供模式、地方行业网络提供模式和某些种类的公司提供模式。③

托马斯·考贝（Tomas Corpi）以学校教育在劳动者技能培训中所占份额将职业教育与培训划分三类：美、日以私人和公司为主，普通教育很少涉及职业教育；法国、挪威、瑞典以学校教育为主，普通教育加入了相当

---

① 肖化移：《国外高等职业教育发展模式探析》，载《河南职业技术师范学院学报（职业教育版）》2006 年第 2 期。

② Lynch L M. Training and the private sector. International comparisons [M]. Chicago: University of Chicago Press, 1994: 1-24.

③ Crouch C, Finegold D, Sako M. Are skills the answer? The political economy of skill creation in adanced industrial countries [M]. New York: Oxford University Press, 1999.

量的职业教育，公司培训只占很小部分；德国、丹麦、荷兰等德语国家介于以上两种模式之间，以双元制为主。①

陈莹按照计划和市场的程度不同来划分，分为职业教育计划模式、职业教育市场模式、职业教育计划和市场相结合的模式；按照办学主体的不同，可以分为市场模式、学校-官僚模式、双元模式。②

格来纳特（W. D. Greinert）提出欧洲范围内存在三种传统的职业教育模式：即以英国为代表的自由市场模式（market model）、以法国为代表的官僚集权模式（bureaucracy model）、以德国为代表的双元模式（dual model）。他认为，这三种模型不容易变更，有着强大的发展惯性。每种模式在传统和现代化的取舍之间，都表现出自己的传统性格：在英国和法国进行的改革实践证明，尽管当局有着强烈的改革愿望，但其职业教育体系的制度本质依然没有改变。英法两国的职业教育体系，顺着传统强大的惯性，同现代性之间进行不间断的对抗和妥协。

2. 高职教育发展模式的国别比较

从有关研究文献看，对高等职业教育的国别研究比较多，其中较为完整和丰富的有：欧洲职业培训发展中心（The European Center for the Development of Vocational Training, CEDEFOP）出版的系列丛书，具体国别包括英国、法国、挪威、日本等，如：*Vocational Education and Training in United Kingdom*（John Twining，2004）、*Vocational Education and Training in France*（Circe，2004）、*Vocational Education and Training in United Norway*（Halfdan Farstad，2004）等，以及 *Development of Education in Japan 1997—2001*（Mext，2001）等。对于高等职业教育的微观研究涉及的国家较多，领域也较为广泛，有很多针对发达国家的研究，其中包括在高等职业教育发展方面比较有特色的英国证书体系、美国社区学院方式、德国高效务实机制、日本合理机构模式等。这类文献谈到了各个国家及地区的发展历史、

---

① Tomas Korpi, Antje Mertens. Training systems and labor mobility: a comparison between Germany and Sweden [J]. The Scandinavian Lournal of Economics, 2003 (4).

② 陈莹：《"职业性"：德国职业教育本质特征之研究——兼论职业教育"发展动力"》，华东师范大学 2012 年学位论文，第 23 页。

办学现状、教育体制、培养目标、主要特点等,可以作为进一步研究的充分的理论依据。

邓泽民、王宽所著的《现代四大职教模式》对北美的 CBE (competency based education,即以能力为本位的教育)、德国的双元制(指企业和职业院校在职业教育中共同发挥作用)、澳大利亚的 TAFE (technical and further education,即技术与继续教育)和英国的 BTEC (business & technology education council,即由商业与技术教育委员会提供证书课程的职教模式)进行了系统研究和比较评价。每一种职教模式都通过模式的平台、模式的实施和模式的创新三个方面介绍其运营实施过程。① 但其研究完全从横向剖析的角度,以介绍性的描述为其主要特点,并没有从历史发展演变的角度对各种模式进行形成背景的分析。杨国祥、丁钢编著的《高等职业教育发展的战略与实践》② 一书,对国内外高等职业教育的兴起与发展进行了分析,考察了国内外高等职业教育发展的历程与概况,依据学校和企业的合作程度及形式的不同,将高等职业教育的发展模式归纳为"学校为本""企业为本"和"产学合作"三种类型。

国内研究如《七国职业技术教育》(梁忠义、金含芬,1990 年)、《比较职业技术教育》(石伟平,2001 年)、《世纪之交的国际职业教育》(刘启闲,1999 年)等著作都为本研究提供了充分的材料依据。但其不足之处在于,此类研究往往循着静态描述的路径,把世界各国的高等职业教育的各个方面如办学现状、办学特色、历史发展等一一呈现,而从动态的方式研究其发展与变革过程的却为之甚少,这对发展脉络的把握较为困难。

3. 高职教育发展问题的国际比较

由于高职教育在各个国家的名称各不相同,且实施机构也有很大差别,因此其国际研究相对较少。作者通过查询几大国际性网站〔如经济发展与合作组织(OECD)、欧洲职业培训发展中心(CEDEFOP)、世界银行(World Bank)、联合国教科文组织(UNESCO)、欧盟(EUROPA)等网

---

① 邓泽民、王宽:《现代四大职教模式》,中国铁道出版社 2006 年版,第 122 页。
② 杨国祥、丁钢:《高等职业教育发展的战略与实践》,机械工业出版社 2006 年版,第 15 - 18 页。

站]、比较教育研究的权威网站，如比较与国际教育学会（CIES）、法国比较教育协会（AFEC）、欧洲比较教育学会（CESE）、国际教育局（IBE）等网站，英文期刊（*Journal of Technical Education*，*Journal of Vocational and Technical Education*，*Journal of Technical and Career Education*，etc.）及各国各地区的最高教育管理部门网站，发现相关研究极少。典型的诸如 *Vocational Training and Lifelong Learning in Australia and Germany*（Gerald Burke and Jochen Reuling，2002）；*Financing Education—Investment and Returns Analysis of the World Education Indicators*，（OECD，2002）；For-profit Higher Education and Community College US and Canada（Thomas Bailey，Norena Badway，Patrieia J. GumPort，2002）等。此外，以 World Bank、UNESCO、EUROPA、CEDEFOP 和 OECD 为代表的组织，对全球高等教育包括高等职业教育的若干数据进行的统计及各项年度发展报告等，其中也有对各国教育事业的各项数据的收集和统计，虽然没有非常翔实的分析研究，但它可以作为比较的参照系，作者在行文中也参考了相关的数据。但遗憾的是，这些比较研究的广度和深度各不相同，对于某些问题研究的系统性和综合性不够。

中国国内对国外职业教育研究较为系统和深入的是华东师范大学职业教育与成人教育研究所的研究团队，他们出版了如《时代特征与职业教育创新》（石伟平主编）、《职业教育发展与变革比较研究》（石伟平著）、《中外职业教育史研究》（翟海魂、米靖著）、《发达国家职业技术教育历史演进》（翟海魂编著）、《比较高等职业教育：发展与变革》（匡瑛著）等一系列现代职业教育研究丛书，几乎涵盖了职业教育的主要问题领域。其中匡瑛所著的《比较高等职业教育：发展与变革》一书通过比较教育学的视野研究了高等职业教育的发展与变革，通过对高等职业教育的历史研究、国别研究、国际研究，呈现高职教育的发展脉络及发展动因，并获得了高职教育发展与变革的基本规律以及发展趋势。其还就中国高等职业教育发展与变革中的五个热点问题提出观点：高职的培养目标是技能型和技术型人才兼有，不同地区有侧重；有必要建立从中等教育到研究生层次的职业教育体系；高职的投入机制可采取成本分担制度；高职的招考制度应实现从重理论到重实践、从考试到不考试的过渡；对于高职学制由三年改为两年的问题,提出其使用范围和支持系统的建设。①

　　研究者对高职教育相关问题的比较研究较为丰富,如《高职质量标准的比较》(肖化移,2004年)、《高职人才培养模式的比较》(万建明,2003年;匡瑛,2001年)、《高职师资队伍建设的比较》(叶小明,2007年)、《高职课程模式的比较》(李居参、吴建设等,2000年)、《高职教学理念的比较》(吕鑫祥,2003年)、《高等职业教育政策研究》(吴雪萍,2007年)等。在吴雪萍编著的《基础与应用:高等职业教育政策研究》中,对高等职业教育的实施机构、专业设置、课程、教学、资格考核、师资、管理和质量评估分别作了国际比较,涉及高职教育的方方面面。但上述这些比较研究的广度和深度各不相同、参差不齐,有些只就某一问题或主题考察了各国的不同表现,有些则深入地谈到了差异的原因及影响。针对高职教育问题的国际比较研究有益于为实践中具体问题的解决提供思路,但研究缺乏系统性和整合性,忽略了局部与整体的联系。

(三) 关于中国高职教育发展模式的研究

　　中国高职教育该走何种发展道路?多数研究都是基于应对现实挑战提出对策,极少有学者从高等职业教育发展模式的宏观视野去考察中国高职教育的问题。以下的研究则关注到了这一视角,并提出了有代表性的观点。

1. "实用型"高等教育模式

　　冯增俊系统研究了不同国家教育的现代化进程,提出"实用型"高等教育模式的概念,发展高等职业教育则是建立实用型高等教育系统的基础,开拓了这一领域研究的先河。他首先从高等职业教育与教育现代化的内在关系出发,揭示了高等职业教育与教育现代化的相互作用及其时代意义②:①教育现代化启动的关键是发展职业技术教育,而大力发展职业技

---

① 匡瑛:《比较高等职业教育:发展与变革》,上海教育出版社2006年版,第168页。
② 冯增俊:《教育现代化与面向21世纪的高等职业技术教育》,载《嘉应大学学报(社会科学)》1996年第3期。

术教育，也就成了任何国家和地区经济起飞的重要条件。②发展职教是任何国家现代化初期的必要条件，这点在英国、法国、德国、美国及亚太地区各国的教育发展中已得到证明。③发展职教也是建立实践型（亦称实用型）高等教育模式的基础，在这一现代教育模式发展和演变的任何一个阶段，都是由职教作为铺垫，由职教作为连接高科技与生产实践的桥梁。④发展职教是繁荣科技的基本前提。为此，大力发展高等职业技术教育，这是后发型现代化国家推行赶超策略的关键举措。中国作为后发型国家发展高等职业教育要坚持三大出发点：一是坚持从中国实际出发，而不是盲目超前或盲目照搬国外办学模式；二是要坚持从后发外生型教育现代化的特色出发，即要注重政府行为，加大教育投入，强调示范作用，加大对高等职业技术教育的投入，把发展职教作为经济起飞的重要前提条件；三是要从现代高等职业技术教育的发展规律出发，即应创办的是高等职业技术院校，而不是一般的普通高校。

2. "设计模式"与"内生模式"

在现代化历史进程中，早发内生型国家和后发外生型国家高职教育发展方式和道路选择是迥然不同的，其发展模式特征和问题挑战也都存在客观规律。徐国庆是极少注意到这一点的学者之一，他在《职业教育原理》中提出高职教育发展的"设计模式"和"内生模式",① 认为西方职业教育是从工厂制度内部内生出来的，其发展所遵循的是内生模式，因此能得到企业界的认同与支持；而中国职业教育是基于学者和政府而不是企业界的价值认识发展起来的，这种历程决定了中国的职业教育发展是从学校形态开始的，其所追求的产学合作也必然始于学校而非企业。这很好地解释了为何对国外职业教育的移植和模仿难以奏效，也解释了中国职业教育为何脱离社会，难以实现与企业的实际合作。基于以上分析，他提出，要真正建立扎根于社会的职业教育体系，其发展模式必须从"设计模式"转向"内生模式"。本人认为，这种看似合理的结论有其不切实际之处，他忽视了中国作为后发外生型的现代化国家所走的道路必然是与早发内生型现代

---

① 徐国庆：《职业教育原理》，上海教育出版社2007年版，第89-103页。

化的西方国家有别,而职业教育发展模式既已形成又岂能全盘转向?但强调高职教育的"内生性"已成为学术研究者的共识,在高职教育发展道路的选择上,完全无视国情和民族传统的"西化派"立场不可取,而必须立足于传统教育与现代教育、中国教育与世界教育的交流与融合,在把握发展规律的基础上借鉴、创新,选择适合中国国情的中国特色发展道路。

3. 中国特色高等职业教育的概念模型

马树超(2008)在《对中国特色高等职业教育的再认识》一文中构建了中国特色高等职业教育的概念模型,即中国特色高等职业教育是高等教育发展过程中的一个新类型,是在高等学校教育框架下,融入产业、行业、企业、职业和实践等要素,使这些要素在办学模式、运行机制和教学过程中占有较大的比重,并构建起与之相配套的政策、法规与制度环境,由此提升高素质技能型专门人才的培养质量,提高服务经济社会发展的水平。[①] 这一概念模型系统地梳理了高职教育的关键要素及各要素间的关系,对中国高等职业教育本质特征作了深刻概括。可以将之用作管理的工具,对高职院校办学模式、运行机制和教学过程进行改革设计;也可以将之作为测量评价工具,对高职院校教育的模式转型程度进行定量评价。依照这个概念模型,可分析学校的教育模式是否正在从传统学术教育的"压缩饼干"模式中走出来,产业、行业、企业、职业和实践诸要素是否融入了办学模式、运行机制、教学过程甚至校园形态之中,融入这些要素的分量和比重够不够,融入的深度怎样、协调度如何,还需要从什么方向努力等。[②] 有学者提出,高校所面临的主要问题之一是如何与传统学术形态决裂以找到适合新的市场经济形势的教育模式,学校要更好地适应环境;除非适应这种变化,否则催生这种变化的力量会摧毁一切不能适应变化的学术机构,而中国特色高等职业教育正是对此问题的回应与解答。

---

① 马树超、范唯:《中国特色高等职业教育再认识》,载《中国高等教育》2008年第13期。
② 马树超、郭扬等:《中国高等职业教育历史的抉择》,高等教育出版社2009年版,第9-13页。

（四）关于中国高职教育发展相关问题的研究

中国的高等职业教育从清末癸卯学制算起，已有一百多年的历史，但中国高职教育的大发展主要是 20 世纪 90 年代后期，尤其是 1999 年之后，其发展速度达到了超常规的程度，而其带来的问题也层出不穷，为解决高职教育的现实问题，"高职教育"成为教育研究领域的重要课题。这期间，对高职教育的研究从未间断。从中国学术期刊网的资料记载来看，关于高等职业教育的研究文章，从 1986—2012 年共 12 000 多篇，且 80% 以上的文章都发表于 2000 年之后。以"高等职业教育"为研究主题的学位论文共计 1 900 余篇，其中博士学位论文 55 篇。近年来公开出版的高等职业教育研究著作 200 余部。研究成果迅速累积，2000 年以后开始形成了研究热潮，高等职业教育发展，作为一种理念和一种实践，受到了中国学者的普遍关注和热烈争论。可见，中国对于高职教育发展主题的理论研究的发展变化趋势与国家社会经济发展需要相一致。

1. 关于高职教育性质与内涵研究

2000 年之前，多是以高职教育发展动因、内涵和办学途径等基本问题为焦点的研究。这一时期关于高职教育的论文和书籍虽然并不多，却是高职教育理论的重要奠基期，对高职教育的恢复与发展动因、内涵和办学途径等基本问题进行了探索，澄清了人们对高职教育的基本认识。作为早期学术界关注的焦点，国内相继出版了一些研究成果：高奇率先著作的《职业教育概论》（1984 年），是新中国成立后第一部职业教育理论著作，很多职业技术师范学院都以此作为教材；华东师范大学教科所编著的《技术教育概论》（1985 年）；刘鉴农、李澍卿、董操主编的《职业技术教育学》（1986 年）则概括了职业教育的特点，即职业性、实用性、时代性、开放性等；叶春生主持编著了《高等职业教育概论》（1991 年），该书系统地阐述了高等职业教育的性质、地位、作用等，对当时推动高职教育的发展、弥补高职教育理论研究的不足起到了重要作用；这期间也出版了一些有影响的关于高职教育理论的著作，如上海交通大学吕鑫祥编著的《高等职业技术教育研究》(1998年),这是中国第一本系统研究高等职业教育的著作。

2. 关于高职教育产学研问题的研究

2000年以后,国家明确做出了发展高等职业教育的许多决定,高职教育进入了发展的快车道,对高职的研究也随之升温,国内学者探讨的主题除了高职教育本质属性、内涵等基本问题外,更侧重于产学研、学制、人才培养定位等问题的研究。随着对高职教育的大发展,校企合作、工学结合的高职教育模式,高职教育产学研问题受到广泛关注。包括高等职业教育产学研合作的经济动因(薛培军,2003年)、中国产学研合作的产生、发展过程和趋势(吴继文、王娟茹,2002年)、国外产学研合作教育及其给我们的启示(全国产学研合作教育协会,2004年),学校经验性研究,等等。"以服务为宗旨,以就业为导向,实行产学研结合"被认同为中国高等职业教育发展的基本定位和必由之路(葛道凯,2004)。教育部高等教育司和中国高教学会产学研合作教育分会编写的《必由之路——高等职业教育产学研结合操作指南》集中反映了这一成果。这一时期另一个比较集中的问题是关于高职人才培养目标的定位。杨金土、孟广平在对第一、第二、第三产业的部分企业进行调查的基础上,认为高职培养目标不应仅仅定位在"技术应用性"人才上,中国高等职业教育的主体仍然是高等技术教育,其基本的培养目标以"技术型"人才为主。同时认为在目前和今后的一定时期内,中国高等职业教育将以专科层次为主,但不限于专科层次(杨金土、孟广平等,2002年)。可以说,这一阶段从各个方面对中国高职教育发展实行产学研的办学形式做了一定的理论准备和实践总结。

3. 关于高职教育人才培养模式研究

以下这些研究从概念的界定到培养模式的特点等对高等职业教育做了全面的探讨:上海职业教育研究所编著的《上海高等职业技术教育发展研究》(高等教育出版社2000年版),孙启林所著《世界教育大系·职业教育》(吉林教育出版社2000年版),李守福编著的《职业教育导论》(北京师范大学出版社2002年版),石伟平的《比较职业技术教育》(华东师范大学出版社 2001 年版），周光勇、宋全政等编著的《高等职业教育导论》（山东教育出版社 2003 年版），王前新于 2003 年出版的《高等职业教育学》《高等职业教育人才培养模式构建》《高等职业教育教学论》《高等职业教育德育论》（汕头大学出版社 2003 年版），葛锁网主编的《高等职业教育人才培养模式研究》（研究出版社 2004 年版）。

4. 高职教育课程体系问题研究

2004 年之后，高职研究的焦点问题又发生了重大转换，众多研究成果一方面趋向于更加具体的高职课程建设、教学模式等微观问题，许多高职学院在自我探索项目课程的过程中，也进行了一些理论概括和总结。教育部精品课程的评比，以及高职对特色的强烈渴望，是高职课程改革高潮兴起的直接动力。基本研究取向是如何摆脱本科压缩式的学科课程模式，突出对学生实践能力的培养。大量以高职实践教学体系为主题的论文均可归入这一类。《实践导向职业教育课程研究：技术学范式》（徐国庆，2005 年）提出以工作任务为中心，采取工作逻辑来开发课程体系，他认为项目课程是以通过对工作体系的系统化分析所获得的工作项目为单位设置，并组织课程内容的职业教育课程模式。《点击核心：高等职业教育专业设置与课程开发导引》（高林、鲍洁主编，2004 年）提出以就业为导向，以新的职业能力内涵为目标构建工作过程系统化的课程体系，称为就业导向的职业能力系统化课程，其课程设计方法称为就业导向的职业能力系统化课程开发方法，简称为 VOCSCUM 课程开发方法。

5. 关于高等职业教育体系与发展趋势研究

2008 年以来，国内研究高职教育的学者更加关注中国高职教育体系发展，以及着力探讨中国高等职业教育所面临的问题与方向、战略选择与相应对策等方面的问题。从学术期刊网相关主题的高频关键词表可以看出，高等职业教育的研究热点主要集中在高职院校、人才培养模式、教育体系、课程体系、专业建设等领域，这些高频关键词从一定程度上反映了高等职业教育研究的核心。近年来，研究成果更加侧重于探讨研究趋势，如任君庆所著的《高等职业教育的发展趋势》（科学技术文献出版社 2005 年版)、谢必武等三人撰写的《高职的特色及其形成》、高等职业技术教育研究会编写的《20年回眸——高等职业教育的探索与创新(1985—2005)》(科学出版社2006年版)。而《当代国际高等职业技术教育概论》(姜蕙,2002年)一书的内容则涉及历史、学制、办学现状、办学特点、管理体系等。另外如《21世纪高等职业教育的发展趋势及我们的对策建议》一文,总结了新世纪的背景特征,并提出了高职未来发展的几大趋势:高职机构高移化、模式多样化、发展规范化、目标国际化和教学现代化等(周耀华,2002年)。还有《高等职业教育的国际比较研究》(黄鸿鸿,2003年),文中提出了高职的层次高移化会产生职业教育体系更完善、高职成为终身教育的重要组成部分、高职与社会经济发展联系更加密切三大趋势的观点。

随着高等职业教育的大发展,一些研究高等教育的硕士、博士也纷纷开始以高职教育为研究对象。北京大学的硕士李兰巧在其硕士论文《高等专科教育转向高等职业教育的研究》中,从教育观念、专业设置、师资队伍、实验实训等方面展开,对高专转向高职做了探索。2003年华东师范大学博士樊秀娣的博士毕业论文《我国高等职业教育的基本建设研究》,在简要回顾历史之后,从教育观念、专业建设、师资队伍、实验实训等方面进行了论述,这篇论文是高等教育学方面较早涉及高等职业教育的博士论文。2004年华东师范大学博士肖化移以《高等职业教育质量标准研究》,从比较普通高等教育和高等职业教育的角度研究高职教育的办学质量标准。华中科技大学易元祥在其博士论文《中国高等职业教育的发展研究》中,分析了中国高等职业教育产生的原因,并对其发展进行了研究。华中科技大学教育学院的博士周明星《高职教育人才培养模式新论——素质本位理念》(天津教育出版社2005年版)对高职教育做了探索。华中科技大学的王前新博士以《高等职业技术院校发展战略研究》(华中科技大学出版社2005年版)为题,从发展战略的高度对高等职业教育进行研究,作者认为"高职院校发展战略应当以树立正确的办学理念和增强核心竞争力为根本","高职院校要走学、研、产、训相结合的道路"。华中科技大学刘兰明博士的《高等职业技术教育办学特色研究》,对高等职业教育的办学特色进行了研究。还有闫宁博士的《高等职业教育学生学业评价研究》、刘晓博士的《利益相关者参与下的高等职业教育办学模式改革研究》、常小勇博士的《高等职业教育制度创新》、付雪凌博士的《高等教育大众化进程中高等职业教育发展研究》，以高等教育大众化进程中高等职业教育为研究对象，从国际比较的视角进行研究并分析中国高职教育发展的问题。

（五）主要文献基本评述

从总体上看，国内关于高等职业教育的研究，尤其是关于高等职业教育的论文可谓俯首皆是，显示了高等职业教育正逐步得到中国教育领域与各级政府的重视，成为高等教育发展的一项重要战略。以上综述仅仅是高职教育研究中的冰山一角。除了这些比较重要、颇受关注的成果外，实际上高职教育研究已涉及了高职教育的方方面面，如师资队伍建设、实训基地建设等，这些研究成果为本书奠定了研究基础。这些论述为高职教育研究提供了扎实的基础，并启发了本研究的思路与线索，本研究正是"站在巨人的肩膀上"，对高等职业教育进行更为系统和深入的探索。但现有的研究存在一些局限性，这些不足为本研究留下了有待探索的空间，主要体现在：

1. 多为静态的经验性研究，缺乏对发展模式演进规律的理论探索

目前已有的高等职业教育研究的范式可归纳为两种：一种是演绎范式，即试图从一般教育理论中演绎出职业教育理论；另一种是经验范式，即局限于经验层面对职业教育实践问题进行探讨。前者使职业教育研究缺乏自身特色，研究主题难以突破传统教育学的框架；后者使学术研究陷入"工作研讨"而难以提升理论水准。国内高职教育研究多数属于后者，经验性、工作性研究成果偏多，许多成果或是经验总结，或是工作报告，理论水准有待提升，尤其缺乏对高职教育理论系统建构的成果。当然，这和高职研究的历史短暂是有密切关系的。

无论是国内还是国外的研究，其国别研究的思路往往是循着静态描述的思路，呈现各国高职或职业教育的各个方面，如办学现状、办学特色、历史发展等，少有以动态的方式分析其发展与变革的过程。同时学界长期以来对高等职业教育发展的研究比较,论者在高等职业教育方面主要做了一些梳理工作,但对高等职业教育发展的研究还只停留在对史实的梳理和描述阶段,相对来讲少了一些对发展历史规律与逻辑的探索,缺乏对问题的深度探讨。

2. 多为零散的问题研究,缺乏各国高职教育发展的系统分析框架

现有的研究较多地停留在对一个国家高等职业教育挑战的内部回应上,缺乏对一国整体的高职教育发展进程的纵向比较研究,缺乏对该国高职教育发展模式及其形成原因的深刻分析与提炼,这样很难把握高职教育发展的机制和规律。尽管目前也有一些关于高职教育发展历史进程的研究,它们为本书的研究提供了重要的文献基础,但是大部分研究都是立足于某个视角,对高职教育历史研究和发展模式进行阐释,或是面面俱到地阐释高等职业教育发展模式内涵而缺乏对历史进程的考察,这些局限性为本研究留下了有待探索的空间。构建一个科学、合理、可行的高等职业教育发展进程的分析框架,系统研究世界上典型高职教育模式的发展进程与形成因素,探讨其策略与经验教训,已经成为时代发展对于高等职业教育研究提出的新要求。

高等职业教育问题涉及社会经济发展,关系到技术变迁和工业化进程问题;涉及一个国家的国民教育体系,关系到高等教育、中等教育的结构与质量问题;涉及不同国家的社会文化、政治制度,关系到社会文化结构问题。中国高职教育学者刘大立认为,"高等职业教育出现的问题并不能单单通过高等职业教育本身的改进而得到很好解决",应该把各国和各种文化之间与教育有关的问题综合起来探讨。尽管中国一些学者(如马树超、姜大源)在分析高等职业教育方面提出了包括性质定义、发展途径、动机、办学模式、院校策略和国家政策等具有一定影响的高职教育概念框架,但是对于不同工业化阶段、不同民族文化背景的国家的高等职业教育发展模式的研究,缺乏相关的理论基础和理论框架作为支撑。目前高等职业教育缺乏像高等教育研究、基础教育研究等那样成系统的研究,有关高等职业教育的理论研究是零散和不系统的。从跨学科视野来分析高职教育发展理论,需要以理论创新的勇气来构建新的理论分析框架,这也说明了高等职业教育问题研究本身的复杂性。

3. 多为发展现状的描述性研究，缺乏不同发展模式的形成背景与因素分析

发展高等职业教育已成为不同发展水平国家或地区的战略重点，这是其对于外部时代环境变化做出的主动反应，其中应该具有高职教育发展模式的一致性规律，但是更多体现的是建立在各国社会经济文化情景之中的高职教育独特的创新发展道路。目前国内外的大部分研究，都不太注意高职教育所具有的当地或国家文化特征，缺少对不同国家高等职业教育的概念框架与实施策略的国家差异方面的深入研究。因此分析影响和制约不同国家高等职业教育发展模式的影响因素，考察这些因素制约和影响各个国家高职教育发展趋向和水平的逻辑，以及由此形成的不同发展模式的特征，需要进行系统和深入的分析。

五、研究问题、线索、内容与方法

（一）研究问题

本研究选择当代高等职业教育发展模式作为研究主题，通过研究高等职业教育发展历程、模式形成、存在形态、运行方式及影响因素等，探寻蕴藏在其中的高等职业教育发展本质的、稳定性的内在规律，探索中国职业教育发展的合理模式。模式是在发展过程中形成的，它代表一种本已存在的规律，那么研究职业教育发展模式就是对这种发展规律的探讨；同时模式也是指一种发展方向，研究职业教育发展模式就是要通过考察现代社会发展与职业教育的作用方式，对当今职业教育发展作一个形象而又有目的的论证和描述；在规律探索的基础上，揭示了中国高等职业教育发展模式存在的主要问题和反思，构建符合发展方向和适应中国经济文化的新模式。本研究着力研究以下问题：

尝试通过系统且独特的视角来回答以下问题：

（1）高等职业教育如何服务于人类社会发展进程，并进行模式演变？高等职业教育模式遵循怎样的发展道路与规律？

（2）高职教育在不同国家有哪些实践形态？不同国家高职教育模式生成和发展的社会文化背景如何？是什么导致了各国发展高等职业教育的不同路径？

（3）高等职业教育在历史进程和国家实践中体现出怎样的发展规律和经验？

（4）中国高职教育发展历程与发展模式是如何形成的，有哪些特征及其存在问题，中国高职教育又该走怎样的发展道路和发展模式？

（二）研究线索

拟从三个线索探求高职教育发展模式：

（1）高职教育模式的演进始终服务于人类社会发展，科学技术和经济的发展及其相应的职业岗位的出现，产生了对高级技术、技能型人才的迫切需求，进而形成了各种类型的高职教育模式。同时高职教育发展模式受到不同历史发展阶段的科学技术、经济发展等因素的制约，它们之间是一个互动的、辩证的发展过程。本研究将从高职教育发展的外部系统，如技术变迁、经济发展等历史发展主线，探索高等职业教育模式的历史演进及其在各国的不同呈现。

（2）高职教育发展受各国传统文化的制约，不同的文化背景与教育体系孕育出不同的高等职业教育模式，教育传统是各国职教模式形成的主要因素。教育现代化规律表明，教育现代化发展或教育现代性的增长意味着一种与旧教育不同的现代教育的产生，必将受到传统教育的强烈反抗。高等职业教育是一种现代教育类型，它的出现是教育发展史上的重大事件，引发了新旧教育之间的激烈对抗，本研究将揭示各国高职教育如何在民族文化和教育传统的适应与变革中发展。

（3）高等职业教育模式的发展、变化，同高等教育和职业教育的发展、变异关系密切。高等职业教育属于高等教育的一种类型，是高等教育系统的子系统，因此高等教育的模式变革、规模发展、目标定位及其质量优劣等，无不对高等职业教育模式的形成与发展产生巨大的影响，反之亦然。这是本研究的另一线索，将高等职业教育置于高等教育发展和职业技术教育演进的视域之中，将其作为一个整体的教育系统，依据教育的内部关系规律，探讨高等职业教育在发展历程中与高等学术教育之间的关系演变。

结合以上三点脉络和线索，本研究力求把对高职教育发展模式的探讨与其内外部系统尤其是科学技术发展、社会文化及高等教育变革等内外部系统紧密联系起来，从更广泛的社会背景和更深层次的高等教育变革，来把握高等职业教育模式发生、发展的脉络与规律，从而对中国高等职业教育模式进行正确的价值判断、选择与再造。

（三）研究内容

本研究将高等职业教育放在国际背景和发展演变的视域下，研究其人才培养的形式、结构与途径，探讨高职教育发展过程中诸因素的最佳结合与构成。本研究的研究思路是：把高等职业教育模式研究纳入高等教育的内部和外部系统，以便进行整体化、系统化的研究。为此本研究遵循以下思路展开：

第一部分是本研究的理论基础，包括导论和第一章。导论主要涉及高等职业教育发展模式问题的提出、国内外相关研究现状，本课题研究思路与基本研究方法。第一章主要通过分析对高职教育发展产生重要影响的教育现代化理论、人力资本理论来确定高职教育发展模式研究的分析框架。

第二部分为第二章。从纵向历史的维度，探寻在人类不同生产技术和社会经济条件影响下高职教育发展的进程及其模式演变，从农业社会旁落于民间的学徒制教育，到工业社会的"工厂－学校"模式，再演变为现代信息社会的多元合作模式。力图揭示历史发展进程中不同发展阶段对高职教育发展所提出的新要求，探寻高职教育发展模式演进规律。

第三部分为第三章到第六章，主要是利用分析框架，以各国高职教育发展模式的形成为核心问题，进行国家高职教育实践模式的比较分析，主要考察美国多功能一体化模式、德国双轨双元制模式、澳大利亚国家资格框架下的市场化模式。分析高职教育如何在服务社会、适应国情和与经济发展互动中发展并形成模式特色,在进程中把握其不同的发展模式。

第四部分包含第七章、第八章,是在理论分析、历史研究和国别比较的基础上,探讨中国高职教育的发展历程与模式特征,重点分析现有模式存在的问题,并构建发展模式新框架。进一步把握国际视野下高职教育发展的未来趋向,以中国高职教育发展的现实来构建中国高职教育发展模式,这是实用研究和比较研究的旨归与延续。

本文将从纵向与横向两个维度进行,对高职教育进程进行探讨,通过分析不同国家高职教育的实践模式及其形成,来寻求其发生发展途径、运行方式、特征及机制等综合构成的发展模式,在规律探讨基础上分析中国高等职业教育发展的历程、发展模式特征及存在的问题,并构建中国高职教育发展新模式的框架。本研究内容框架如图 0-1 所示:

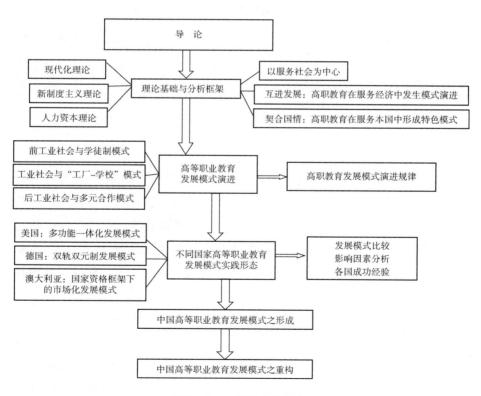

图 0-1 本研究内容框架

(四) 研究方法

潘懋元认为:"人们认识教育规律不外乎三条途径:第一,从纵观教育的历史演变所推论出来的;第二,从国际教育比较研究中所概括出来的;第三,从现实的教育实践经验所总结出来的。这三条途径是相互联系、相互贯通的。"① 对当今中国高职教育模式的探讨,需要对高职教育模式产生、发展、变化的历史原因进行分析,更需要放眼世界,审视和分析国外高职教育模式的变化、发展,分析其产生、发展的历史原因及其特点,在此基础上对中国高职教育模式进行价值判断、选择与再创造。只有通过历史研究、比较研究,从纵横两个角度考察高职教育的发展过程和趋势,并结合中国国情和教育实际加以消化吸收,才能得出更接近真理的结论。如裴娣娜所言:"对一个复杂问题的研究,往往要求我们既要进行纵向比较,又要进行横向比较。"② 本研究既要对高职教育发展进程与模式进行历史研究,又要横向比较不同国家的高职教育发展模式。为此,在具体研究方法上,本研究主要使用文献分析法、比较研究法、因素分析法、历史分析法进行横向与纵向两种维度的研究。

1. 文献分析法

文献法是指根据一定的目的,通过搜集和分析文献资料而进行的研究。本研究的重要文献包括政府报告、研究论文、学术著作、期刊文献及相关网站信息等,研究将建立在对大量相关文献的收集、整理、分析的基础上。在文献分析的基础上,厘清与高职教育相关的关键概念,分析高职教育产生与发展的背景与模式演变,并对美国、德国、澳大利亚的高职教育发展总体状况进行深入研究。

2. 比较研究法

高等职业教育发展是一个整体的历史进程,同时在各国呈现不同的发

---

① 潘懋元:《比较高等教育的产生、发展与问题》,载《上海高教研究》1991年第3期。
② 裴娣娜:《教育研究方法导论》,安徽教育出版社2000年版,第231页。

展历程和模式,以教育现代化为背景,使这一进程和发展模式具有一定的可比性。比较研究法是本书的重点研究方法,通过社会背景、发展历程和模式特色等几个方面对美国、德国、澳大利亚高等职业教育发展状况进行比较,了解这些国家教育博士培养的主要经验、模式差异,并从社会背景、实施机构、运行机制、教育体系、培养模式等几个方面做了中外对比,以此为重要依据提出了未来中国高职教育发展模式的构想。

3. 因素分析法

因素分析法是剖析与归纳对事物产生、发展与运动的影响程度与作用方向的具体因素的思维方法。任何一件事物的发展变化都要受内部因素和外部因素的影响,要分析事物发展规律,必须寻求主导事物发展的关键因素。本研究运用因素分析法,对影响高职教育发展进程的相关因素及其相互关系进行分析把握,以此来提炼高职教育的不同发展模式,探求影响各国不同职教模式形成的因素。

4. 历史分析法

由于高等职业教育发展是一个不断延续和动态演进的过程,因而研究高职教育在发展进程中的不同模式,必须从历史行进中考察高职教育的基本演进模式及不同国家高职教育的发展模式,需要使用宏观历史的分析方法。比较教育研究注重历史主义的研究范式,本研究考察人类社会经济变迁过程中高等职业教育的纵向演进逻辑,主要探寻高职教育如何适应社会经济发展与技术变迁而进行模式变革。

第一章 高等职业教育发展模式理论基础与分析框架

本章将借助与高等职业教育发展模式相关的跨学科理论基础,即现代化理论、新制度主义理论、人力资本理论等成果,以此来构建高等职业教育发展模式的科学分析框架。

一、相关理论基础

(一)现代化理论

比较研究发现,统一、单纯的经济解释很难圆满地解释不同国家和地区的教育发展所表现出来的复杂性与差异性,需要将经济之外的社会文化、政治体制等因素纳入解释框架,现代化理论则是学术界研究和解释这种变化的方法和工具。现代化被用来描述近代以来人类社会所发生的深刻变化,这种变化无疑是当今世界最引人注意的社会现象,也是学术界探讨和研究的重要课题。

1. 现代化发展阶段与特征

何谓现代化?这是一个人们长期争论的问题。社会学家、历史学家、政治学家、经济学家、哲学家从不同的角度对现代化都有自己的定义,难以尽述。但究其实质,现代化指向人类社会从传统到现代的变迁过程:在科学技术进步的推动下,在以工业为先导和前提的基础上,发生在社会各个不同层面上的历史变迁过程。现代化既标志着生产力水平的幅度提高,经济的迅速发展,物质财富的剧增,也伴随着生产方式的变革,社会结构的重新组合,价值观念的更新。

西方学者探讨现代化问题,大都是从各自的学科进行研究,研究的视角不同,其侧重点也存在很大的差异,研究问题主要涉及经济增长、政治维新、社会演变、教育改革、文化科技革命、心理适应等许多方面的问题。经济学家主要侧重现代化的经济特征和物质层面,认为现代化就是经济发展符合现代人的要求,传统的现代化就是工业化的进程,罗斯托、库兹涅茨等多持此观点。政治学家则认为政治现代化是国家现代化的核心,现代化最显著的特征是国家政治制度的现代化,持此观点者如亨廷顿、阿尔蒙德等。社会学家则看重社会变迁和社会结构的变化,帕森斯和列维多从此角度对现代化进行过专门研究。历史学家则把现代化作为人类的一段社会历史发展过程来研究,如布莱克1996年的重要代表作——《现代化的动力:一种比较历史的研究》。人类学、社会心理学方面的研究者更看重人的现代性表现,认为现代化的核心是人的现代化,如美国学者英格尔斯等社会学家发表于20世纪70年代的研究报告《走向现代化:六个发展中国家个人的转变》所言:"本来怀着极大希望和信心,以为外来的先进技术播种在自己的土地上,丰硕的成果就是以它跻身于发达国家之列,结果,它们往往收获的是失败和沮丧。"① 在英格尔斯看来,使"人在心理、态度、价值观和行为上从比较传统的一端逐渐转变到现代化的一端"——人的现代化,其重要意义不亚于先进技术或工业化。

现代化既作为一种历史实践进程,又包含各国差异巨大与丰富纷繁的实践。R. 本迪克斯(Reinhard Bendix)提出了现代化的经典定义:"对于现代化,我理解的是源于英国工业革命和法国政治大革命的一种社会变迁模式……它存在于一些领先发展的社会的经济进步和政治进步之中,也存在于后来者追随于前者的转变进程之中。"② 这一定义解释了现代化进程中

---

① 殷陆君:《人的现代化》,四川人民出版社1985年版,第4页。
② Bendix, Reinhard. Modernisierung in Internationaler Perspektive [M]. Koeln/Berlin: Kiepenheuer, 1969: 506、510.

由于先进者对自身的捍卫和落后者自身的追赶所形成的竞争，也解释了国际社会先进者和落后者的分层。对不同国家在现代化进程中的实践，德国著名社会学家沃尔夫冈·茨阿波夫的观点具有全局性，他认为："现代化是在时间上相关联的三个进程：第一，是工业革命以来的百年进程，在这个进程中，各种小的团体发展成为今天的现代社会；第二，是落后者的各式各样的追赶过程；第三，是现代社会自身通过创新和改革来战胜新的挑战的努力过程。"①

在中国学术界，现代化研究也已成为研究的热点，并形成了独特的分析框架。罗荣渠"从宏观历史学的角度，把现代化作为一个全球性大转变的过程，从传统农业社会向现代工业社会转变的大过程，进行整体性研究"，"把'现代化'从一个超时空的空泛的概念确定为一个特定历史发展阶段，从而变成了一个可以明确界定的科学范畴"，②他认为，广义而言，现代化进程就是"以工业化为推动力，导致传统的农业社会向现代工业社会的全球性的大转变过程，它使工业主义渗透到经济、政治、文化、思想各个领域，引起深刻的相应变化"。狭义而言，现代化又是"落后国家采取高效率的途径，以迅速赶上先进工业国和适应现代世界环境的发展过程"③。

起始于大工业革命的现代化，其内容就是从传统农业社会向现代工业社会演进，社会制度、社会文化以及经济体系发生全面的变革。正是产业革命把科学技术与生产结合了起来，使大工业机器生产代替了手工业小生产，人类认识、利用、控制自然的能力才有了空前的提高。冯增俊提出，"就其本质看，现代化是以大工业为特征的，是以经济的发展或工业化水平来衡量的。无论是过去还是今日所有国家都毫不例外地把工业化作为现代化的最重要目标，作为实现现代化的关键途径"。④

那么，面对20世纪80年代以来，人类兴起的以信息技术为核心的新

---

① ［德］W. 茨阿波夫：《现代化理论与社会发展的不同路向》，李鹏程译，载《国外社会科学》1997年第4期。
② 罗荣渠：《现代化新论》，北京大学出版社1993年版，第2－3页。
③ 罗荣渠：《现代化新论》，北京大学出版社1993年版，第16－17页。
④ 冯增俊：《论教育现代化的基本概念》，载《教育研究》1999年第3期，第12－19页。

经济引起了人类社会的巨变,又该如何解释?顾明远等学者认为是现代化的进一步发展,也有论者明确提出"第二次现代化"的概念,认为现代化已经开始了由农业社会向工业社会的转变(第一次现代化)进入由工业社会向知识社会的转变(第二次现代化)。"第二次现代化"不同于"第一次现代化"的"工业化、城市化、民主化"的特征,它是"指从工业时代向知识时代、工业经济向知识经济、工业社会向知识社会、工业文明向知识文明的转变过程,以知识化、信息化、网络化和全球化为基本特征"[①]。如果说第一次现代化是对大自然的掠夺,那么第二次现代化则是对大自然的回归;第一次现代化强调利润的攫取,第二次现代化强调的则是可持续发展。第二次现代化与第一次现代化的最重要的区别是:如果说第一次现代化是对大自然的征服,那么第二次现代化则是对大自然的亲善,从本质上来说,第二次现代化是一种世界范围的生态转型。20世纪70年代以来,世界发展方向发生了重大转折。后现代主义开始受到社会关注(Fountain,2001),如《后工业社会的来临》(美国学者贝尔教授,1973年)、《后现代状态》(法国学者利奥塔,1979年)等,《风险社会》(德国学者贝克教授,1986年)提出再现代化(reflexive modernization),1991年德国第25届社会学大会将"继续现代化"作为会议主题,1993年中国学者罗荣渠出版了《现代化新论》,1997年美国学者殷根哈特出版了《现代化与后现代化》,1999年中国学者何传启研究员出版了《第二次现代化》,提出第二次现代化理论。

2. 教育与现代化互动发展理论

现代化理论对教育的研究,具有现代化研究的一般特征,一般以社会及教育从传统向现代的转变为线索。200多年的现代化进程,给世界带来了翻天覆地的变化,人类社会发展到了一个崭新的时代。综观这场遍及全球的"现代化"巨变,有几点是很明显的:第一,生产社会化;第二,经济市场化;第三,社会结构城市化;第四,政治民主化与法制化。[②] 在这

---

① 何传启:《东方复兴:现代化的三条道路》,商务印书馆2003年版,第91页。
② 黎跃进:《东方现代民族主义文学思潮发展论》,中国社会科学出版社2011年版,第29页。

一进程中，教育如何与现代化历程相伴生并互动发展？在不同现代化阶段和不同国家的实践中表现出怎样的特征？教育现代化已成为研究热点，理论研究成果丰富，为本课题研究提供了依据与基础。

教育现代化主要有两层意义：从广义上讲，教育现代化是指从18世纪后半叶自西方工业革命以来，现代生产力的发展所引发的传统教育向现代教育转化的一个世界性的发展进程，或者说一种教育获得现代性的全球发展总趋势，其主要特征是以现代工业科学和技术革命为推动力，教育与经济、政治、文化、思想各个领域紧密结合，而教育在国家的支持下走向世俗化、普及化、大众化是一种对一切有关现代教育改革和发展的总称。在狭义上，指后进国家通过改革传统教育、推动教育发展，从而赶上先进国家教育水平的历史进程。前者反映整个人类教育现代化演进的历史进程，指的是教育的宏观历史性发展；后者则表明在人类教育现代化进程中，落后国家教育如何赶上发达国家进而获得现代化的问题，旨在探讨国家之间教育现代化中的不平衡性。

基于此，教育现代化理论视角有两个：一是历史视角，解释人类教育如何从适应小农经济和传统宗法社会的封建旧教育，转变为适应工业化的民主社会的新教育的历史演化进程。二是国别视角，提供落后国家教育追赶先进国家中的问题和对策的分析框架。

（1）历史视角：世界教育现代化演进。

从教育现代化的起源上看，最公认的观点是第一次工业革命导致了教育现代化的启动，与此相应的是三次工业革命成为认识教育现代化不同历史阶段的主要依据。从世界历史发展的宏观视角来看，现代化理论认为人类发展历史经历了农业社会、工业社会和信息社会三个基本阶段，源于18世纪的大工业运动的世界教育现代化，其基本进程也包含三个发展阶段，实现了从农业时代教育向工业时代教育转变，以及从工业时代的教育向知识时代教育转变的两大历史性转变。教育现代化理论深刻阐述了教育在人类社会演进和技术发展变迁中的模式演变：

第一阶段：18—19世纪初以蒸汽机的应用为时代经济特征的教育现代化运动，主要是适应工业发展举办新学校。工业革命在欧洲的兴起，从本质上改变了人类发展的历史进程，教育也出现了有历史意义的转折。班级授课制、工业学校等重大的教育创新出现在现代化早发国家。

第二阶段：19世纪中叶至20世纪30年代，以电动机应用为时代经济特征的教育现代化运动，在全球推广现代教育制度。这一时期，中、高等科技教育迅速发展，德国建立了以柏林大学及工科大学和工业学校网组成的科技工业教育体系，促使德国成为世界科技中心；19世纪后半叶，美国实施了《赠地学院法》，发展了服务社会生产的实用型高等教育体系，首创工农学院，极大地推进了世界教育现代化进程，使美国工业产值30年间连增4倍，超过欧洲，成为世界首富。

第三阶段：第二次世界大战后特别是20世纪70年代以来，以电脑与信息技术为时代经济特征的教育现代化运动。以信息技术为特征的知识经济时代的到来，"从根本上改变了人类的生存方式，向人类提出了一种全新的教育模式，从而相继掀起了诸如从读书为官的教育到学会生存、学会关心的教育，从阶段教育到终身教育，从精英教育到全民教育，从维持性教育到创新性教育，以及从学校教育到社会化教育的改革运动，等等"①。教育将突破工业经济时代的教育模式，即传统的学校教育模式，而代之以终身教育模式和多元化的社会性大教育。

（2）国别视角：国家教育现代化模式。

从国家或特定区域的教育实践模式的角度来考察教育现代化问题，教育现代化理论揭示了国家教育现代化的两种发展模式②：

早发内生型教育现代化。较早参与现代化运动的老牌资本主义国家，如英国、法国、德国等，现代化动力来自于本国内部因素，在现代化进程中体现出三大特征：一是自发性，教育现代化在社会需要、民众觉悟的前提下起始于民间，是自然生长的结果；二是渐进性，教育现代化经历了漫长的渐进演化，经历了教育与社会经济的反复磨合；三是自下而上的发展方式，改革往往从社会或一所学校开始，后经不断的改进和推广，最终纳入国家法规并形成制度。但早发国家之间也同样存在借鉴、互动和竞争，因此也同样会出现自上而下、规划统筹的政府行为。

---

① 冯增俊：《比较教育学》，江苏教育出版社1996年版，第265页。
② 冯增俊：《论教育现代化的基本概念》，载《教育研究》1999年第3期，第12-19页。

后发外生型教育现代化。与早发内生型相对应，主要是指在时间上发生较迟且注意借鉴先进模式以努力实现赶超先进国家的教育现代化运动。这种类型的教育现代化，在启动方式上，在外界巨大发展压力下由政府行为启动；在推动方式上，注重示范作用；在运作机制上，依靠政府主导，由上至下发展。但随着国家发展，这种教育现代化的后发外生型特征也逐步减弱，由初期注重引进转为注重创新，并形成政府推动和民众发动上下互动的作用机制等。

（3）教育现代化的基本特征。

产业革命以后，由于社会生产发展的需要，以及由此而引起的社会变革的需要，逐渐形成了现代教育体系，包括学校系统、教育内容、教学组织形式和教学方法，等等。现代教育最基本的特征是教育与生产劳动的结合，与社会生活的紧密联系。① 在现代大工业生产之前的农业社会，生产者只是以师傅带徒弟的方式获得生产经验和技能，而学校教育只培养有闲阶级为封建统治服务。自从出现了机器生产，也即现代化大工业生产，才逐渐普及义务教育，把初等教育与中等教育、高等教育联系起来，发展多种类型的技术教育，从而形成各级各类学校的现代学校教育体系。顾明远认为，现代教育的最基本的职能之一就是培养掌握科学技术的人才，在培养人才的同时创造新的科学技术，并认为其具有如下八个基本特征：

教育的民主性和公平性：基础教育的普及化和高等教育的大众化，不但在发达国家得以实现，在发展中国家也得到进展，整个社会呈现高学历特征，进入学习化社会。

教育的终身性和全时空性：终身教育要求学校教育与社会教育结合，职前教育与职后继续教育结合，正规教育与非正规教育结合，并要求各类学校能够通融，教育应超出年龄、空间限制，为全民学习、时时学习、处处学习提供条件。

教育的生产性和社会性：教育通过培养社会需要的实用型人才服务于生产劳动和社会生活。

教育的个性和创造性：工业社会强调标准化、统一化，个性不能得到

---

① 顾明远：《试论教育现代化的基本特征》，载《教育研究》2012 年第 9 期，第 4 - 12 页。

充分的发展；信息社会强调个性化、多样化，尊重教育规律和学生身心发展规律，为每个学生提供适合的教育。

其他特征还包括教育的多样性和差异性、教育的信息化和创新性、教育的国际性和开放性、教育的科学性和法制性等特征。

3. 现代化理论对本研究的启示

（1）从教育现代化的高度才能更深刻地把握高等职业教育的本质。

教育现代化研究揭示的教育发展历程：教育从最先的传授生产生存技能的和谐教育，到学校出现后异化为传授古籍经典、成为统治阶级和特权的工具，这是教育发展的第一个转折；而产业革命运动从根本上转变了人类的生产方式，科技成为生产发展的动力，随之重视教育发展、培养科技人才就成为新教育改革的方向，促使教育从以往为封建制度和有闲阶层服务的贵族学术堡垒中走出来，走向与生产和社会发展相结合，为社会发展服务，则是教育发展历史的第二个转折。现代高等教育的一次次改革和发展，都是不断从封建的学术堡垒中一步步地走向与生产的结合，不断地从作为统治阶级的斗争工具转向为社会经济发展服务，把促进经济发展和人类进步作为现代高等教育发展和改革的根本任务。

教育现代化代表了从传统教育向现代教育的转变运动，这一运动最根本的特征或发展规律表现在：推动教育从贵族的学术堡垒中走出，走向与生产劳动相结合，为经济发展服务，为社会发展服务。因此，教育现代化的启动力量和演进力量正是与生产劳动结合紧密、以服务社会经济发展为宗旨的科技教育，具体来说，这种教育就是职业技术教育。一切离开发展职业技术教育的教育现代化是不可能实现的。因此，高等职业教育发展的指向在于服务社会，与生产劳动紧密结合，适应与推动社会经济发展，离开了这一宗旨就是偏离了职业教育的本性。

（2）教育现代化为考察高职教育的发展进程与模式演变提供宏观视角。

在教育现代化进程中，职业教育作为与社会生产结合最为紧密的教育类型，逐渐得到彰显，从旁落于民间的学徒制传授生产技艺走向学校教坛，并逐步形成从中等到高等的职业教育体系。从民间学徒制、工厂学徒制的业余性教育到现代学校制度中职业学校的创立,再到工业教育的兴起和高等职业教育的产生,是教育从传统走向现代的革命性转变。因为,现代教育发展的本质就是使教育与生产和社会发展结合得更为紧密,结合得水平更高,更好地契合于人类社会发展。① 从某种意义上来说,高等职业教育本身就是一种现代教育类型,它的产生和发展就是教育现代性的增长。

现代化理论表明,教育现代化发展或是教育现代性的增长,意味着一种与旧教育不同的现代教育的产生,必将受到传统教育的激烈反抗。大工业生产的本性就决定了它必然向那种培养少数有闲阶级的古典教育挑战,要求教育为现代生产服务,培养工业化所需要的有技术的生产者和科学家,提出改革教育、创办新教育、建立新学校的任务。尽管由于早期工业生产水平低,需要的仅是初级教育水平的技术工人和少量的科学家,职业教育形式简单,教育机构也不多,然而它却是一种最基本的现代教育要素,它的出现是教育发展史上的重大事件,引发了新旧教育之间的殊死对抗。这种对抗影响和左右着一个国家的教育发展道路选择,一方面,现代化的发展急速地摧毁着文化传统的固有体系,把不适应现代社会的传统剥离开来;另一方面,文化传统的某些内容(特别是观念层面的内容)又决定了现代化进程中的问题与改革路径。"造成两者对立的原因,是它们总体上代表着不同的时代。"② 在教育传统与现代的对抗中理解高职教育发展进程和考察高职教育的模式演变,为研究打开了新的视野。

(二)新制度主义理论

1. 新制度主义观点与评述

新制度主义并非源自特定学科,而是一个跨学科的思潮。20 世纪 90 年代以来,新制度主义已经变成超越单一学科,遍及政治、经济、社会学乃至整个社会科学的分析范式。由于理论研究的进展,若干有影响的学术

---

① 冯增俊:《教育创新与民族创新精神》,福建教育出版社 2002 年版,第 188 - 189 页。
② 顾明远:《民族文化传统与教育现代化》,北京师范大学出版社 1998 年版,第 21 页。

论著的出版推进了制度理论在特定研究领域的应用，如马奇和奥尔森（March & Olsen）把制度理论用于政治研究，而诺斯（North）、迪马奇奥和鲍威尔（DiMaggio & Powell）、斯科特（Scott）及布林顿和尼（Brinton & Nee）则把这一视角分别用于对经济变化和发展、组织理论和制度的社会学研究中。

（1）新制度主义分析范式：整体和有机的方法。

新制度主义的研究是在对以前基于个人理性、行为主义、功能主义等的一般制度研究的反思与批评的基础上建立起来的，这种批判中最主要的一点是认为这种学术研究具有浓厚的"工具主义"特征，研究中完全忽视了文化、历史和传统这些作为社会共同体重要组成部分的因素，人类经济发展或政治形成的过程被简单地还原为对利益的追逐、交换与争夺，至于利益本身的认定与形成机制则被排除在考察之外。

新制度主义是这样一种分析范式："它采用整体和有机的方法，认为个人的信仰、价值和行动是内含于文化之中，它的任务是描述组织的复杂性，以及组织在历史进化中对社会供应（social provisioning）的控制，其核心是理解制度变迁和调整的过程。它强调的是，权力关系、法律体系和技术在制度的形成中是关键的解释因子。"[①] 而"之所以称之为新制度主义，仅仅因为这些领域中的许多学者都怀疑对社会过程的原子论的解释，而都赞成制度安排和社会过程的重要性"。[②] 新制度主义对教育者的重要性在于它提醒人们教育改革必须涉及学校组织的"深层结构"问题和学校与社会之间关系的"深层结构"问题，教育制度的形成是改革目标、社会文化、价值与行为方式共同作用的结果。

（2）社会文化、价值观念与制度相互作用。

新制度主义对制度的理解是多维的。新制度主义认为制度由规制、规范和文化认知构成，由这些要素所构成的规制（法规）性制度、规范性制度和认知的、文化的制度都可能共存于组织的环境中。[③] 新制度主义更关

---

① Philip A, O'hara. Encyclopedia of political economy [M]. London: Routledge, 1999: 533.
② DiMaggio P J, Powell W W. The new institutionalism in organizational analysis [M]. Chicago: University of Chicago Press, 1991: 3.
③ 薛晓源、陈家刚：《全球化与新制度主义》，社会科学文献出版社2004年版，第115页。

注塑造特定认知图式的整个文化意义系统,特定认知解释过程在本质上是由外部的文化意义系统所塑造的。制度不仅包括正式制度,也包括由习惯、习俗等组成的非正式制度。二者的相互作用关系体现在:正式制度占主导地位,具有强制力;而非正式制度虽然不具有强制力,但作为一种文化、观念或传统,在深层次上制约着正式制度。能够得到社会认可的正式制度能够比较顺利地推行,而与社会文化背景相冲突的正式制度则难以推行。

新制度主义认为制度包括文化、行为规范和各种法规制度,把文化与价值观念等因素引入了研究对象的范畴,并赋予其制度含义,"这种界定打破了制度与文化概念之间的界限"[1]。文化被作为社会发展与教育制度之间沟通理解的桥梁,同时制度本身是历史和文化进程的结果,因为"人类行为、社会环境和制度之间以各种复杂的方式相互作用,而且这些复杂的、互动的行为过程与意义的形成过程对政治具有重要影响"[2]。

(3) 制度变迁具有"路径依赖"的特性。

制度变迁是新制度主义理论提出的又一核心概念,它是指制度的替代、转换、交易与创新的过程。制度变迁分为两种:强制性制度变迁和诱致性制度变迁。前者具有渐进性、自发性、自主性的特征,常常表现为制度的完善;后者则是由政府法令强制推行的变迁,常常表现为制度改革或创新。

之所以出现这种区分,则是由于制度变迁具有路径依赖(path dependence)的特性。诺斯(North)认为,制度变迁一旦走上轨道,就会在以后的发展中沿着既定的变迁路径运行并得到强化。正是由于路径依赖这一特性,制度变迁有可能正确而进入良性循环的轨道,也可能失误而陷入恶性循环之中,这时需要强大的外力作用或政权更替,才能使某些制度从无效率的状态之中跳出来。制度变迁的过程与结果受以下两方面的影响:一是制度变迁的起点——历史社会环境,即人们过去的选择决定了他们现在可能的选择,这意味着许多制度可能不是人们根据理性计算设计的结果,

---

[1] 薛晓源、陈家刚:《全球化与新制度主义》,社会科学文献出版社2004年版,第204页。

[2] James G March, Johan P Olsen. The new institutionalism: organizational factors in political life [J]. The American Political Science Review, 1984, 78 (3): 742.

而是由原有制度变体和进化而来；二是制度变迁的环境——文化传统、信仰体系等观念因素，制度变迁的方向和可能出现的制度形式与此关系密切。正如诺斯在《制度、制度变迁与经济绩效》中的观点，"今天和明天的选择是由过去决定的"[①]，"人们过去做出的选择决定了他们现在可能的选择"[②]。正是由于历史社会起点、文化传统和信仰体系等方面的差别，不同国家和地区制度变迁的"终点"在大多数情况下是不相同的。

制度构建的最深层次部分是合法性的构建，这种合法性构建过程是扎根于原有的社会文化系统中的。在制度变迁过程中，即使各个集团利益角逐达成某种平衡，但由于该平衡并未能完成合法化的过程，不为各个社会利益群体在文化认知上共同接纳，那么其所构建起来的行为结构也是不稳定的。只有制度安排，没有制度的实施机制，再好的制度也是一纸空文，要实现改革的目标，仅仅依靠正式制度的变迁是很难使改革进行得彻底的。因此，文化认知是制度的基础，制度的存在和变迁必然以文化的相对稳定和转型作为先导，这样才能使制度变迁在文化认知驱动下有秩序、有目的地进行，才能赋予制度变迁的合法性基础。

2. 新制度主义对本研究的启示

新制度主义认为，各种社会和政治制度具有其不同的文化基础，并且对历史上已经形成的相关规则具有高度的依赖性。另外，由于规则与制度一经产生就对共同体成员的行为产生约束力，因此它们实际上又通过对个体行为的塑造进而塑造着他们所属的文化和传统本身。新制度主义因此强调，风俗、文化、历史和传统等因素对于人们理解某种社会政治制度具有重要的参考价值，或者说任何一种社会、经济和政治制度都必须借助于这些因素来加以认识和说明。

在新制度主义视野下，不同国家高等职业教育制度及发展模式具有其不同的文化基础，并且对社会文化、观念、规范等历史形成的规则存在

---

① ［美］道格拉斯·C. 诺斯：《制度、制度变迁与经济绩效》，刘守英译，上海三联书店1994年版。
② ［美］道格拉斯·C. 诺斯：《经济史中的结构与变迁》，陈郁、罗华平等译，上海三联书店、上海人民出版社1994年版。

"路径依赖"。

文化传统作为一个民族独特的认识和把握世界的方式,有着自己固定的行为规范和思维方式,一个国家的历史沿革、文化传统对高职教育发展道路与发展模式的选择具有决定性的作用。每个国家都在各自社会文化背景中寻求高职教育发展的最佳路径,以期能够优化国家的整体教育结构、最大限度地促进社会经济的发展,不同的高职教育制度与发展模式在这一过程中形成。因此,历史起点、民族文化、社会观念成为理解不同国家高职教育发展模式的关键背景,也成为解释不同国家高职教育发展模式形成的关键因素。

(三) 人力资本理论

人力资本理论是西方社会于20世纪60年代形成,以其对人力资本投资巨大的经济效益的阐述和严谨的实证主义研究成果,为20世纪70年代西方发达国家经济增长提供了重要的理论工具,其基本理论点和方法论,至今仍居于世界教育经济学的主流地位。正如中国著名教育经济学家范先佐的观点:"至于教育经济学,正是由于人力资本理论才成为经济学的一个新分支。其他教育经济学理论,诸如筛选假说理论、劳动力市场划分理论、社会化理论等都是在反驳和发展这个主流理论的基础上形成的。"① 在西方权威的《帕尔格雷夫经济学辞典》中,"人力资本"与"教育经济学"是同一个词条。

人力资本理论于70年代末传入中国,广泛应用于教育与经济发展关系的研究,用于分析高等教育、基础教育的教育投资与经济增长的速度、政府在教育投资中的责任和比例、高等教育成本的承担与收益、高等院校的规模经济等问题,研究成果为中国高等教育和基础教育投资体制、办学体制、管理体制改革,都提供了宝贵的理论支持和政策导向。② 人力资本理论作为本研究的重要理论基础,用于揭示高职教育发展与经济发展之间的

---

① 范先佐:《教育经济学新编》,人民教育出版社2010年版,第128页。
② 牛征:《职业教育经济学研究》,天津教育出版社2002年版,第35-36页。

互动关系,分析各国高职教育发展的驱动力及其进程。

1. 人力资本理论重要观点与评述

人力资本理论是"二战"后随着科技、经济、社会的飞速发展,教育与培训在经济增长中的作用日益突显,经历了长期的积累和演变过程而逐渐形成和发展起来的。它的提出与发展基于深刻的实践与学术背景:1929—1933 年,资本主义国家爆发了世界性经济大危机,面对全球经济衰退和发展中国家的贫困问题,传统经济理论"无言以对";20 世纪 40 年代中期,第二次世界大战的战败国德国和日本,在国家有形资产遭到巨大破坏的背景下,却在不太长的时间内,奇迹般地使经济迅速得到恢复与发展,并跻身于世界发达国家之列,而有些战后独立的国家,经济增长却比较缓慢,对于这一现象,传统的经济理论亦不能做出解答。

在此背景下,20 世纪 30 年代,由美国经济学家沃尔什(J. R. Walsh)在其发表的《人力资本观》中首次对人力资本价值进行了成本估算;1957 年美国经济学家雅各布·明瑟(Jacob Mincer)在他的博士学位论文《个人收入分配的研究》和其 1958 年的《人力资本投资与个人收入分配》一文中开始正式使用"人力资本"的概念。美国芝加哥大学经济学家西奥多·舒尔茨 1960 年在美国经济学年会上发表的《人力资本投资》、1960 年发表的《用教育来形成的资本》、1961 年发表的《教育和经济增长》、1962 年完成的《回顾人力投资的概念》、1963 年出版的《教育的经济价值》等一系列著作,全面系统地阐述了人力资本理论。随后,美国经济学家丹尼森(E. Denison)1962 年出版的《美国经济增长因素和我们的选择》,对经济增长因素进行了详尽分析,通过教育年限和知识增进对经济增长进行研究后认为,延长正规教育年限对生产起促进作用,生产率的增加有一部分是由知识增进提供的,知识增进对经济增长的重要性越来越显著。人力资本理论在西方经济学界产生了巨大影响,舒尔茨和贝克尔都部分地因为对人力资本理论的开拓性研究而分别获得 1979 年和 1992 年的诺贝尔经济学奖。

人力资本理论对发展中国家的收益增长和贫困问题的研究发现,教育和培训人力资本方面的投资是发展中国家个人财富和收入及其分配的主要决定因素，教育和个人经济成功之间存在着某种紧密且有规则的联系。对"二战"后工业化国家经济高速增长原因的研究发现，资本存量和劳动力数量的增加，只能说明经济增长中的一小部分，人力资本的提升即劳动者智力结构和质量水平的提高，才是经济增长的关键因素。而提高劳动者智力和质量的最重要的途径是教育，教育是经济发展必不可少的环节与基础。因此德国和日本能够在物质遭到极大破坏的背景下快速崛起，是因为战争虽然摧毁了这两国的物质资本，但并未破坏人力资本，人力资本在它们的经济恢复中发挥了决定性作用。

人力资本理论以其对经济发展中若干难解之谜的不可辩驳的分析和解释，使西方经济学界开始真正关注人力资本的开发与利用。人力资本理论以其对人力资本投资巨大的经济效益的阐述和严谨的实证主义研究成果，为20世纪70年代西方发达国家经济增长提供了重要的理论工具。在世界经济发展和工业化进程中，越来越多的官员和学者认识到人的因素是经济现代化的决定性因素，提高人力资本投资是经济发展的根本问题，并将人力资本理论作为战略选择和政府决策的重要依据，付诸实施于发展实践之中。

人力资本作为一种反映人的综合能力和未来素质的指标，是人身上的体力、知识、技能和劳动熟练程度的综合能力和素质的总和。人力资本理论认为，教育具有提高劳动生产率，培养经济发展所需人才的生产功能，教育具有促进经济增长的经济效益。

（1）人力资本在经济增长和发展中具有重要作用。

在对战后西方经济高速发展的原因分析中，有很多人看到了人的质量、人的知识能力对经济增长所做的贡献，而人力资本理论把由教育形成和提高的人的知识能力作为经济增长的巨大源泉来加以系统论证。① 按传统的生产三要素理论解释，土地、资本和劳动是国民收入的源泉，劳动力质量没有被列入增长因素之中，而人力资本理论则明确指出了人的质量不同，对生产所做的贡献就不同，高质量的劳动力可以获得较高的劳动生产率，对生产的贡献大。

---

① 靳希斌等：《人力资本学说与教育经济学新进展》，教育科学出版社2010年版，第38页。

人力资本理论认为，一个国家取得经济发展是由多种因素促成的，比如自然资源、人力资源、资本积累、科技进步、政治环境等，但人力资本在经济增长和发展中具有至关重要甚至是决定性的作用。舒尔茨曾断言："人类未来不是由空间、能源和耕地所决定，而是要由人类的知识发展来决定。"① 在当代科学技术革命的条件下，人力资本作为具有主观能动性的技术进步的载体，已成为推动经济增长与发展的决定性因素。

（2）教育投资是提升人力资本的根本途径。

人力资本理论提出，教育不是消费，而是一种人力资本投资，一种"对人的投资"。这是因为，在现代生产中，劳动生产率的提高已成为经济增长最主要的因素，而提高劳动生产率正是教育对经济促进作用最根本的方面。在动态的经济增长的条件下，劳动者仅靠已有的知识、技能，仅靠旧的生产形式是无法适应经济增长的需要的，人们必须不断地调整以适应社会需求的变动，人力资本理论认为，教育是提高劳动者处理经济条件变化的能力的根本途径。舒尔茨清楚地认识到教育在提高人的经济适应能力上所发挥的作用，通过对教育与经济相互关系的深入探讨，他认为教育是提高劳动生产率的关键。人力资本的形成主要靠教育，劳动者身上体现的各种能力的形成和提高都不能离开教育，而人的质量提高是社会经济发展的重要因素，因此，教育在社会经济中占有特殊而重要的地位。

人力资本理论认为教育投资是生产性投资，教育对人力资本投资的收益大于物质资本投资收益，一国的劳动力质量直接影响物质资本的作用。资本投资的重点应该从物质资本转向人力资本，人力资本投入的增长速度应当快于物质资本投入的增长速度。过去在教育史上很少有人探讨教育的经济价值，如果有人说受教育可以取得而且就是为了取得经济上的利益，那将被认为是贬低了教育的价值，舒尔茨在《教育的经济价值》中将学校教育的职能归结为五点：①研究是教育机构的传统功能之一，在高等院校里进行研究，用知识进展和技术成果促进国民经济的增长；②教育机构发现和培养人才；③学校教育提高人的能力，使之适应随经济增长而来的工

---

① ［美］W. 舒尔茨：《论人力资本投资》，吴珠华等译，北京经济学院出版社1990年版，第42页。

作机会上的变化;④招收并教育学生,以满足人们对教育的需要;⑤满足未来社会对于具有高级知识技能人员的需要。① 正因为学校具有这样一些职能,学校教育实际上已成为经济增长的源泉。

(3) 教育与经济是互为条件、相互促进的关系。

在教育与经济的相互关系中,教育对经济的促进作用是毋庸置疑的,然而,教育与经济之间的关系并不仅仅是这种简单的联系。人力资本理论认为,教育不仅对经济起促进作用,而且还依赖于经济增长,教育与经济之间的相互促进是在双方的动态发展过程中实现的,并不是任何教育都能成为经济增长的源泉。各国人力资源的数量和结构要与经济发展的实际状况相适应,因此教育必须与经济发展结构、规模相适应,否则无论是教育投资不足还是教育投资过度都是资源配置的无效率,衡量的工具之一就是平均收益率。教育经济学家萨卡洛普洛斯(Psacharopoulos)对经济落后国家、中等发达国家和发达国家的初级、中级和高级教育的社会和个人的平均收益率进行复杂计算,研究显示,1958—1978 年间,44 个国家教育投资的社会收益和个人收益呈现如下特征:①教育的社会收益率和个人收益率在各个层次教育中比较,小学教育收益率最高;②教育的个人收益率超过社会收益率,尤其在大学层次;③教育投资的收益大大超过物质资本 10% 的收益率的一般标准;④不发达国家的教育收益率比发达国家高。② 不同类型国家及不同层次教育的平均收益率如表 1-1 所示:

表 1-1 不同类型国家及不同层次教育的平均收益率

类型 地区/国家	社会收益率			个人收益率		
	初等教育	中等教育	高等教育	初等教育	中等教育	高等教育
非洲	26%	17%	13%	45%	26%	32%
亚洲	27%	15%	13%	31%	15%	18%
拉丁美洲	26%	18%	16%	32%	23%	23%
中等发达国家	13%	10%	8%	17%	13%	13%
发达国家	—	11%	9%	—	12%	12%

---

① 张人杰:《国外教育社会学基本文选(修订版)》,华东师范大学出版社 2009 年版,第 261 - 263 页。

② 牛征:《职业教育经济学研究基本理论》,天津教育出版社 2002 年版,第 45 - 46 页。

对同一个国家，不同层次教育的平均收益率的不同主要取决于国家经济结构与发展水平，如在欠发达国家，投资初等教育的社会收益率和个人收益率都大大高于所投资的中等和高等教育。人力资本理论揭示了教育的结构、规模必须与一国经济发展的速度、规模、发展阶段相适应，不论是个人，还是国家，对教育投资不当就会出现"教育致贫"这一教育功能的悖论。因此，教育与经济是一种互为条件、相互促进的关系：两者之间任何一方得不到发展都会限制另一方的发展；两者之间任何一方的发展又都会促进另一方的发展，所以，在经济发展中如果不能保证教育的适应与发展，则经济发展本身也会受到影响。

2. 人力资本理论述评

人力资本理论在教育与经济关系方面的积极作用，在于它研究并揭示了如下规律：在现代化的经济生产中，经济的增长在很大程度上取决于劳动者的知识和能力，而劳动者的知识和能力取决于教育。教育在社会经济中，不仅具有发展人的个性、丰富人的知识、陶冶人的情操、培养人的道德的价值，同时，人力资本理论还强调教育的经济价值，肯定了教育对社会经济的巨大贡献，认为某种教育还可以改善人的能力，这一改善将增加国民收入。要使教育成为经济增长的促进力量，就必须大量增加对教育的投资。人力资本理论扩充了资本的内容，解释了人力资本对经济增长的重要作用，在1960年提出后，很快被人们接受，成为很多国家制定教育发展战略和政策的理论基础，这对这些国家在20世纪六七十年代教育事业的发展影响极大，教育扩张之风吹遍全球。

但人力资本理论也具有理论局限性。首先，它以资本创造价值的庸俗经济学观点为基石，抛弃了生产劳动创造价值的马克思主义经济学观点，具有一定的片面性；其次，过于夸大教育对经济增长的作用，而忽视了政治、社会等其他制约因素。人力资本理论对教育促进经济增长所提出的教育—认知技能—劳动生产率—经济增长模式，过于简单化，忽略了教育与经济增长关系中许多社会的、政治的复杂因素，这是这一理论不够完备的地方。一些发展中国家在教育事业上投入大量资金，尤其是在高等教育上，但却没有带来期望中的经济高速增长，反而带来了更大的不平等和社会问题。人力资本理论不能适当地解释为何投入大量的教育投资却没有收到预期的经济效益,[①] 这引起了人们对人力资本理论的反思和补充。20世纪70年代以后,西方教育经济学理论界产生的"筛选理论""劳动力市场划分理论""社会化理论"等,对人力资本理论提出了挑战。

3. 人力资本理论对本研究的启示

人力资本理论所提出的教育和职业技术培训等人力资源的投资,是发展中国家个人财富收入和财产分配的主要决定因素,与个人经济成功之间存在着紧密而有规则的联系,发展中国家要实现工业化和经济快速发展,关键因素不在于物质资本的形成,而在于人的生产技能的提高,在于对教育的投资和人的质量的提高。1961年,联合国教科文组织在埃塞俄比亚首都亚的斯亚贝巴召开非洲国家教育部长会议,讨论该地区教育与经济发展问题,会后作为非洲教育问题专家、英国经济学家的巴洛夫发表了一系列评论文章,如《非洲的大灾难》《非洲需要什么样的学校》等,他以发展经济学和人力资本理论为基础,提出了一套非洲国家促进经济发展的战略。巴洛夫主张在发展中国家通过重点投资职业学校教育和在普通学校课程中渗入职业教育内容的战略来发展经济。巴洛夫的观点得到了包括联合国教科文组织和世界银行在内的一些国际机构的支持,成了当时发展中国家教育与经济发展的指导理论。[②] 世界银行赞同以巴洛夫为代表的大力发展职业教育的主张,改变以往一味投资于发展中国家经济部门以促使其实现现代化的做法,开始更多地投资于发展中国家的教育,尤其是职业教育;发达国家则大力发展了高等职业技术学校。

本研究正是基于人力资本理论,认为劳动者的保健、教育和技能的改善可以显著地提高生产率;高职教育发展与劳动就业、产业发展等问题关系密切,与各国经济发展相适应是各国职业教育模式运行的目标;高等职业教育具有的经济功能是各国政府热衷投资于此种教育的重要驱动力。以人力资本理论为依据,本研究将通过分析经济发展进程中高职教育与社会经济的互动发展,以及其高职教育形态的演变,来分析高职教育的经济功

---

① 靳希斌等:《人力资本学说与教育经济学新进展》,教育科学出版社2010年版,第44页。
② 牛征:《职业教育经济学研究》,天津教育出版社2002年版,第58-59页。

能及各国发展高职教育的驱动力,分析各国以及在不同经济发展阶段的国家的职业教育发展的重点。

二、 高职教育发展模式关键要素

本研究中"高等职业教育发展模式"包含三方面的含义或内容:①符合高职教育本性的发展规律和逻辑;②在不同时期或阶段的高职教育实践特征的理性概括;③不同国家高职教育实践进程与典型模式。为研究以上内容,必须选择高职教育形态及其运行的主要特征和关键要素来描述不同历史时期、不同国家的发展模式。这些要素以不同形式组合,形成了不同的高职教育发展模式。本研究根据教育的内外部关系规律,将关注于三个维度的关键要素,作为区别各种高职教育发展模式的特征:①系统运行,政府、企业、院校机构三个参与主体的参与程度及其运作方式;②教育体系,即高职教育体系在一国教育体系中的定位,及其与学术性高等教育的关系;③培养模式,即高职教育人才培养目标、过程、特色等。

(一)系统运行:政府、市场(企业)、院校机构的参与方式

在现代市场经济条件下,高等教育已呈现出政府控制、市场调节和高校自治三大基本特征,基于此,伯顿·克拉克(1983年)在系统研究高等教育自身的制度形态和大学制度变迁的内在逻辑时,曾提出的由国家权力、学术权力和市场三要素所构成的三角形已成为解释现代高等教育系统运作,特别是进行多国高等教育体制比较时所使用的经典模式。这三种势力可以合成一个图形,称为"协调三角形",三角形的每个角代表一种势力的极端和其他两种势力的最低限度,三角形内部的位置代表三个因素不同程度的结合。① 随着市场经济的发展,高等职业教育服务经济社会的功

---

① [美]伯顿·R. 克拉克:《高等教育系统——学术组织的跨国研究》,王承绪、徐辉、殷企平等译,杭州大学出版社1994年版,第159页。

能不断拓展，政府、市场的介入对高职院校的影响也日渐明显，并最终影响高等职业教育的发展。政府、市场（企业）、院校机构各自拥有不同程度的自由，他们对高职教育的参与程度成为评价一国高职教育发展模式的重要元素。

对于高等职业教育发展而言，政府、市场（企业）、院校机构构成三角的参与主体，如图1-1所示。

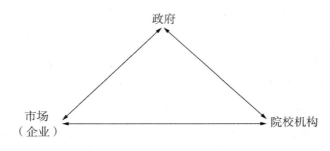

图1-1　高等职业教育发展的协调三角形

（1）高等职业教育与地方政府间关系的日益密切决定了政府控制的作用进一步加大，国家（政府）通过政策制定、财政投入、计划和协调高等教育系统来推动高职教育发展，对于高职发展规划和实施的决定性作用是显而易见的。

（2）高等职业教育的职业性更要促使高职院校走产、学、研合作之道，要求工作与学习的结合、学校与企业的合作办学，甚至产业界直接组织并参与技术技能人才的培养，通过劳动力市场需求和教育供给来调节资源配置的市场调节作用更优于普通高校。

（3）院校机构是进行高职教育实践的主体，也是推动高职教育发展与变革的重要力量。各国在发展过程中形成了不同的高职教育实施机构，这些院校机构的定位、功能及其运行是构成高职教育发展模式的重要方面。

从社会职能来说，高等职业教育更强调服务型人才的培养和服务地方经济社会发展的社会职能，因此政府控制、市场调节在现代高等职业教育中表现得更为明显。这三种力量之间冲突的张力和动态协调的弹性是各种势力、利益或行动者之间相互影响的结果，但其影响力度、方式乃至结果却是可变的，由此形成了不同国家、不同时期的各不相同的高等职业教育发展形态。

(二) 教育体系：高职教育与学术性高等教育的关系

关于高等职业教育与普通高等教育发展的关系问题，最著名的就是美国的马丁·特罗（Martin Trow）。20世纪60年代以来，特罗以欧美发达国家为主要对象，对高等教育的规模、功能、招生、管理等做了一系列的研究，创立了著名的高等教育发展"三阶段论"与"模式论"。特罗根据欧美等国对高等职业教育与普通高等教育发展的关系的态度或发展道路，把高等教育大众化发展模式分为"传统的精英主义""传统的扩张主义""精英改革主义"和"扩张改革主义"四类。高等教育扩展是必然的进程，然而是选择差异化发展还是"趋同模式"，各国选择了不同的道路。

对高等职业教育与学术性高等教育两种教育的关系的处理，决定了各国高职教育发展模式与道路选择。出于对高等职业教育学术性与职业性的取舍，在发达国家实现高等教育大众化与普及化的进程中，出现了两种高职教育发展模式：一是倾向于两种教育之间消除差异的制度类型———一体化模式，二是倾向于二者差异化发展的制度类型——双轨制模式。一体化模式是指由按照年龄阶段划分的多级学校层次连接起来的单轨型学校制度，各类高等学校完全综合在一起形成多功能的新型机构，尽可能增加不同课程学习之间的转移与衔接，目的是加强大学的研究功能与非大学机构职业性功能之间的联系；提高非大学机构的发展质量，加强非大学机构学习的吸引力。虽然各种学校目标和功能有不同的侧重，但都是平等和互通的，它通过一种共同的、纵向的学校结构去实现教育的各种功能。双轨制模式则是指学术性高校与职业性高校共同存在，彼此保留各自的独立性，目的是为了充分发挥两类学校的特长，使高等教育既能发挥传统大学的学术性功能，又能发挥新型大学的职业性功能。

(三) 培养模式：高职教育人才培养要素的组合关系

高等职业教育发展模式的重要内涵是高职人才培养的模式或方式，即为实现其培养目标而采取的培养过程的构造样式和运行方式,它主要包括培养目标、专业设置、课程模式、实践教学、师资队伍等构成要素及组合关系。任何教育的实施都是为了实现某种目的、达到某种目标及规格而建立的,培养目标和质量规格是高等职业教育人才培养的核心因素。首先,在不同时期和不同国家,培养目标定位具有一定的差异;其次,通往培养目标的道路有多条,人才培养过程中的诸多构成要素间的组合关系的多样性,形成了不同的高职教育发展模式。

三、 本研究分析框架

现代化理论、新制度主义理论和人力资本理论作为本研究的理论基础,从不同的角度阐释了本研究所提出的问题。现代化理论揭示了这样一个规律:人类社会发展是一个具有方向性的从传统到现代的发展历程,而教育与社会生产相结合,是推动社会经济发展的利器,现代高等职业教育产生和发展的根本动力就是服务于社会生产。新制度主义理论提醒我们,非正式制度如社会文化等国情因素对一国高职教育制度与发展模式形成具有至关重要的作用。人力资本理论启示了高等职业教育作为一种人力资本投资,在与区域经济发展、国家发展和个人发展的适应与互动中实现其价值。

通过以上的文献研究,我们可以对高等职业教育发展模式进行这样的框架性描述:高等职业教育是在服务社会这一核心动力的统领下,以本国实际和具体国情为适应对象来组织教育,同经济发展水平相适应并有效地推动经济和社会发展。因此,我们关注的并不应当仅仅局限于高等职业教育目标和内容以及运行模式,更重要的是要采用系统的视角,剖析高等职业教育在历史发展和各国实践中所呈现的发展模式。从服务社会这一教育根本特性出发,引出本研究的分析框架。本研究尝试构建以服务社会为中心,以本国实际的具体国情为对象,同经济发展水平相适应并有效地推动经济和社会发展的高等职业教育发展模式分析框架。这一分析模式围绕三个核心问题:①高职教育如何在服务社会、满足社会需求中发展,并随社会发展演变而改变模式？②高职教育如何在契合一国具体国情下得以组织和形成特色模式？③高职教育如何与社会经济发展互动并推动社会经济的发展？

（一）以服务社会为中心

涂尔干在《教育思想的演进》中提出教育的"内在发展逻辑"这一概念，用来表达教育制度中具有一种自发的机制，不受人的限制。他认为，"无论在什么时代，教育的器官都密切联系着社会体中的其他制度、习俗和信仰，以及重大的思想运动"①，正是基于这种内在发展逻辑的选择，使教育具有了发展的内在力量，能够趋向特定的方向相对自主地演进。作为高等教育重要类型的高等职业教育，其发展是在外部系统和内部系统的共同作用下朝向一定的方向和目的性的演进，不断回归高职教育服务于社会经济发展的本性。那么决定高等职业教育发展方向的这种"内在发展逻辑"究竟是什么？德国学者格奥格（W. Georg）认为，职业教育的发展，并不是有意识的计划和政策所能左右的，也并非仅仅是寻找能提供最理想问题的解决方案。职业教育的发展是一个复杂的历史过程，有着独特的"发展逻辑"。正是由于这一"发展逻辑"的存在，使得各个国家职业教育的组织形式或者说调节机制，是带有特殊社会和文化印记的，是对具体历史问题做出某种反应而形成的结果。探寻高职教育的发展逻辑，是理解各国职业教育系统的一把钥匙。

高等职业教育的"发展逻辑"，实际上就是高等职业教育服务社会的本性。服务社会，满足社会需求、促进社会发展，不仅是高职教育产生与发展的根本动力，也是其根本目的。这是基于以下两点：①高等职业教育本身就是社会整体在发展进程中的一部分，其深深扎根于社会发展之中，其产生和发展的源头就是社会发展的实际需要，满足社会需求是职业教育发展的根本原因和动力；②高等职业教育是社会经济发展中的重要一环，它的发展规模、结构和速度乃至人才的知识结构必须符合全社会经济发展

---

① ［法］爱弥尔·涂尔干：《教育思想的演进》，李康译，上海人民出版社2003年版。

的需求，解决社会发展的实际问题为其主要目的和归宿。中国职业教育先驱黄炎培先生也对此做出了深刻分析："就吾最近几年间的经验，用吾最近几个月的思考，觉得职业学校有最紧要的一点，譬如人身中的灵魂，得之则生，弗得则死，是什么东西呢？从其本质说来，就是社会性。"① 黄炎培所指的社会性，就是这种教育深深地渗透在国民经济和社会的各个领域，并构成了它们之中的重要组成部分。

现代教育发展的根本特征就是使教育与生产和社会发展结合得更为紧密，更好地服务社会经济发展，为此，产生了专门传授生产技术的高等职业教育。因此，高等职业教育自从诞生以来就以服务社会为根本，并深深地渗透在国民经济和社会的各个领域。高职教育通过承担人才培养、科学研究、社会服务、文化传承四大职能，为社会培养或训练所需的高级技师技能人才来满足社会需求，并通过产、学、研合作开展应用性科技研发，直接服务于社会经济发展。高职教育发展的历史进程充分体现了服务社会的精神：随着人类生产力和生产技术的发展，职业技术教育从民间的学徒制走向正规学校教育，从传授生存技能的低等、中等教育走向传授现代科技应用技术的高等职业教育，职业教育从原先纯粹技艺传授变为教学、技术推广与应用性研发的综合体。

就"服务社会"的具体内容而言，是一个历史性的概念，在每一个不同的历史时期，有着不同的表现。那么，在社会发展的不同阶段体现了什么样的社会需求？高等职业教育如何通过演变模式而更好地满足这些社会需求？这是高等职业教育服务社会命题之下的基本问题。以服务社会为中心指明了高等职业教育的本质特性，在本研究中，高等职业教育发展模式不是一个剥离了具体事件的抽象模式概念，而是一个有动力、有目的、有参照、与社会发展进程具有一致性的演进历程。

（二）互进发展：高职教育在服务社会经济中发生模式演进

高等职业教育是现代大工业生产的产物，其发展与社会经济发展之间

---

① 中华职业教育社：《黄炎培教育文选》，上海教育出版社1985年版，第54页。

是一种互动演进的发展关系。社会和经济发展在不断演进,高等职业教育发展模式也在不断变革,以最佳的形式作用于社会发展。高职教育与社会经济的互进发展的框架思路具体体现为:一是高职教育是社会发展的基础,只有作用于社会发展中,才能与社会的发展一起得到发展,同时社会也应大力发展教育,才能得到教育的积极作用;二是高职教育不是自然而然对社会发生作用的,它是民族现代教育意识提高的过程,是本民族在艰苦探索过程中对现代教育发展规律的把握和对教育作用形式的认识;三是高职教育与社会发展的作用形式不是一成不变的,而是与时俱进的过程,新的社会发展要求高职教育发展模式转变来适应和推动社会的发展。

高等职业教育发展是经济社会现代化的必然结果,其发展程度与现代化水平密切相关,政治环境、经济环境、文化环境和社会环境等的相互作用形成了不同的社会模式,从而需要不同的职业教育模式与之相适应。对这些指标的筛选,国内学者进行了有价值的探讨,如石伟平提出的一个三维模型分析框架①,即以产业结构(制造业-第三产业、高新产业)、经济发展模式(计划模式-市场模式)、劳动力制度(福利高低、工资高低、就业高低)三个维度来判断各国高职教育发展的外部环境,进而理解高等职业教育发展的时空差异。需要说明的是,本文所谈到的经济发展,实质上亦泛指了社会发展,因为经济发展是社会发展的核心内容和决定性基础。

从纵向的历史发展维度,高职教育与社会经济互动发展有着不同的表现。因此,对高职教育发展演进所包含的核心问题的分析,也采用分阶段的方式。在本研究中,选取人类发展进程中的三个典型阶段,对高等职业教育发展模式进行阐述,即前工业社会(农业社会)与学徒制模式、工业社会与学校模式、后工业社会(信息社会)与多元合作模式。我们之所以采用三阶段的分法,有两个依据。

一是马克思社会发展三形态理论。马克思在《1857—1858年经济学手稿》中,根据社会发展和人的发展的内在联系,把人的发展划分为由低级

---

① 石伟平、徐国庆:《世界职业教育体系的比较——一种新的分析框架》,载《中国职业技术教育》2004年第17期。

到高级演进的三种历史形态，即以自然经济为基础的"人的依赖关系"形态、以商品经济为基础的"以物的依赖性为基础"的形态，还有以时间经济为基础的"建立在个人全面发展和他们共同的社会生产能力成为他们的社会财富这一基础上的自由个性"形态。他对此有过精辟论述，"人的依赖关系（起初完全是自然发生的），是最初的社会形态，在这种形态下，人的生产能力只是在狭窄的范围内和孤立的地点上发展着"；第二大社会形态为物的依赖关系，人的劳动成为科技、机器和资本的附属；第三个阶段是建立在个人全面、自由的个性上的。第二个阶段为第三个阶段创造条件。①

二是比较教育学家埃德蒙·金（Edmund J. King）根据技术发展将技术划分为前工业社会、工业社会和后工业社会，并且提出了三种与之相适应的教育阶段。按照人类生产生活方式的不同，丹尼尔·贝尔把人类历史划分为三个阶段：前工业社会、工业社会和后工业社会。在此基础上，英国著名的教育学者埃德蒙·金在20世纪70年代提出，随着生产技术变革，教育经历了三种模式的演进：第一种模式是与前工业社会相联系，教育和生产劳动发生了第一次分离，由此产生了"自由教育"，即普通教育，它培养的是学术型人才；第二种模式更多地和工商业的生活方式相一致，"工商业技术模式和这种模式所特有的教育，如果不称它是'标准化'的话，可以称它为设计和'工程'，坚持'法律和秩序'，代表这种教育模式的典型学校可以称为工厂学校或训练学校"；第三种模式是与后工业社会相联系，它的典型模式正在形成中，特征还不明显。② 因此，技术变迁与经济发展是教育模式演变的根本动因，而高等职业教育模式也在不同的技术时代、不同的生产方式下发生演变，随着科学技术和经济的发展及其相应的职业岗位的出现，产生了对高级技术、技能型人才的迫切需求，进而形成了各种类型的高职教育模式。

---

① 中共中央马克思恩格斯列宁斯大林著作编译局：《马克思恩格斯全集》，人民出版社1979年版，第104页。

② ［英］埃德蒙·金：《别国的学校和我们的学校——今日比较教育》，人民教育出版社2001年版，第36页。

（三）适应发展：高职教育在服务本国实际中形成特色模式

高等职业教育本身的发展遵循上述脉络，但具体到不同国家的实践，又存在发展水平、发展先后、发展路径、实践模式上的巨大差异，如何解释这种差异性？同时进一步需要解释，这种差异性如何形成，为何职教模式的移植和借鉴难以实现？克拉克·科尔在其《高等教育不能回避历史——21 世纪的问题》一书中曾说过，"高等教育的历史，很多是由内部逻辑和外部压力的对抗谱写成的"。①因此，在分析一个国家高等职业教育的发展进程时，不可只就教育谈教育，应将教育发展置于整个社会背景下去考察，否则很难解释在有些国家教育现代化走向成功，而在另一些国家则未能成功。

任何一个国家或地区职业教育模式的形成，都与其独特的发展环境有着极为复杂和密切的联系。英国比较教育学家萨德勒于 1900 年发表了《我们从对别国教育制度研究中究竟能学到什么有实际价值的东西？》，认为"校外的事情甚至比校内的事情更加重要，校外的事情制约并说明校内的事情"，必须重视教育的文化背景，只有充分理解教育发展的各种因素，才能真正借鉴有意义的、对本国有用的东西。本研究运用因素分析方法，对各国高等职业教育制度间的差异进行比较和因素分析，以找到一种决定教育发展的内在力量。首先，高等职业教育根植于各国民族文化之中。比较教育学家坎德尔认为，探究一国民族特性与教育的关系是了解本国教育制度的意义的唯一法门，民族性是作为一个国家所享有的教育类型的决定因素，而这种民族性最核心的就是民族文化传统。其次，一国教育基础，如基础教育的普及程度、教育体系结构、教育体制等也影响到高等职业教育发展的重点和路径，也影响到高职教育在整个教育体系中的地位、作用，以及与其他类型和层次教育的关系。为此本研究将综合考虑经济技术发展、民族文化传统、教育体系与体制三方面的因素，对各国职业教育发

---

① ［美］克拉克·克尔：《高等教育不能回避历史——21 世纪的问题》，王承绪译，浙江教育出版社 2001 年版，第 5 页。

展历程与模式进行动态考察,解释高职教育在不同国家的实践模式特征及其成因。

本研究选取高等职业教育发达的国家的典型模式——美国社区学院的多功能一体化发展模式、德国高职教育的双轨双元制模式、澳大利亚国家资格框架下的市场化模式,分析其模式形成背景、过程、特征,进而揭示高等职业教育的发展规律与方向。

第二章 高等职业教育发展模式演进

研究历史不是拿着镜子去透视过去,而是打碎镜子去研究历史。因为打碎了原来的框架才能以一个新的视角去看问题,去构筑新的框架。① 同样,研究高等职业教育的发展历史演进也必须以一种新的角度重新审视,如何选择这一角度至关重要。任何教育的出现皆源于社会需要,基于教育服务社会的本性,对人类社会生产生活变革的适应构成了高职教育发展的主线。纵观整个职业教育史,与其密切相关的、起决定性作用的外部因素便是技术的发展和职业的变迁,正是人类社会、经济、技术发展与职业变迁这些外部机缘,职业教育才应运而生并蓬勃发展,并在不同的职业技术发展阶段呈现出鲜明的时代特征和不同的发展模式。

社会人类学家将人类历史划分为三个阶段:前工业社会、工业社会和后工业社会,"后工业"的概念与"前工业"的概念是对应的,前工业社会主要是以农业、矿业、林业,以及天然气或石油等其他资源为基础,工业社会主要是指使用能源和机器技术制造商品的社会,后工业社会则从事电子商务,其中电讯和电脑对于信息和知识的交流极为重要。② 据此,英国著名的教育学者埃德蒙·金在20世纪70年代提出,随着生产技术变革,教育经历了三种模式的演进:第一种模式是与前工业社会相联系,教育和

---

① 楼世洲:《职业教育与工业化——近代工业化进程中江浙沪职业教育考察》,学林出版社2008年版,第1页。

② [美]丹尼尔·贝尔:《后工业社会的来临——对社会预测的一项探索》,高铦、王宏周、魏章玲译,新华出版社1997年版,第8—9页。

生产劳动发生了第一次分离,由此产生了"自由教育",即普通教育,它培养的是学术型人才;第二种模式更多地和工商业的生活方式相一致,工商业技术模式和这种模式所特有的教育,如果不称它是"标准化"的话,可以称它为设计和"工程",坚持"法律和秩序",代表这种教育模式的典型学校可以成为工厂学校或训练学校;第三种模式与后工业社会相联系,它的典型模式正在形成中,特征还不明显。① 高等职业教育模式也遵循这一普遍存在的规律,这一阶段划分为研究高等职业教育发展演进提供了参照。在不同的技术时代、不同的生产方式下,高等职业教育发生着三个阶段的模式演变:前工业社会与学徒制模式、工业社会与"工厂-学校"模式、后工业社会与多元合作模式。

一、学徒制模式——高职教育的原生型

在漫长的农业社会,学校职业技术教育产生之前,技术的传递和劳动力再生产是如何实现的呢?回看人类历史,无论在东方还是在西方,职业技术教育的最早起源都是来自某种形式的现场学习,这种现场学习被作为制度流传下来形成了学徒制,这就是职业教育的最早形态。② 虽然那时并没有"高等职业教育"的提法,也并非现代意义上的"高等职业教育",但在现在早期的学徒制和许多其他机构中基本具备了高职教育的特质。作为一种古老的职业技术教育形式的学徒制,是现代职业教育的原生型,是工业革命以前技术传递和劳动力再生产的主要形式,是适应于落后的家庭手工生产技术的教育模式。

(一)农业社会背景考察

在人类发展的早期阶段,教育是人类满足生存需要的基本条件,通过

---

① [英]埃德蒙·金:《别国的学校和我们的学校——今日比较教育》,人民教育出版社2001年版,第36页。

② Seoot John L. Overview of career and technical education [M]. 4th ed. American Technical Publisher, Inc, 2008: 127.

口耳相传、共同劳动的方式传授获取食物的生存技能,人的需要和社会需要、教育发展和社会生产紧密结合,体现了教育的原始而和谐的本性。随着人类社会的发展,知识的传授与学习逐渐成为一种有意识的活动,而阶级、特权和国家的出现打破了"元教育"原有的和谐与平衡,教育演化为两种形式:一是直接满足官场所需要的官学,东方文明和西方文明都高度一致地表现为古典人文教育的兴盛;另一种是零星地散布于民间的学徒制,由于技术、技艺教育被占有统治地位的古典人文教育所排斥,未能进入教育体系从而旁落于民间。作为一种古老的职业技术教育形式,学徒制是学校职业技术教育产生之前技术传递和劳动力再生产的主要形式。

1. 职业教育伴随人类社会而生

技术和职业传授自从人类产生以来就已经存在,职业教育是随着人类社会的出现而出现的一种社会现象,是人类为了维持自身发展需要而进行的社会活动。在人类发展的早期阶段,生产十分落后,还谈不上社会分工,因而也就没有明显的职业之分。那时,传授知识和技能的主要途径是通过劳动和社会生活实践,主要方式是观察、模仿、边干边学。教育是人类满足生存需要的基本条件,通过口耳相传、共同劳动的方式传授获取食物的生存技能,教育同生产结合在一起——这也是教育最原始的职能。为了获得自身生存与发展的能力,人就必须在日常生活和生产劳动中向年长的人学习,掌握各种生产劳动所需的技术和技能;同时,长辈也有义务向下一代传授劳动技能与技术,使人类社会传承发展下去。可以说,人类在改造自然的过程中必然伴随着经验、技术世代传承的活动,这种生产劳动经验、技术、态度等的传递活动就是职业教育的雏形。①

教育最早产生于人类社会是以其最本真面目出现的:与生产劳动相结合,通过提高人的能力改变生活环境,满足生存需要。这时人的发展、社会的发展及教育的发展处于无意识的"元和谐"状态,教育人类学把这种阶级社会产生之前这一时期的教育称为"元教育",用以指代这种满足生存需要的生产服务,渗透于人类社会文化之中,充分体现了教育的本性和

---

① 李守福:《职业教育导论》,北京师范大学出版社 2002 年版,第 2 页。

本真意义。"元教育"与后来那种与生产相分离的教育相对，其特征是："人的需要和社会需要、教育的进化和生产的过程紧密结合，人的发展和社会进步平行发展，互动共进。"① 这种低水平的生存性技艺教育也是职业教育最原始的起源，能者为师，分散、自发、随机简单等是当时教育的主要特征。但随着人类工具的利用和生产水平的发展，教育开始从生产过程中脱离出来，成为一种专门分工的活动而获得了独立的发展，逐渐产生了诸如氏族仪式、巫术、成人礼等专门的教育活动，还演变出了学校的雏形——青年之家。

随着人类生产力的发展，劳动剩余产品的出现促使了社会分工、私有制和阶级的产生，一部分人能够脱离物质生产劳动而专门从事对社会的管理以及对人类各种经验、知识的系统整理和总结，教育也逐渐开始从生产劳动中分离出来。知识的传授与学习逐渐成为一种有意识的活动，而阶级、特权和国家的出现打破了"元教育"原有的和谐与平衡。日益复杂的生活经验和生产技术需要专门的教育形式，教育活动成为社会分工的产物获得了独立发展，并产生了一种新的教育形式——学校。但第一次从直接生产劳动中分离出来的教育并不是职业教育，而是以培养阶级统治人才为目的古典普通教育。在工业社会前绵延数千年的农业文明中，不同地域不同民族在不同时期的教育呈现出了相同的特征：教育为少数特权阶层子女服务，教育内容和实际生活相脱节，教育更多的是和政治、宗教联系在一起，而不是经济。② 这一时期最典型的教育类型就是起源于古希腊、古罗马时代的自由教育，埃德蒙·金把代表这种教育的典型学校称为修道院学校或堡垒学校。

原本应当传授生产技术以加速社会发展的学校背离了为生产服务的轨道而出现了异化，人类社会生产仍沿袭"元教育"时代的落后方式进行，技艺技术教育也未能进入学校教育的殿堂，从而旁落民间，仍以父子相传、师傅带徒弟的最古老的方式进行。

---

① 冯增俊：《教育人类学》，江苏教育出版社2001年版，第175页。
② 孟景舟：《解读与重构：多元视角下的职业教育》，光明日报出版社2011年版，第28页。

2. 手工业发展与学徒制的产生

职业技术教育作为人类社会生存、延续和发展的手段，作为物质生活资料的再生产和人类自身再生产的手段，存在于人类历史的任何时期。但同时，职业技术教育又是一个历史的范畴，在人类历史发展的不同阶段中，教育的目的、内容、形式以及方法等又是不断变化着的，从而使一个历史时期的教育区别于另一个历史时期的教育，而生产力的发展水平是决定这种变化的主要因素。

随着社会生产力的发展和剩余产品的出现，教育得到了很大发展，开始有目的地传播某种观念和生产技能，形式和内容都日趋多样化，还因生产分工出现了如捕捞业、畜牧业、农业等不同的教育类别。当社会分工产生以后，尤其是手工业的发展，所传递的经验也进一步条理化、规范化，而经验的专门化、条理化和规范化，为学徒制教育模式的产生创造了条件，于是，自觉的、有目的的、有组织的经验传递活动便应运而生，这就是师徒教育模式。学徒制的雏形是父子相传的师徒制。技术的复杂性导致元和谐教育无法再有效地传承技术，而且，技术只被一部分人所掌握和垄断也促使技术传承必须也只能专门进行，于是通过家传的形式传授职业技能成为一种社会需要。这也是学徒制的最初形态——父亲把自己的职业传授给自己亲生儿子，既然已经确立了严格的职业世袭制，所以父亲向自己的儿子传授职业上的技艺和秘诀是理所当然的。

随着人类生活、生产技术逐渐复杂化、先进化和多样化，一些新的手工业行业也不断涌现，据古希腊文献记载，当时除了石匠、木匠、陶工和青铜匠外，还出现了铁匠、金工、纺织工、制绳工、桶匠、筑路工、金属雕刻工、刺绣工和塑像工等①。旧技术的复杂化、先进化以及新技术的不断产生，家庭教育也不得不进一步发展，以适应新技术的需要。手工业从自给自足的家庭工业进一步发展，引起了职业上的分工，以致工匠不能只靠自己的孩子去完成任务，还需要向别人的孩子传授技艺，才能保证有足

---

① 转引自靳飞、李勋：《职业教育模式演变：技术视角的诠释》，载《教育学术月刊》2010年第1期。

够数量的熟练工人，使自己的职业发展下去。① 人们开始收养别人的孩子到自己家里，向他们传授职业上的技艺，以满足技术传承的需要，由此产生了正式的学徒制模式。学徒制的兴盛起源于中世纪城镇的兴起和手工业的繁荣，直至第一次工业革命发生之前一直是职业教育的主要模式。随着机器大工业取代了工场手工业，学徒制职业教育模式才逐渐因不适应生产方式转变而被学校职业教育所取代。

3. 古典人文教育对技艺、技术的排斥

不论在西方还是东方，教育历史显示出了惊人的一致：学校一经出现便成为统治阶级的工具及培养统治者和官吏的场所，重视古典人文教育，视技术、技艺为雕虫小技，技术、技艺流落于民间，只能通过最原始的教育方式——学徒制得以延续。这令我们不得不深思这其中的规律。

对教育发展史的考察表明，阶级社会产生以后的漫长时期中，教育演化为两种形式：一是直接满足官场需要的官学，另一种是零星地散布于民间的学徒制。学徒制成为职业教育的历史选择，不仅仅由于社会经济与生产方式，另一个关键因素还在于学校的出现与异化，在于古典人文教育对技艺、技术的排斥。具体而言，一方面是当时的社会生产力的发展水平所限，生产知识和技术仅限于简单的经验传递，未形成系统化的知识，同时由于职业的世袭性，生产经验与职业技能的传承也仅在父子之间、家族之内。生产技术水平低下和职业传承的世袭性使得职业教育未能进入学校教育，而只能沿袭民间职业传授的路径——学徒制。另一方面，脑力劳动、体力劳动分工和社会阶级的出现使得人类社会意识形态领域也发生了很大的变化，"劳心者治人，劳力者治于人"等鄙夷生产劳动的思想被广泛宣扬，以培养阶级统治人才为目的古典普通教育更是视技术、技艺教育为雕虫小技，职业教育遭到占有统治地位的古典人文教育的排斥。学徒制在这种背景下得以流传和发展，成为传授生产技术技艺的早期职业教育模式。

学校的诞生是人类教育发展过程中的重大飞跃，这一专门的教育机构

---

① ［日］细谷俊夫：《技术教育概论》，肇永和、王立精译，清华大学出版社1984年版，第17页。

大大提高了人类教育的自觉程度。这种因社会生产发展需要而产生的学校教育机构，本应更好地集中传授生产知识，但却一开始就被脱离体力劳动的统治阶级所垄断，用以培养脱离生产劳动的统治者等精神生产者。冯增俊认为，"这时，教育的主要形式已经异化，反过来对生产者施以无情的嘲弄和歧视，它把少数人（受教育者）通过教育这一合法的手段凌驾于大多数人（非受教育者）之上，教育不再作为解放人的手段……而成了宗教牺牲品、战争狂和炮灰，成了追求虚荣、功名利禄、个人升官发财的工具"。① 古代学校教育被占有资源的少数统治阶级所垄断，逐渐远离了生产劳动，成为传播意识形态、维护统治的工具。这种教育以古典人文学科为主，注重人文知识的传授和研究，把训诂考据作为学术的基本形态，重视反省思辨的研究方式，反对学习应用性知识，反对与生产相结合，斥技术和技艺为不登大学大雅之堂的雕虫小技，把学校这种高水平的正规教育变成为有闲阶层服务的工具。② 比如，作为西方第一个提出了初步教育学体系的柏拉图在《理想国》提出了以灵魂转向为目标的哲学王教育思想，而职业技术教育则是违背理想国的教育理想的。古罗马学校教育的目标一度是培养作战的军人，而后随着政治议事方式的改变，又转向雄辩家的教育。在古罗马的学校教育中主要讲授希腊文和修辞学，西塞罗（M. T. Cicero）的《论雄辩家》、昆体良的《雄辩术原理》等著作中都对雄辩术教育做了深入探讨，提出学校教育要培养的人是"具有最高的天赋才能，掌握了最有价值的各种知识……言语优美的演说家"。③ 职业技术教育被排斥在象征着地位与权力的教育系统之外，生产技术和技艺的传授只能通过非正规教育的渠道——父子相传、师徒相传的学徒制方式进行。

（二）学徒制职教模式的产生与发展

从人类进入有史时期一直到中世纪末期，随着农业经济的发展，手工

---

① 冯增俊：《教育人类学》，江苏教育出版社2001年版，第179页。
② 冯增俊：《中国高等职业技术教育发展模式探析》，载《华东师范大学学报（教育科学版）》2006年第12期。
③ 徐汝玲：《外国教育史资料》，教育科学出版社1995年版，第39页。

业出现并从农业中分离出来,职业教育从有意识的模仿发展到有严格规定的学徒制度。在手工业发展的不同时期,学徒制经历了父子相传的古代学徒制度、行会时期的繁荣与凋敝、工业革命期后的没落与存续。

1. 父子相传的学徒制

通过共同劳动和下意识的模仿,一代一代把技术传承下来,这就是职业教育的最初形式,也可看作一种学徒制度。学徒制度的最初形态是在父亲把自己的职业传授给自己亲生儿子的家庭范围内进行的,这是一种与初期手工业相适应的教育形式。不论是东方的中国和印度,或是西方的希腊和罗马,都曾有过这种形式。中国古籍中就有过记载,如《管子·小匡》记载:"是故士之子常为士……农之子常为农……工之子常为工……商之子常为商。"[1] 为了战胜同行的竞争,很多技艺传授是保密的,职业是限于家庭范围内的世袭制。

随着生产力的发展,特别是随着青铜器时代铸造和手工业的发展,仅通过血亲关系范围内的技艺传承已完全不能满足生产力发展与社会分工的需要,职业教育开始从血亲关系向外围关系拓展,许多手工艺人吸收别人的孩子到自己家中传授职业技艺,这样,原始的学徒制度就逐渐演变成为更加制度化的学徒制。关于古代学徒制度的习惯和法规,许多研究学徒制度的学者大都使用汉穆拉比(Hammurabi)的法典,该法典曾规定:"为使工匠得到发展,并且传授技艺,任何人都不得反对招收养子。"通过这种方式,原始的仅限于父子关系的技艺传授就逐渐演变成为一般性的、制度化的教育形式——学徒制。

当技艺传承对象延伸到家庭成员以外,学徒制则更多要靠私人合约约束——契约式学徒制(indentured apprenticeship)开始出现,并成为主要的职业教育形式而普遍存在。中国战国时期和古埃及、希腊、罗马年代都有类似的记载。不仅木匠、鞋匠是学徒制,中国的中医是学徒制,古希腊和罗马的雄辩家和法律家也靠学徒制培训[2]。古希腊史学家色诺芬记载"当

---

[1] 转引自华东师范大学教育科学研究所技术教育研究室:《技术教育概论》,华东师范大学出版社1985年版,第134页。

[2] 顾明远:《教育大辞典(第3卷)》,上海教育出版社1990年版,第291页。

父母把自己的儿子送到师傅身边,委托师傅传授技艺时,必须以文件的形式详细规定师傅作为教师应该承担的义务"①。由于当时生产力水平十分低下,手工生产技术是以经验为依据的,这一时期的学徒制并没有完整的制度规约,常以亲子或养子的家庭关系为基础,同时生产过程就是学习过程,可称为以父子关系为基础的"前学徒制"。

2. 依托于行会组织的学徒制

职业教育因劳动和社会分工而产生,因此生产方式和职业世界的每一个变化都会在职业教育领域留下印迹。"无论欠缺什么,中世纪学徒制绝不能被忽视,它适应了当时的社会和经济条件"②,学徒制正是在中世纪手工业发展并伴随着初期城镇的繁荣和行会组织的兴盛的背景下走向繁盛的。

行会几乎是与城市同时产生,最早于 10 世纪时出现在意大利,以后相继出现在法国、英国和德国。它是小手工业者为了保护自身的利益而反对掠夺成性的封建贵族的自卫性组织,是同行业手工业者的组织。行会成员由手工业业主(如木匠、铁匠等)组成,业主有自己的作坊,其成员由业主(师傅)、帮工和徒弟构成。随着商人与手工业行会的兴起,学徒训练开始与行会结合,逐渐走向制度化的轨道。这种学徒制度在行会中起着传授技艺、维持生产和发展生产的功能,在行会中师傅和徒弟之间订立某种契约作为行会内部组织的章程。随着 12、13 世纪社会生产力和社会分工的发展,手工业的协作组织——行会在西欧各大城市相继出现,这是由从事某一手工业或职业的同业人员的联合体,通过制定自己行业的法规来维护同业人员的集体利益。14、15 世纪欧洲行会最为繁盛,各种手工业行会遍布每一个城市,伦敦 1328 年至少有 25 个注册行会。1377 年,51 个行会代表至少 180 个行业推选代表参加了众议院的选举③。行会的出现和不断发

---

① [日]细谷俊夫:《技术教育概论》,肇永和、王立精译,清华大学出版社 1984 年版,第 13 页。

② Melvin L Barlow. History of industrial education in the United States [M]. Peoria:Charles A. Bennett,1967:20.

③ Ashley Maurice. The people of England:a short social and economic history [M]. London:Weidenfield and Nicolson,1982:68.

展壮大，使学徒制度越来越带有了社会性质。由于适应了当时小规模的家庭作坊生产方式，学徒制在13、14世纪得到了快速发展，其社会影响日益提高，并逐渐走向制度化和规范化。如英国先后颁布的《工匠学徒法》(Statute of Artificers)（1562年）、《济贫法》(Poor Law)（1601年）、《教区学徒制》(Parish Apprenticeship)（1601年）等，对英国的学徒制进行了各种详细的规范，使学徒制逐渐走向了规范化和法制化。

行会最初建立学徒制的目的之一是将其作为控制产品及服务的质量和数量的手段，但同时它承担了生产技艺、技术的传承与教学的功能，概括来说，行会组织通过以下几个方面来实施职业教育的职责：①制定学徒管理规范，按照行会的规定，想从事某种行业的人，必须加入某一行会，接受艺徒训练，师傅和徒弟签订书面契约，制定招收学徒的师傅资格及行业从业资格等制度。②指导、监督与规定教学内容，如1632年伦敦钟表匠行会（Clockmakers of London）就规定，该行业的每个人都要"按前辈的方式方法来培养学徒，要让学徒每天都在家里，师傅本人或者他的工匠要教学徒如何制造银或铜的箱盒，以及钟表的弹簧，还有钟表、计算工具和日规的其他特殊部件"[①]。③资格认定与考核。如当时伦敦制衣行会（Clothworkers of London）要求那些申请成为师傅的人要在行会的公共大厅里裁剪制作，并由师傅学监（master wardens）及其助理们判断其是否合格[②]。通过这些考核，保证了行会成员的素质和行业产品的质量。

当欧洲处于中世纪封建社会的形成和发展时期，中国经历了南北朝、隋、唐、宋、元等封建王朝。虽然中国漫长的封建社会的教育制度主要是科举制度，但也产生了"实学"教育的思想和主张。如中国梁代的著名教育家颜之推提出了"实学"教育的主张，"实学"教育的内容应包括农、工、商、数、医、射等，"实学"教育的目的是"行道以利世""事君以利社稷"。[③] 到了唐代，中国的农业、手工业、科学和文化都达到了封建社会的鼎盛时期。当时的手工业分官营和私营两种，官营手工业由专门官员

---

① Scott, Honathan French. Historical essays on apprenticeship and vocational education [M]. Ann Michigan Arbor Press, 1914：55.

② 同上。

③ 郭齐家：《中国教育思想史》，教育科学出版社1987年版，第187页。

掌管，并设少府监训练工匠，训练时间各不相同，如精细刻镂工4年，车舆、乐器工3年，刀鞘工2年，竹漆工2年，教授者传授其家传的技艺，每季官考一次，年终大考。到了宋代，指南针、造纸术、印刷术和火药都已经广泛运用，教育也已经相当发达，以师傅带徒弟为主要形式的职业教育也随着经济尤其是手工业的发展而开展起来。①

学徒制也并非仅仅出现在手工作坊，在各行各业，它都是有效的技术技能人才培养途径，并得到广泛应用与发展。有志于成为商人的青年，可首先进入文法学校，学习基本的读、写技能；然后进入算数学校，学习简单的计算法、利息推算法和记账法；最后到商人或银行家的字号里接受必要的学徒训练。随着生产规模的扩大，有的行会开始自行筹款，聘用教师，提供固定的教育场所，建立正规的职业学校或艺徒学校，如英国的著名公学商人泰勒学校、慕尼黑工匠联合会开办的学校等。学徒制得以发展是基于其自身的优势：首先，学徒制度是传承技术的重要方式。在一些需要技术工人而不仅仅是生产线操作工的高度专业化的行业，学徒制培养的人才被大量地需要。如英国的造船业，凭借造船工业已经确立的优势地位，通过学徒制度可以培养出能够操作各种机器的技术工人，而凭借工人的手艺和经验，能够造出世界一流的船舶。其次，学徒工是一种廉价的劳动力，雇主使用学徒工从事生产能够节省劳动支出，同时职业技术教育所培养的人才的质量和数量都不足以满足企业需求，工厂资助职业技术教育的热情就必然不高。最后，企业主偏爱学徒制度，对大部分雇主而言，他们更愿意让学徒学习那些对他们从事的工作有用的知识，因此以学徒制度为主的实践型培训仍是受企业欢迎的技术传承手段。

3. 学徒制的存续

随着中世纪后期城镇的兴起和学徒制的发展，其弊端也逐渐显现：行会越来越成为少数人实施特权的机构，学徒或工匠被当作廉价劳动力，师傅与学徒之间的纠纷与矛盾积重难返，等等。原先具有促进行业发展的行业协会和技艺传承功能的学徒制弊端与矛盾日深，纵然有国家的参与与控

---

① 周蕖：《中外职业技术教育比较》，人民教育出版社1991年版，第6页。

制，仍不可避免地走向衰落。但究其缘由，学徒制无法适应大工业生产和技术变革是其走向衰落的根本原因。

一是生产关系的改变，资本主义生产方式下的劳资关系，使学徒制失去了原本的师徒社会关系基础。1765年珍妮纺纱机的发明标志着英国第一次工业革命的开始，产业中不断应用机械化的成果，大部分工业被大机器生产所替代，学徒制所依托的手工业随之衰落，失去了其存在的基础。伴随着工场手工业和大工厂生产的出现与发展，原先已经制度化的学徒制逐步瓦解，取而代之的是学校职业教育的兴起和传统的学徒制培训模式的残喘存续。18—19世纪发生的工业革命及其产业革命导致了生产力和生产关系的变革，这正是学徒制瓦解的根本原因。

二是技术的变革及生产方式的转变使职业技能要求发生了较大变化，旧的学徒制已经不适应甚至阻碍了规模化的集体生产，在新的生产体系中很难找到学徒的位置。工业革命促使人类的技术发生了质的变化①：第一，从以农业和手工业技术为主要内容变成了以工业和机械技术为主要内容。人们从以手工为主要生产制作方式转变为以机器生产为主要方式，工业取代农业成为主导产业，人类步入了工业化社会。第二，技术进步从依靠经验技巧变为主要依靠科学理论知识，科学理论知识开始成为技术的主导成分。此时的工业生产所需要的劳动力，不仅要有经验和技巧，更需要具有科学理论知识。而学徒制模式由于自身的局限性，只能培养少数具有技术的劳动力，且无法让他们掌握系统的科学理论知识。在此背景下，学徒制模式无法满足工业生产的需求，这导致其开始没落。

三是传统经济结构的瓦解促使学徒制度开始走向低落。梅兹（A. B. Mays）考察了工业教育的历程后认为，学徒制度是在政治组织力量微弱，社会秩序不稳，并且没有牢固组织起来的时代繁荣兴盛起来的。② 美国著名教育史学家布鲁贝克（John S. Brubacher）在《教育问题史》（*A History of the Problems of Education*，1947）中说："在商业经济状况下，学徒是在他的主人直接监督之下学习生意的，教育一般是在主人家里进行。这种人身依附

---

① 靳飞、李勋：《职业教育模式演变：技术视角的诠释》，载《教育学术月刊》2010年第1期。

② Mays A B. The problem of Industrial Education [M]. 1927: 29.

的管理教育既要让学徒养成工作和道德习惯,又要让他们增长从事生产和经商的技术。当这些技术被机器化而体现在机器上之后,这种要经过长时间训练的学徒教育就成为不必要了。再者,雇佣者和受雇佣者之间的关系也不再是人身依附和局限于一定范围之内的关系了。"① 学徒制职教模式无法适应工业革命所带来的生产力与生产关系的变革,从 19 世纪开始大规模的班级授课制——职业学校模式便逐渐取代了传统学徒制,成为职业教育的主要模式。

然而,尽管机器大生产的发展导致了学徒制的衰落,学徒制模式被学校职业教育模式所替代,但这种最原生态的职业技术教育形式却并未消亡,反而成为现代职业技术教育发展的缘起与借鉴。如德国将学徒制与学校教育相结合,建立了高职教育人才培养的"双元制"职教体系;日本的现代学徒制则演变为发达的企业培训体系。埃蒙德·金提出了技术发展的三个阶段中三种社会模式和教育模式的演进规律,认为"在当前许多有关技术、社会和教育发展的考察中,我们常常假定存在着一种延续不断的发展和历史的'演进'。我们还假定不同的发展水平或阶段紧密地和历史年代相对应。我们常常忘记在任何重大变革时期,几种不同的教育模式或假设可能并存很长时间……后一个时代的人们或学校可能对某一发展阶段或教育思想中的规范或有用的东西怀有深厚的感情"。② 学徒制的许多做法对于消除今天学校职业教育的学用脱节、手脑分离、指导无针对性等问题,仍然很有帮助。可以说,现代职业教育将职业学校教育与工作本位培训有机结合的模式,正是学徒制的现代演进。

(三)学徒制职教模式特征

在前工业社会,学校面向的是贵族子弟,培养的是上层阶级"劳心者",与职业教育无关,学徒制成为保存和传播技术、培养手工业人才的

---

① [美]约翰·S. 布鲁贝克:《教育问题史》,吴元训主译,安徽教育出版社 1991 年版,第 90 页。
② 孟景舟:《解读与重构:多元视角下的职业教育》,光明日报出版社 2011 年版,第 35 – 36 页。

主要模式。而传统手工技艺及职业技术如何保存和传承？手工业需要的工匠、技艺人才如何来培养？于是学徒制内生于手工业作坊成为职业技术传承的主要形式。作为职业技术教育起源的学徒制，就其模式本身有哪些本质特征？作为孕育了现代职业教育的学徒制模式，与现代职业技术教育又有着怎样的渊源？

1. 学徒制是适应于前工业社会的职业教育模式

在第一次工业革命之前的农业社会中，技术发展水平处于比较落后的手工业阶段。正如马克思所描述的那样："在漫长的工业革命之前的农业社会里，在产业结构中起主导作用的是农业，其他的产业无不以农业为中心而存在，也无不随着农业的发展而发展。"① 这一时期的知识与技术尚处于较低的水平，无论是农业生产技术，还是手工生产技术都还是一种经验技术，都是在经验知识的基础上形成的，这种经验技术不同于现代意义上的技术，它们主要是一种"技"（技艺）（在英文里是 art、skill、technique）——如工匠、农夫、猎人等的技艺，而掌握这种技术主要依靠经验的积累与改进。对于此种类型的经验技巧和技术来说，传承的唯一方式只能是在实际工作过程中通过演示和操作来传授，通过观摩和反复的练习才能够被熟练掌握，从这一角度来说，具备这些特征的学徒制成为职业技术教育的历史选择。

社会生产与职业世界中的每一个变化，都会在职业教育领域留下印迹。经济与技术发展如果说在生产力较低而社会分工不那么细致的古代和中世纪，家庭小作坊的生产方式，是学徒制职业教育模式得以产生并走向繁荣的基础；到了 16—18 世纪，生产力的发展促生了工场手工业，学徒制的教育功能被削弱；到了工业革命后，大规模机器化的工厂生产，取代了许多传统职业和劳动技能，学徒制的教育功能进一步弱化并走向崩溃。② 学徒制的发展历程进一步说明了，学徒制是伴随着手工业发展的必然结

---

① 中共中央马克思恩格斯列宁斯大林著作编译局：《马克思恩格斯全集（第三卷）》，人民出版社 1958 年版。

② 关晶：《西方学徒制研究——兼论对我国职业教育的借鉴》，华东师范大学 2010 年学位论文，第 45 页。

果，学徒制是与初期手工业相适应的职业技术教育模式。

2. 培养模式：以技能为中心的现场学习

学徒制在各个国家的发展存在差异，但作为一种教育形式，它们有着共同特点。石伟平在《比较职业技术教育》中概括了学徒制的特点：一是全程教育，学徒要全面掌握一项工作，其教育内容就要涵盖工作的每一个工序、每一个环节。这样培养出来的工匠不仅对自己的职业，而且对整个行业都有全面的了解，充分保证了工匠教育的专业水平。二是以技能为中心，师傅在自己演示、徒弟操作的过程中传授技术的经验，通过具体实例说明行业规范。三是现场学习，生产第一、教育第二，在实际生产过程中边看、边干、边学。① 学徒制在相当程度上反映了职业教育的基本规律，这些做法对于消除今天学校教育学用脱节、手脑分离、指导无针对性等问题，仍然很有帮助。日本职业教育学家细谷俊夫评价这种教育"一方面是一种真正理想的技术教育体制，同时也是一种卓越的社会教育组织"②。

（1）以职业实践为中心组织教育内容。

以职业实践为中心组织教育内容，普遍采用观察、交流、训练等手段，将作为学习对象的知识与技能镶嵌在实际运用的情境之中。学徒制的核心教学方式就是在实际生产中边看、边学、边干，即"做中学"，其绩效标准与评价蕴含在工作情境中自然而持续地进行。学徒期结束时，徒弟就成为一个独立的工匠了，但整个学徒期究竟多长，徒弟能不能学到最高水平的"绝活"，仍在很大程度上取决于师傅的态度和师徒关系的性质。③ 近代工业革命中的许多发明都是由学徒制培养的工匠完成的。

虽然在学徒学习过程中到底学到了什么无法准确描述，然而每个行业都有共同认可的技术核心，学徒制使学徒通过整个职业实践的教学过程达到了技术要求，这种教学效果是以学科知识为中心的学校教育所无法比拟的。以职业实践为中心，而非以学科知识为中心，重视实际职业能力的获

---

① 石伟平：《比较职业技术教育》，华东师范大学出版社2001年版，第6－7页。
② ［日］细谷俊夫：《技术教育概论》，肇永和、王立精译，清华大学出版社1984年版，第24页
③ 石伟平：《比较职业技术教育》，华东师范大学出版社2001年版，第4－6页。

得,而非知识的系统性,这应该是学徒制职业教育模式对职业教育教学规律的启示。是什么让学徒制在漫长的岁月中如此生生不息,答案正是学徒制"做中学"这一职业教育与培训最本真、最朴素的原则。石伟平也如此评价:从实践的角度来考察,就会发现我们今天的学校职业教育才真正不系统,因为它是以书本知识为中心来组织课程的。这也是工业化初期职业学校不受欢迎的一个重要原因。[①] 一百多年以来,学校职业教育无法取代的就是学徒制学习与真实工作世界的零距离。在这一方面,学徒制具有学校职业教育无法超越的优势。

(2) 生产、生活、学习三合一的人才培养模式。

学徒制是在生产现场进行,融生产、生活、学习于一体的人才培养方式。学徒在家庭这一生产、生活、训练共同体中,师徒间超越了一般的师生关系,既有契约保证的平等互惠,又有准家庭成员角色带来的情感维系,便于学徒进行全方位学习。同时由于传统的技术工序相对较少,也没有专门的工序分工,学徒有机会学习到整个生产加工的流程。这种教育与后来资本主义化的工场学徒制、与现代单一工种教育之间,形成了鲜明的对比。[②]

(3) 学徒制的局限性。

但同时学徒制也具有它自身的局限性:一是亲密的师徒关系虽然便于技艺的代代相传,但却限制了技术的传播。无论是西方,还是中国,学徒制早期都是父子相传,随后过渡到养子,最后才扩大到一般的师徒关系。这种以血亲关系为基础的学徒制虽然为了保证技艺与秘诀代代相传,但也限制了技术的传播,限定了教育对象,成为工业革命新生产关系发展的障碍。二是教育效率不高,学徒期过长。由于学徒制的学习是在完整、自然的工作过程中随机地学习,掌握各个工序所需时间很长,因此学徒期特别长,如中世纪的英国,学徒期一般是 7 年;而在德国,铁匠 8 年,泥瓦匠

---

① 中国社会科学院世界历史研究所:《新编剑桥世界近代史:欧洲势力的顶峰》,中国社会科学出版社 1999 年版,第 155 页。

② 郑建林:《欧洲古代职业教育中学徒制的特点与影响》,载《沈阳师范大学学报(社会科学版)》2012 年第 1 期。

6年。① 这样长的学徒期导致学徒制效率较低，不能适应近代生产和工业化发展。

3. 学徒制孕育了近代职业技术教育

中国许多研究者认为高等职业技术教育的发展起始于"二战"以后，认为"二战"后才产生真正意义上的职业技术教育，这种观点的依据是工业革命后机器大生产才产生对高级职业技术和对高端技术人才的需要，以及由此才产生学校职业技术教育。这种观点具有一定的局限性。高等职业技术教育，顾名思义，是培养高等职业技术人才的教育，然而，何谓"高等职业技术人才"，在不同的时代应有不同的定义，而每个时代的社会都需要并确实出现了许多高端的技术技能人才。古代的工艺品、器皿和辉煌的建筑，中世纪气派的建筑、华丽的服饰、精巧的手工艺品，无不向我们展示着那个时期的技术水准。虽然这种技术与技艺传授未能在那一时代走进正统教育之门，但作为培养"高端职业技术人才"的教育却不可否认地存在着。学徒制度就是高等职业技术教育的原生型，对现代高等职业技术教育的教育内容与教学模式有着深厚的影响。研究学徒制度不仅让我们更好地了解职业技术教育的缘起，也能更准确地把握高等职业技术教育的本质。

学徒制虽与现代意义上的高等职业教育有着体系和层次上的差异，但在漫长的岁月里，承担着职业技术教育的功能，为古代社会培养了许多能工巧匠，传承了古人高超精湛的手工技艺。相对于学徒制而言，现代职业技术教育的教育功能得到强化，而劳动就业功能就此削弱。②

从人类进入有史时期一直到中世纪末期，随着农业经济的发展，手工业出现并从农业中分离出来，职业教育从有意识的模仿发展到有严格规定的学徒制度，经历了漫长的发展过程。和手工业生产相适应的学徒制在职业教育的历史中发挥了重要的作用，虽然旧的学徒制已经不再适应工业化大生产，但至今仍有着旺盛的生命力和影响力。日本学者细谷俊夫认为中

---

① 转引自石伟平：《比较职业技术教育》，华东师范大学出版社 2001 年版，第 6—7 页。
② 关晶：《西方学徒制研究——兼论对我国职业教育的借鉴》，华东师范大学 2010 年学位论文，第 165 页。

世纪的学徒制度"一方面是一种真正理想的技术教育体制,同时也是一种卓越的社会教育组织"。① 中国学者瞿海魂认为:"从历史的角度看,学徒制度虽然衰落,但并未消亡。"② 而学徒制之所以能在历史中得到存续和发展,是因为它具有一些其他职业教育形式难以取代的特殊价值,包括它具备"做中学"、情境学习、个别化教学等职业教育的教学论价值,它意味着对个体从业资格的认可,它是从教育过渡到就业的桥梁。因此,现代学校职业教育的发展,要在充分认识到民间学徒制的存在及其正在发挥的强大功能这一事实的基础上,借鉴学徒制的精髓,在内容与形式方面对现代学校职业教育进行改造。德国的双元制,日本的企业内培训,英国、瑞士的现代学徒制,澳大利亚的新学徒制等都是对旧学徒制的传承和发展。学徒制对现代高等职业教育产生了深远的影响。

对学徒制和现代职业教育的关系,中国学者徐平利在其著作《职业教育的历史逻辑和哲学基础》中表达了以下观点:"中世纪行会里的这种仅仅适用于小规模经济的'师徒制',还不能构成我们所说的'职业教育'的历史起点——它还没有脱离传统的职业训练和模仿性质。但我们必须承认行会师徒制训练模式的进步意义,行会制度中对于劳力者的职业训练,终于从过去那种阴郁卑微的地下大方地走向了受人尊敬的前台;行会师徒制训练模式是孕育职业教育的培养基,进入大工业时期而出现的职业教育,正是因为有此培养基的孕育才得以顺利降生。"③ 随着工业革命带来的生产方式的改变,孕育之中的高等职业教育得以产生和发展。

二、"工厂－学校"模式——现代高职教育的产生与制度化

在农业社会中,技术的保存和人才的培养是通过家传、学徒制等非正规方式进行的,学徒制是农业社会最主要的职业教育形式。而17世纪发生

---

① [日]细谷俊夫:《技术教育概论》,清华大学出版社1984年版,第20-22、24页。
② 瞿海魂:《发达国家职业技术教育历史演进》,上海教育出版社2008年版,第29页。
③ 徐平利:《职业教育的历史逻辑和哲学基础》,广西师范大学出版社2010年版,第121页。

的工业革命,使学徒制无法适应规模化的集体生产,甚至成为技术发明、技术运用和技术进步的障碍,并开始走向瓦解。18世纪初,在英、德等国出现了学校形态的职业教育的萌芽,技术的传播开始在正规的学校中进行,这对教育来说是一个革命性的变革。西方学者把它看成是教育的第二个阶段或第二种模式的开始,这种模式就是工商技术模式,代表这种模式的学校被称为工厂学校或训练学校。这种模式的特征是:更多地与工商业的生活方式相一致,它反映城市中产阶级的开端,强调"新人"和新兴资产阶级而不是贵族阶级所关心的事情。[1] 这一模式同样影响到了高等教育,这包括古典大学所进行的世俗化、职业化改革和高等技术教育院校的产生。这样看来,职业教育不是指某种形式的学校,而是一种新的教育模式。[2] 在大工业生产的背景下,高等职业教育也被塑造成为工业生产的一个部件,像工厂生产产品一样将工业人才培养出来,这就是适应于工业社会、与工商业的生活方式相一致的工厂学校模式。

高等职业技术教育是随着大工业运动和现代教育的产生而兴起的,并对现代教育的发展和工业化运动起了重要作用。这一过程是如何发生的呢?工业革命是由机器的发明、运用而引起的机器生产代替手工劳动、工厂制取代家庭作坊和手工工场的过程,工业革命引起了生产方式和管理方式的巨大变革,新的生产组织形式对劳动者的素质提出了新的要求,以传授科学原理和生产技术为主要内容的现代职业技术教育应运而生。科学技术进入学校教育,这对教育甚至整个人类社会的发展来说都是一个革命性的变革,这一变革不但促使了专门传授职业技术的学校的产生与职业教育体系的形成,也同时引发了整个高等教育包括古典大学的世俗化和职业化改革。

(一)工业社会背景考察

许多关于教育发展的历史研究都隐含一个假设:教育发展是工业发展

---

[1] [英]埃德蒙·金:《别国的学校和我们的学校——今日比较教育》,人民教育出版社2001年版。

[2] 孟景舟:《教育的演进与职业教育的本质》,载《成人教育》2006年第10期。

的产物，它源于技术发展的需要，并通过提供这些技术而促进了经济的发展。如班托克（H. G. Bantoek）所说，大众教育是工业化的副产品，在教育发展的过程中，"一个基本因素"，无疑是工业化的到来，以及对能读会算的工人的需求——只有这样，工人才能读懂机器操作的指导，才能开展工作。18世纪60年代，以蒸汽机的应用为标志的第一次工业革命首先在英国开始，之后法国、德国、美国等也从19世纪初叶开始相继进入产业革命时期，到19世纪70年代也先后完成了工业革命。马克思和恩格斯曾这样感慨："资产阶级在它不到一百年的阶级统治中所创造的生产力，比过去一切世代创造的全部生产力还要多、还要大。自然力的征服，机器的采用，化学在工业和农业中的应用，轮船的行驶，铁路的通行，电报的使用，整个大陆的开垦，河川的通航，仿佛用法术从地下呼唤出来的大量人口……——过去哪一个世纪料想到在社会劳动里蕴藏有这样的生产力呢？"① 工业革命使人类社会发生了翻天覆地的变化，工业社会的兴起促使了高等职业教育的产生。

1. 社会经济和生产技术变迁

人类生产技术作为职业教育的主要内容与基础起点，也在工业革命中受到了巨大冲击，各个方面均产生了巨大变化：从以农业、手工业技术为主转变为以机械化、工业化技术为主，从以实践经验为主导转变为以科学理论知识为主导，社会组织性亦有了极大的提高。技术的发展导致职业教育产生了巨大变化：教学模式从以学徒制为主转变为以学校式为主，教学内容从以实践经验为主转变为以科学理论知识为主，管理（举办）机构从民间私人机构转变为政府机构。

第一次工业革命使人类社会生产方式发生了从以手工业和农业技术为主变为以机械和工业技术为主的转变。同时，由于工业化产生了巨大生产能力，工业取代农业成为当时的主导产业，形成了以制造业（机械、采掘、冶炼等）、交通运输、能源动力为主导的产业结构。技术进步从依靠实践经验为主转变为主要依靠科学理论知识，科学理论知识开始成为技

---

① 中共中央马克思恩格斯列宁斯大林著作编译局：《马克思恩格斯选集（第一卷）》，人民出版社1972年版，第256页。

的主导成分。世界范围内的第一次工业革命完成之后，工业的技术基础已从熟练的经验、技巧变为严密的科学理论知识，科学理论知识对社会生产和技术发展起着越来越重要的作用，单纯的实践经验已不能满足技术进步的需要。几乎可以说，"没有科学理论的指导，技术发明，特别是尖端技术的发明已几乎不可能"①。

发生于19世纪中叶的第二次科技革命，使电力的广泛应用由可能变为现实，而在电力的应用中又产生了一系列对人类社会生活具有重大影响的技术发明，这些技术变革把世界从蒸汽时代带进电气时代，近代科学开始应用于工业，促进了世界文明从经验技术到科学技术的转变。随着科学技术与工业的紧密结合，汽车、飞机、电话、人造丝、合成纤维织物等工业产品不断涌现，随之而来的是工业生产总量的大幅度增加和农业的革命性变革。人类开始认识到技术与科学中蕴藏的力量，正如美国经济学家库兹涅茨（Simon Kuznets）所认为的："从19世纪后半叶开始，发达国家经济增长的主要源泉始终是基于科学的技术。"② 中国也正是在这一进程中打开国门，在战争中震惊于科学技术的力量，从而开始"师夷长技"。对技术功效的期待，成为发展职业技术教育的强有力的理由。同时，随着技术进步与经济发展，生产技术层次不断提高，越来越需要技术水平较高的生产者，为了保证教育适应产业发展的需要，各工业国都积极发展职业技术教育，纷纷采取了建立职业技术教育制度的措施。

2. 现代教育改革运动的推动

19世纪末到20世纪上半叶是当代资本主义教育制度的形成时期，各国都根据政治、经济需要和文化传统改革本国教育，其中推行义务教育、发展中等教育成为各国的共同行动，以全民为对象，建立在法律基础上的现代初等教育制度逐渐在欧洲许多国家率先建立起来。19世纪下半叶至20世纪初，西方发达国家基本完成了普及义务教育。随着欧美工业化运动迅速发展，促使教育掀起了新的改革运动，这一教育改革运动的基本任务主要表现在：①促使教育从宗教统治转向世俗化，大力倡导教育为经济发展

---

① 徐国庆：《实践导向职业教育课程研究：技术学范式》，上海教育出版社2005年版。
② ［美］库兹涅茨：《现代经济增长》，戴睿、易诚译，北京经济学院出版社1991年版，第8页。

服务，服从于社会发展的需要；②改革传统的古典学术教育体制，全面确立以传授科学知识为特征的实科教育模式为根本教育任务，使科学教育从劣势地位转为占主导地位的教育；③大力推行大学教育改革，一是改革大学脱离社会的体制，为现实社会发展服务，二是建立面向为地方服务的新学院，如德国1870年左右成立的各种工科大学，美国19世纪60年代建立起来的州立大学或理工学院、农业学院等；④积极推行普及义务教育，这是欧洲及美国19世纪以来的教育发展主题。此外还在教法、课程等方面进行了广泛的改革。①高等职业技术教育的建立与发展是现代教育改革运动的重要内容，它的发展水平代表着这一时代的教育发展成就。

3. 国际战争与国际交流使各国普遍注重技能型人才的培养

19世纪后半期到20世纪初期，欧洲核心地区工业化获得了巨大成功并向全球扩散，这一人类现代化进程中的第二次浪潮以电气和钢铁为物质技术基础，以铁路建设为中心，生产、贸易规模大大拓展，跨国、跨洲的世界市场形成。苏伊士运河（1869年）和巴拿马运河（1914年）开通，使世界距离大大缩短；欧洲铁路干线陆续建成，1888年欧洲连接君士坦丁堡的铁路通车，1904年穿过西伯利亚的欧亚大陆桥铁路建成；用于通信的地中海、大西洋和印度洋海底电缆铺设成功，1901年无线电波跨越大西洋，将各大陆紧密连在一起。欧洲和北美的新兴工业国成为世界列强，他们为了争夺商品市场、资本市场和原材料基地，在原殖民地的基础上，大肆瓜分东方世界。在资本主义成长的过程中，战争连绵不断。西方发达国家为了争夺殖民地不断挑起战争，瓜分利益，掠夺巨额资源。战争是致富之源，因而战争也就成为集中尖端技术、炫耀武力的国际舞台，技术开始成为战争中的决定性因素。18世纪晚期到19世纪的英法殖民战争让人们认识到技术的优势，而拿破仑发动的七次战争，则更充分显示了技术的威力，也说明了法国军事与技术教育的效用。尤其是1914—1918年的第一次世界大战，飞机、坦克、远程大炮、毒气等各种新式武器投入了战场，使涉及15亿人口的30个国家充分见识了技术的威力。技术作为一个国家的核心要素，越来越多地展示于国际交流与竞争的舞台，为此西方各国开始

---

① 冯增俊：《比较教育学》，江苏教育出版社1996年版，第50页。

注重技术人才的培养,大力发展职业技术教育成为各国国家发展的重要战略。

4. 新教育思潮与职业技术教育改革探索

19世纪末20世纪初,欧美各国兴起了教育改革运动,西欧的教育革新运动被称为"新教育运动",而在美国则被称为"进步教育运动"。从卢梭的自然主义教育主张,到杜威的"实用主义"理论、蒙台梭利(M. Montessori)的"自由教育"思想,以及凯兴斯泰纳的"公民教育"与"劳作学校"等教育思想层出不穷。在新教育思潮的影响下,主要资本主义国家纷纷开办了培养新式人才的"新学校",新的教育思潮和实践推动着教育面向社会生产实际,促进了职业技术教育的发展。

同时,这一时期也改革和探索了职业技术教育的培养模式,如当时盛传的"俄罗斯"制就是一种对不同工序加以分解来培训不同工人的方法,它放弃原来学徒制中全程式的工艺教学,把整个生产工艺分解为一个个相对独立的工序,然后对这些工序一一进行单独教学。比起普通教育的班级授课制,这种教学制度的改革更具有划时代的意义。它通过1870年彼得堡展览会向全俄推广,并先后在1873年的维也纳国际博览会、1876年的费城国际博览会、1878年的芝加哥国际博览会和1893年的哥伦比亚国际博览会,向欧美各国推广。俄罗斯制为现代职业技术教育学制的建立,奠定了技术与方法基础,对推动职业技术教育的发展有重要作用。

(二)现代高职教育产生与发展

工业革命的完成使资本主义生产从工场手工业过渡到机器大工业。恩格斯写道:"自从蒸汽机和新的工具机把旧的工场手工业变成大工业之后,在资产阶级领导下造成的生产力,就以前所未闻的速度和规模发展起来了。"[①] 以旧的学徒制度培训工人的方式已无法适应现代生产对劳动力的要求,学徒制所依靠的手工业被机器生产所取代,也就丧失了其存在的基

---

① 中共中央马克思恩格斯列宁斯大林著作编译局:《马克思恩格斯选集(第三卷)》,人民出版社1972年版,第308页。

础。旨在传授工业知识和机器操作技能的职业技术学校应运而生,19世纪中后期,职业教育模式开始发生转变,学徒制逐渐衰退,学校模式开始成为其主要模式。学校教育模式采用集中传授技术的班级授课方式,可为大工业生产提供充足的劳动力,从而成为当时职业教育的主要模式。各主要国家在19世纪中期先后建立大量职业学校,至19世纪末期,现代学校职业教育已大规模发展起来。

1. 第一次工业革命与职业技术学校的出现(18世纪至19世纪初)

蒸汽机的工业运用,使整个欧洲都处于工业化革命的巨大冲击之下,从生产方式、生产手段到社会结构乃至社会生活和社会道德价值观念都处于更新换代的转型阶段。在市场瓜分的竞争和战争威胁下,各国都在寻找发展良方,一方面是引进新技术、新工艺,另一方面是改革政体推行新政治制度,为了满足工业化对人才发展的需要,因而也迫切需要改革和发展教育,从而促使整个社会进入新旧转型的重要阶段。英国最早于18世纪60年代开始推行工业化,经济迅速发展,是世界经济大国,显示出咄咄逼人的发展架势,改革古典文雅教育已提到重要议事日程上来了;法国也于18世纪后半叶紧跟英国开始用机器生产,推行工业化,建立工厂制度,也迫切需要发展新教育;德国由于耶拿普法战役失败,受割地赔款之辱,也立志兴国,积极倡导办教兴邦,推进工业化,光复国家;美国自1776年独立以来也积极寻求兴国之道,为解决人才奇缺的状况,加紧发展教育。

18世纪至19世纪初,各种专业讲座和工人讲习所等教育机构应工业革命的需要而产生。这种新教育最早产生于工业化发端的英国,当时英国由于产业发展需要,在18世纪已开始发展各种工厂教育,并把16世纪的农村劳力的徒工法也移植到工厂中用来培训高级技术工,形成规章严格、注重技术的学徒式的职业技术教育体制,还成立了各种职工讲习所,开设工人学习班,以及让童工学习的主日学校等,不过总的层次较低。如1755年成立的"工艺促进协会"、1735年成立的"奖励学习协会"等。到18世纪后半叶,英国产业革命爆发,大大提高了生产的技术性,工人对知识和技术的需求越来越大,除了学会的讲座外,许多工会创办了工艺讲习所,如1820年伦敦开办机械工人讲习所、1823年开办格拉斯奇职工讲习所等,到1841年,英国已经建立了200余所机械工人讲习所。这些讲习所除开设基础知识课程外，还广泛开设了制图、建筑、测量、化学、工艺学等实用科目，主要训练工人，使之适应工业大生产的需要。同时，讲习所除了为工人举办讲座外，一般都设有图书室、阅读室、新式机械展览室等，供工人学习使用。工人讲习所也被美国等国家先后引进，美国于1820年后陆续开班了各种讲习所，并由此掀起著名的科技知识普及运动，1824年霍尔布鲁克（Josiah Hoibrook）在自家农场开班的"农业、工业学校"就成了这场运动的发起者，到1831年举行全美科学普及大会时，已开办科学讲座900多个，1832年达1 000余个。[①]这些讲座和工人讲习所以有工作经验的职工为主要对象，独立于学校教育之外，大多为私人或社会团体所创办，教育内容既注重讲授文化知识，也注重技艺性。

工人讲习所应工业革命之需出现，与学徒制相比，它已经具有现代高等职业教育的元素，它在传授科学知识、适应生产技术变革这一点上，是具有重要意义的。但随着职业技术学校的建立，讲习所于19世纪中期以后开始衰落，并逐渐为其他学校教育形式所替代。

2. 现代职业技术学校的创立与发展（19世纪初至19世纪中叶）

工业革命和科技的不断发展，使19世纪之交成了现代教育改革和发展的关键性历史阶段。这时，大工业生产虽仅初露端倪，但其本性却决定了自它产生之日起就必然要向那种培养少数有闲阶级的古典教育挑战，要求教育为现代生产服务，培养工业化需要的有技术的生产者和科学家，提出改革教育、创办新教育、建立新学校的任务。现代职业技术学校正是在这样的背景下应运而生。由于工业化早期工业生产水平低，需要的仅是初级教育水平的技术工人和少量的科学家，教育形式简单，教育机构也不多，因此所创立的职业技术学校大多属于初等或中等职业学校，但以此为基础，随着科学技术的发展，一些学校也发生了层次的高移。

德国、法国、英国、美国、日本等国都在这一时期办起了职业技术学校。法国为培养制造业的合格工人，积极推行教育改革，除创办工厂学校

---

① 中共中央马克思恩格斯列宁斯大林著作编译局：《马克思恩格斯选集（第三卷）》，人民出版社1972年版，第308页。

外，还相应设立了一批以培养初级技术工人和中等技术人员的技术学校；这些学校除部分与文法学校合办外，最典型的是制图学校，如1766年成立的皇家免费制图学校，讲授几何学、建筑技术、制图等，培养手艺工作者，这类学校到1789年大革命时已达27所。这一时期，法国高等职业技术教育机构也已出现，1747年成立了土木学校，1765年开办造船学校，1778年创办了矿山学校，17世纪时成立了炮兵、军官等一批军事学校，于大革命后又建立了一批专科学校，尤其理工教育获得了惊人发展。这些专门技术学校的建立，较好地适应了法国工业的发展。德国在这一时期兴办起系统的工业学校教育网，规定每个区要建立一所以上的工业学校，到1835年，在全国25个区内已设立了20所地方工业学校，形成了地方工业学校网络。1821年，柏林技术学校诞生了，1827年改为工业专门学校，1866年又改称工业学院，以后又升格为柏林工科大学。德国工科大学的建立，带动了德国正规职业技术教育的发展，为德国培养了许多有才干的产业人才，这便是德国高等职业教育的开始。美国于1861年南北战争期间颁布了"赠地学院法"，规定各州凡有国会议员一人，联邦政府就拨给该州3万英亩土地，各州须将出售或投资这些土地所得的经费，在5年内至少建立1所传授有关农业和农业机械方面知识的学院，即"赠地学院"，由此相继成立了近70所工学院、农学院，开设的课程主要是农业、工程、机械及其相关的实用性科技知识，成为美国高等职业技术教育的开端。

这种新的教育形式一经出现，与传统学徒制或工人讲习所等机构相比，其优越性显而易见，迅速成为培养专门人才和劳动后备力量的一种最主要的手段，引起了教育制度、内容和方式的一系列变革，具有划时代的意义。这个阶段各国职业技术教育有三个特点：第一，职业技术教育的形式开始从现场训练转变为学校训练，即出现了学校形态的职业技术教育；第二，职业技术教育的内容从手工工艺的传授转变为工艺原理的教学和操作技能的训练，即出现以传授科学技术原理为主要特征的现代性的职业技术教育；第三，职业技术教育尚未形成正规的制度，职业技术教育机构基本上由产业部门负责管理，在很大程度上带有职工培训的色彩。[1]

---

[1] 吴雪萍：《国际职业技术教育研究》，浙江大学出版社2004年版，第2页。

3. 职业技术教育制度的广泛推行（19世纪中叶至"二战"）

19世纪末期，以电动机的发明和应用为主要标志，人类社会进入第二次工业革命时期，技术在经济和军事竞争方面的作用逐渐充分发挥出来，主要资本主义国家都产生了一系列崭新的工业——电力工业、化学工业、石油工业等。技术的进步与新兴工业部门的发展，引发了社会对技术人才需求规模、结构和规格的变革。为保持国家的竞争力，教育必须适应于产业进步的需要，各国政府开始重视技术教育，技术教育也因此成为国家事务之一。19世纪后半叶以来，因应科学技术的迅速发展、市场竞争和军备竞争的需要，各国政府都不同程度地参与职业技术教育，将职业技术教育纳入国民教育体系，并以法律的形式确定下来，职业技术教育制度就此确立。

在各种力量的推动下，各国都不同程度地参与到职业技术教育发展中，并以法律形式确立了职业技术教育在教育体系中的地位。19世纪末法国大革命时期，政府兴建了土木学校、军官学校、卫生学校、师范学校、工艺学院等一批"中央学校"，这些学校颇具现代学校特征：如土木学校是委托公共土木委员会筹建的，规定培养目标为技师，招考年龄为16～20岁，定员400人，修业3年，1894年11月公布教学计划，开设数学、制图、化学、建筑技术、石料加工等专门课程。12月正式开学。这所学校后来发展成为法国技术教育的大本营。1872年开始创立了一批徒工学校，并于1880年制定了《徒工手工学校和初等学校补习学校法》，把徒工学校纳入学校系统，标志着徒工训练的制度化。1881年起又建立了一批国立职业学校，其中包括林校、农校、农业学院和培养技术教师的威尔昂学校，19世纪90年代又把一些初等职业学校升格为商工实科学校。法国于1919年颁布了被称为法国技术教育宪章的《阿斯蒂埃法》，该法规定由国家代替个人承担对工人子弟进行职业技术教育的任务，职业技术教育体系由初等（徒工训练中心）、中等（国立职业学校、技术专科学校等）和高等（工艺学院、国立工艺技师学校）三个阶段构成。进入20世纪时，法国初步学校职业教育的形式已经得到进一步的发展和巩固，职业技术学校已具有初、中、高三个层次。

1876 年，经过普法战争，长期处于割据状态的德国实现了统一，政治的统一带来了经济的大发展，19 世纪下半叶以来，德国的经济迅速发展，生产力水平跃居欧洲首位，已从一个以农业为主的国家发展为一个重要的工业国。1919 年通过的德国魏玛宪法明确规定，青少年于 8 年义务教育之后，必须进职业补习学校学习至 18 岁。1920 年，为了实施宪法中有关教育的规定，在柏林召开了全国学校会议，之后各州相继制定法令，贯彻魏玛宪法，要求 14～18 岁的青年都进职业补习学校。通过立法，德国实际上把义务教育的年限延长到了 18 岁，其中职业技术教育成为其中的重要内容。进入 20 世纪以来，为了使社会经济的发展有充裕的后备劳动力作补充，使高素质的劳动力适应工业化生产的要求，德国政府进一步加强了对职业技术教育的干预，以企业为主的"双元制"职业教育制度初步形成。

19 世纪末 20 世纪初，为使中学向上延伸提供中等教育向高等教育的过渡阶段的教育，以应对更多高等教育的需求，美国开始了初级学院运动，一些原属中等教育范畴的师范学校、农业学校、机械学校和商业学校逐步办成初级学院。它由原来单一的转学教育职能发展为具有多种办学目标的学院，以满足所在社区的教育、文化、经济各方面的需要，为学生提供低廉、实用的中等教育后的职业技术教育。两年制的社区学院的创立和发展奠定了美国职业技术教育的格局与体系。

面对 19 世纪 70 年代中期的经济大萧条和美国、德国等强劲的经济竞争对手，传统保守主义深重的英国也开始注意到职业技术教育与国家经济实力之间的密切关系，政府开始重视职业技术教育，并采取了一系列的措施。1853 年英国成立了科学与工艺署（Department of Science and Art）来管理和推动职业技术教育发展，并成立皇家技术教育委员会研究职业教育发展对策。1888 年英国颁布《地方政府法》，确立了中央和地方政府共同负担和管理包括职教在内的公共事业的行政体制；1889 年颁布《技术教育法》规定成立专门的技术教育委员会，独立负责技术教育的管理；1902 年的《教育法》规定建立作为中央教育行政机构的教育委员会，进一步理顺了包括技术教育在内的教育体制。至此，英国的职业技术教育制度基本形成。

明治政府成立后仅 4 年（1872 年），日本政府就仿照西方颁布了

1872/1873 年学制（政府教育令），随后为 1879 年的《教育令》所取代，在这一时期建立了一批高等学校和专门学校，如工部省办的工部大学（1872）、拓植局办的札幌农学校、司法省办的法律学校（1872）等。1903 年的《专门学校令》进一步确立了专门学校标准，使中学后 3～4 年的专门学校（尤其是工业和商业专门学校）发展起来，奠定了日本高等教育（尤其是工科大学）的基础。1889 年日本又颁布了关于中学、女子中学和职业学校的 3 个法令，使中等教育规模迅速扩大，中学生在 1890—1920 年间增加了 14.2 倍，其中职业学校（包括农校、商校、船校和水产学校等）学生增加 59 倍。① 1899 年又颁布了全面的《职业学校令》，规定了发展职业技术教育的基本制度，形成了初、中、高三个层次的职业技术教育体系。然而，1920 年起日本军国主义的盛行，使职业技术教育进一步跌进了扩军备战的深渊。直到"二战"结束后，日本的职业技术教育才重新回到健康发展的轨道。

鸦片战争和帝国主义列强入侵使中国被迫打开大门，受到了西方技术、文化、教育的强烈冲击，以学习西方为初衷，近代中国高等职业教育也开始起步。1898 年后，维新变法运动兴起，大力倡导发展农工商，要求予人们以一技之长，中国学习西方举办新型学校，首推 1862 年（清同治元年）由总理衙门奕䜣奏设的北京同文馆，这是为培养承办洋务翻译人员的学校。但洋务教育学习"西文""西艺"，均着眼于国防军工与外交，是从"船坚炮利"上认识其作用的，并非为了解决技术教育和就业问题。1903 年，清政府颁布"癸卯学制"，把实业教育纳入学制，在《奏定实业学堂通则》中，则更进一步提出实业学堂的宗旨为"振兴农、工、商各项实业，为富国裕民之本计"。《奏定实业学堂通则》还规定了实业学堂的种类为：实业教员讲习所、农业学堂、工业学堂、商业学堂、商船学堂等，各类学堂又分高等、中等和艺徒三等。到 1909 年，各类实业学堂已发展到 254 所。② 辛亥革命之后，随着中国的民族工业的发展，一些教育家和有识之士提出应大力发展职业技术教育，1917 年，由教育界、实业界知名人士

---

① 日本国立教育研究所：《日本教育的现代化》，张渭城等译，教育科学出版社 1980 年版，第 70－71 页。

② 周蕖：《中外职业技术教育比较》，人民教育出版社 1991 年版，第 22 页。

黄炎培、蔡元培等人发起组织了中华职业教育社,大力宣传、推广并改进职业教育,提出"使无业者有业,使有业者乐业"的目标,极大地改变了人们的思想,推动了职业教育的发展。1922年,政府颁布《新学制》规定,职业学校分初、中、高三等,初等职业学校招收初小毕业生,中等职业学校招收高小毕业生,高等职业学校招收初中毕业生;另外,职业教育的领域也不只限于工、农、商科,而是扩大到其他领域。除职业学校外,其他各级各类学校也普遍开始注重职业教育。

(三)"工厂-学校"高职教育模式特征

1. 高职教育的"学校特征":院校体系与制度化

这一阶段的高等职业技术教育的主要特征是创立了许多正规的院校,并为了适应工业社会社会分工的需要,日益发展成为多类型、多层次的体系。传统教育的特点就是注重古典人文主义而轻视实科教育,但到了18世纪,随着城市工业的出现和科学技术的进步,人们普遍认识到,实科学校教育是谋求经济繁荣、政治进步和提高国力的基础。实科学校在社会上引起了巨大的反响。由于机械的使用,生产成本不断下降,原来的手工业者已经不能适应新形势发展的需要,17世纪以来日趋衰退的学徒制度因产业革命而遭到决定性的打击。人们越来越意识到原有的学徒制度已经不能迅速提供工业革命和商业流通所需要的大量劳动力。18世纪前后,欧洲处于产业革命和资本主义生产力发展的狂飙运动中,产业革命促进工业技术的发展,对人才提出了新的要求,促进了高等职业技术教育的发展。这时期高等职业技术教育发展的最重要特征是开始创办正规院校,如法国创办的土木学校、矿山学校、工兵学校等各式专门学校,以及大革命后创办的巴黎理工学校、卫生学校、师范学校、工艺学院等。19世纪初期,德国具有高等职业技术教育性质的工业学校已达35所。在美国、英国也出现了类似的高等职业技术教育院校,只不过名称不同而已。

随着主要先进国家的工业化,社会经济发展对职业与技术教育的需求日益专业化,各行各业都需要多种层次的技术人才,于是高等职业技术教育制度逐步建立起来，更加专业化、多类型和多层次体制的技术院校得以广泛创办，以服务于某一专门的行业或部门。这些工业学校早期面对的是较宽泛的专业基础和广泛的专业部门，随着工业化进程，它们也发展成为专业面较宽、师资雄厚，且非常注重满足工业对技术研制需要的研究与培训并重的教育机构。同时，在这一时期，传统学术标准仍然是评价和主导着教育发展方向的主要力量，这些高等职业学校的创办虽然是基于经济发展对培养高水平技术人才的要求，但当这些学校获得一定成就后，都积极地加强学校本身的学术性，成为注重于技术开发和技术性原理的理工大学。由于工业社会经济发展需要和传统学术力量的推动，高等职业教育在这一阶段呈现出三大层次：一是升格起来的研究型工科大学，二是如美国社区学院之类的二年制或三年制的专科院校，三是以高等专科方式培训高级工人的行业培训机构。

2. 高职教育的"工厂特征"：标准化与大规模

工业革命建立了现代大工业，带来了人类社会生产组织方式和社会制度根本性变革，实现了农业社会向工业社会的整体转换，将世界经济推向了新的增长阶段。劳动资料不再是以作坊里的简单工具为主，而是以工厂里的机器为主，与旧时代的工具相比，这些机器有较高的技术含量，结构相对复杂，效率提高了很多倍，工业生产方式呈现出了标准化、专业化、集中化、大规模的特征。工业生产对劳动者的知识准备与技能准备的要求大大提高，因此他们比起前辈来必须拥有更多的知识与技能，"一技之长"已成为普遍的要求，每个劳动者拥有自己的"专业""专长"，像螺丝钉一样成为机器流水线上一个必不可少的组成部分。这种生产方式最为典型和普遍的便是以美国福特公司为代表的福特模式，即建立在流水线分工基础上的劳动组织方式和大批量生产方式。在这种生产方式下，脑力劳动和体力劳动明确分工，而工人只需要完成简单动作；采用流水线作业方式，利用泰罗制将流水线细微分工，人成为机器的一个部分；岗位技能、工作规范都是标准化的。① 依工业社会需要而发展起来的高等职业教育也打上了

---

① 查吉德：《高职人才培养目标定位的新思考》，载《中国职业技术教育》2011 年第 18 期，第 12－19 页。

工业社会的深深烙印，秉承了工业生产的程式化、单一化、规模化和批量化的特点，标准化、专门化、大规模也成为高等职业教育在工业化时期的典型特征。

3. 紧密服务于工业社会发展需要

高等教育将适应工业革命的需要作为改革与发展的方向，主要任务是建立包含自然科学与技术教育在内的教育体系，改善高等教育与社会发展的联系。首先，由于经济、文化和社会生活各方面都有爆炸式的发展，形成了无数需要传授给下一代的知识和技能，教育内容与生产生活的关系更加直接了。其次，由于生产活动对于有知识和技能的劳动者的急切需求，由于知识被系统化和程式化，再加上人口的大量增加，教育方法和教育模式也有了很大发展。农业文明时代师傅带徒弟式的和私塾式的教育方式，现在被大规模的学校式教育所代替。

三、 多元合作模式——现代高职教育的繁盛

"二战"以来，世界正在发生着一些根本性的变化，计算机、通信技术的发展与广泛应用正改变着社会生产方式、生活方式和学习方式，这是一个新时代的标志。虽然工业革命后机器大工业生产并未消减，而是得到延续和强化，但新的时代以其强烈的特征和革命性的进步而展露峥嵘。足以概括这一时代特征的莫过于"后工业社会"或信息社会，它逐渐成为这个时代的符号，被人们用来与前一个时代——工业社会相区分。丹尼尔·贝尔在《后工业社会的来临——对社会预测的一项探索》一书中写道："广泛地说，如果工业社会以机器技术为基础，后工业社会是由知识技术形成的，如果资本与劳动是工业社会的主要结构特征，那么信息和知识则是后工业社会的主要结构特征。"[①] 丹尼尔·贝尔提出"后工业社会"的五

---

① [美] 丹尼尔·贝尔：《后工业社会的来临——对社会预测的一项探索》，高铦、王宏周、魏章玲译，新华出版社1997年版，第8—9页。

大基本内容是：①在经济上，由制造业经济转向服务性经济；②在职业上，专业与科技人员取代企业主而居于社会的主导地位；③在中轴原理上，理论知识居于中心，是社会革新和制定政策的源泉；④在未来方向上，技术发展是有计划、有节制的，重视技术鉴定；⑤在制定决策上，依靠新的"智能技术"。① 在此背景下高等职业教育走向了新的发展阶段。

（一）信息社会背景考察

1. 社会生产方式的改变

如果把 19 世纪看成是从农业经济向工业经济转变的话，那么"二战"后掀起的以核能、信息技术为特征的高科技革命，则是人类社会发展的另一个崭新阶段。大量高科技产品在战后纷纷转向经济领域，如有线和卫星电视、电脑间的通信系统、个人电脑（PCs）、新的办公室技术等，新科技的出现被视为信息社会到来的信号。阿尔文·托夫勒（Alvin Toffler, 1980）将这一新时代的来临比喻为"第三次浪潮"，这三次浪潮分别是农业革命、工业革命、信息革命，世界已完全被三次科技革命浪潮所塑造，它在席卷我们的同时，也预示着一种新的生活方式的来临。（表 2-1）

表 2-1 不同社会发展阶段的生产模式要素及其比重②

社会阶段	生产（经济）模式	百分比
渔猎社会（原始社会）	野生动植物资源—劳动力—知识与技能	70:27:3
农业社会	土地资源—劳动力—知识与技术	50:40:10
工业社会	资源（生产资料）—资金—劳动力—科技	20:40:10:30
信息社会-知识经济	资源（生产资料）—资金—劳动力—科技资源	5:22:3:70

---

① ［美］丹尼尔·贝尔：《后工业社会的来临——对社会预测的一项探索》，高铦、王宏周、魏章玲译，新华出版社 1997 年版，第 2 页。

② 承继成、林军、杨汝万：《面向信息社会的区域可持续发展导论》，商务印书馆 2001 年版，第 60 页。

"二战"后,世界进入新的科技革命时期,工业化运动从少数国家转向多数国家,成为一种国际社会发展态势,多数西方国家开始从"工业社会"向"信息社会"转型。高科技信息技术的产生与应用使传统的工业生产发生了本质变革,传统行业日见衰微,新兴科技行业纷纷建立起来,从而使许多旧的职业消失,新的职业不断产生。世界正在走向一个后现代时代,"后工业社会、信息社会、技术时代、虚拟世界"之类的词语描述的就是这种变化。职业领域发生了量和质的变化,更多复杂的职业代替了少量的简单职业,职业类型增多、技术含量大,对高级技术人才提出了新的要求。社会不仅需要培养大批掌握先进技术的高级科技人才,而且需要训练大批具有一定文化素质和生产技能的劳动力。据联合国国际劳工组织的统计,1960—1978 年,在美国、日本的劳动者构成中,脑力劳动者的比例分别从 40.1% 增至 47.8%、从 28.2% 增至 41.9%;从事农业的人口大幅度减少,1920 年美国的农民占全国人口的 30%,1979 年下降至 3%,战后初期法国、意大利、日本等国的农民占全国人口的比例为 25%～47%,而 1975 年降至 10%～14%。① 伴随着工业化、城镇化进程的不仅仅是工业的发展,还有农业人口向工业人口的转移,在这样的背景下,各国的高等教育规模迅速扩展,尤其是为就业提供相关职业训练的高等职业教育扩张得尤为迅速。

2. 高等教育大众化和类型多样化

"二战"后,西方发达工业国家高等教育正由精英阶段进入大众化阶段,甚至普及阶段。② 约翰·布拉特(John Pratt)称这种现象为"时代的扩张"(the age of expansion),许多工业化国家先后步入高等教育大众化阶段。在大众化过程中,传统大学型教育机构规模扩张的容量是有限的,各种非传统型的、非大学型短期高等教育机构就承担了高等教育大众化的角色,并成为各国实现高等教育大众化的主要途径。各国新建的高职院校

---

① 齐世荣:《人类文明的演进》,中国青年出版社 2001 年版,第 187 页。
② Martin Trow. Problems in the transition from elite to mass higher education [C]. Paper prepared for a conference on mass higher education held by the Organization for Economic Cooperation and Development,1975.

有：20世纪60年代中期，澳大利亚联邦政府新建了高等教育学院；日本的短期大学和高等专门学校都在这一时期建立；英国建立了"地方学院""区域学院""地区学院"和"高级工程技术学院"等承担职业教育功能；美国以培养科技人才为目标的技术学院和社区学院得到了较大发展；德国的专科学校和高等专科学校也在战后建立起来。① 在此过程中，高等职业教育既是高等教育大众化的产物，同时又在高等教育大众化过程中扮演着重要角色，可以说，发达国家工业化中期高等教育入学率较快地提高和大众化的最终实现，在很大程度上都依靠了短期大学、社区学院等高等职业教育的发展。

20世纪70年代爆发了一场严重的经济危机，失业、失学潮骤然降临，劳动力市场人才需求暴减，教育问题首先受到广泛的批评和责难。曾任国际教育规划研究所所长的库姆斯（Philip H. Coombs）描述道，60年代上半叶，世界教育投资迅猛持续上升，教育迅速成为最大的产业。正是教育的这种超速发展，使产业模式与传统教育之间的对立和不适应加剧，旧教育体制日益显现出自身的不适应性：一方面教育"严重过剩"；另一方面新行业"求才若渴"，不仅发展中国家陷入发展危机，而且发达国家自身在60年代后期也陷入困境之中。传统教育对现代社会经济发展的不适应被认为是各国的普遍问题。正如库姆斯所言，传统教育与现代经济在本质上的对立是造成这一世界危机的关键原因，他认为战后世界范围内的科技、政治、人口及社会结构和国家发展等环境都发生了本质变化，但教育体制却墨守成规，人们还认为这种教育越发展，经济就越能增长，这就造成了严重的不适应和发展的不平衡。② 经济危机这一重大的社会冲突，迫使人们正视战后新科技革命所提出的崭新的发展要求，反思与改革之前的教育，以消除第三次科技革命所形成的生产力发展与传统教育模式的对抗，高等职业教育面临着新时代的要求，在不断地发展完善。

1968年成立的著名的罗马俱乐部的第一部重要报告《增长的极限》揭示了传统社会体制的症结，注重数量增长的发展方式最终将导致人类陷入

---

① 匡瑛：《比较高等职业教育：发展与变革》，上海教育出版社2006年版，第25页。
② 冯增俊：《比较教育学》，江苏教育出版社1996年版，第85－86页。

无可救药的恶性循环，这种论点在 20 世纪 70 年代的经济危机中被无情验证后，在世界范围内引起了人们的注意和反思。教育该如何变革以适应新时代的要求？为寻找变通性教育发展策略，《学会生存》《终身教育导论》《今日的教育为了明日的世界》《学无止境》及《教育规划与社会变革》等一系列研究报告被发表出来。《学会生存》中提出：①人类的生存方式发生了重大变革，发展科技教育成为国家发展的关键；②发展教育不仅是数量的增长，而且是教育本身的发展，即教育目标体系必须从"增长"转向"发展"，教育发展的目标重点从外延的扩展转向外延扩展与内涵提高的统一和综合均衡；③教育必须进行改革，使之从传统的追求功名、读书做官的模式转成为经济发展服务，并使之与经济发展保持适合和均衡，教育的发展必须以推进经济和社会发展为根本目的，教育的发展必须与经济发展要求相一致。

这些都使人们认识到，教育量的增长并不必然促进经济的繁荣，如果读书仅为了一纸文凭，片面发展古典人文宗教学科，严重偏离经济需要和发展水平，则有可能大学越办得多、经济越衰退，甚至出现"大学亡国"的情况。因此必须改革传统教育模式，建立教育与社会经济发展之间的密切联系，冯增俊把现代高等教育发展的趋向概括为"实用型模式"，"从世界高等教育现代化的实践看，高等教育走向实用型模式是一种发展必然，具有不可抗拒的发展力量，但是由于传统力量的大或小，外部力量的强或弱，使高等教育改革的形式和创新的水平有很大的差异"[①]。发展高等职业技术教育正是代表了现代教育走向实用型的发展方向，符合现代教育的发展规律，因此具有强盛的生命力。20 世纪 70 年代的经济危机对普通高等教育来说是一场危机，但对高等职业教育而言，却是另一个"盛世"。为了满足从业人员终身学习的需要，满足职业种类迅速变化所带来的职业教育专业设置不断变化的需要，各国都以对社会经济的适应性为原则建立了充分灵活的职业教育体系。

---

① 冯增俊：《现代高等教育模式论》，广东高等教育出版社 1993 年版，第 60 页。

(二) 高职教育的多元发展

高等职业教育的发展逐渐明朗，在各国所建立的教育体系框架内，多种技术学院、短期大学、社区学院、专科学院、专修学院等中学后教育与培训都构成了高等职业技术教育的主体。它有着与传统大学完全不同的教育模式，也与传统大学进行高深学位教育的目标迥异，因此很难将其称之为"大学"，对这些难以称得上大学的多科技术学院等高等职业技术教育机构，英国称之为"非大学"。正是这些"非大学"调解了"精英型高等教育"和"大众型高等教育"之间的矛盾，为高等教育普及和培养更多社会需要的人才创造了途径。以传授实用技术的高等职业技术教育，虽然得到了一定的发展，但仍然被斥为低等教育，难以得到与普通高等教育的同等地位和价值认同，这种状况直到20世纪70年代的经济危机才得以扭转。虽然以现代人的眼光来看，当时的高职，并没有达到高等的水平，而仅仅是比中等职业教育稍高一些的中学后教育，但随着这类教育机构的发展壮大，它在内涵和质量上不断提升，也更好地找到了在高等教育系统中的定位。

这一阶段国际高等职业技术教育在教育形式上建立起以正规教育为主、非正规教育为辅，全日制教育与部分时间制、函授制及自学考证制相结合的体系；在教育层次上，建立起短期高等职业培训、二年制、三年制、四年制的专本科及专业硕士的多层次、多规格的培养体系；在教育类型上，建立起长期高等专业院校和短期高等专业院校，以及专题培训相结合，并涵盖所有职业门类和学科专业门类的体系。① 这种多元化的职业教育发展模式，有力地响应了经济的多样化发展。

战后日本采取了一系列的措施加强理工与技术教育，一方面，发展"五年一贯制"的高等专门学校；另一方面，发展二年制短期大学，并与企业开展了多种形式的"产学合作教育"，为产业部门培养了大批的高级科技人才和中低级的技术员。各种专修学校在数量上是日本高等职业教育

---

① 姜惠：《当代国际高等职业技术教育概论学》，兰州大学出版社2002年版，第27－28页。

的主体，1960—1970 年的 10 年间，日本短期大学学生数增长了 215%，高等专科学校学生数在 1962—1970 年间增长了 1 213%。① 战后至 20 世纪 60 年代是日本高等教育向大众教育阶段进军的大发展时期，1970 年高等教育毛入学率达 15.8%，一举跨入了大众高等教育阶段，而日本高等教育大众化的实现，也主要是依靠发展大众型的短期大学和高等专科学校教育。

美国从 1950—1971 年，高等教育入学率从 14.3% 迅速提高到 35.3%，其中集大学基础教育、社区文教服务及成人教育等多种功能于一身的综合性短期高等教育机构——社区学院起到了主要的作用。为解决 1 300 万退伍军人的就业问题，美国国会于 1944 年先后通过了《退役军人重新适应法》(Serviceman's Readjustment Act) 和《退伍军人就业法》，为退伍军人提供教育机会并给予学费和生活费补贴。美国的社区学院正是在这一契机下发展壮大的，大批退伍军人进入社区学院学习职业课程，社区学院的规模急剧扩张。据统计，1955 年、1965 年、1975 年社区学院的学生数依次为 29.6 万、84.1 万、397 万，分别占大学生的总数的 11%、15%、35%。② 同时，美国将近 300 所大学包括著名大学都增设了技术学院，且社区学院也扩展到了 200 多所，其规模大的在校生达几千至上万人。③

战后英国政府发表《技术教育》白皮书，呼吁发展各级技术教育的同时，强调要发展高等职业技术教育，并由此设立了四种类型的学院共同构成职业技术学院系统，分别为地方学院（Local College）、地区学院（Area College）、大区学院（Regional College）和高级技术学院（College of Advanced Technology）。20 世纪 60 年代中期，承担高等职业技术教育的四类学院分别发展为 350 所、165 所、25 所和 28 所。之后英国重点发展了高等职业技术教育，兴建了多所多科技术大学。不论是高等教育"一元制"的支持者还是"二元制"的推动者，虽然在对待大学和非大学，也即传统大学和多科技术学院的关系上存在争执，但都把发展高等职业技术教育作为高等教育大扩张的重要方面，其所关注的问题也是共同的，即如何以最佳的方式发展高等职业技术教育。

---

① 梁忠义：《战后日本教育与经济发展》，人民教育出版社 1981 年版，第 33 页。
② 王英杰：《美国高等教育的发展与改革》，人民教育出版社 1993 年版，第 51 页。
③ 匡瑛：《比较高等职业教育：发展与变革》，上海教育出版社 2006 年版，第 38 页。

（三）多元合作高职教育模式特征

作为在工业大生产中应运而生的高等职业教育，为适应信息社会的要求，形成了这个时期独有的发展模式与特征。

1. 生产、教学、应用性研发形成更高水平的结合

第三次科技革命运动使传统的工业生产发生了本质性变革，使生产从机械操纵形态转向高科技信息工业时代，并使生产与科技在新的水平上以新的形式再次结合起来。在科学、技术、生产三者的关系上，前两次科技革命表现为生产—技术—科学，许多新机器的发明、科学技术的发现来自于工业生产过程中，工业生产是技术与科学的源头，科学在象牙塔中"自我欣赏"而绝少参与应用与生产；而这次科技革命则表现为科学—技术—生产，科学技术进步推动工业生产的变革与发展，成为工业发展的基础和原动力。这是现代高技术和高智能的生产对科学技术应用的要求。这个顺序的变化对高等职业教育发展意义重大。高职教育从以企业岗位培训、工人文化学习为主要内容的低层次就业教育走向以现代科学技术为基础、面向现代生产需要的真正的高等职业技术教育，教育模式也从原来的以工业生产为组织原型的工厂学校模式走向综合化多元合作模式。从科学到生产的转化，需要将科学原理应用于实践从而转化为工程、产品等直接的物质形态的人才，高等职业教育正是承担着对这类高等技术应用性专门人才的培养的任务。

2. 高职教育与产业界的密切合作

经济危机让人们对教育与经济发展关系的认识的深入，促使世界各国从更高层面来着力于加强职业教育对社会经济发展的适应性。美国1994年的《学校—工作多途径法案》则是在20世纪80年代以来美国经济日益受到日本、德国及其他欧洲国家的挑战，而美国的学校却未能令人满意地培养出合格人才的背景下出台的，法案要求美国教育与就业市场之间形成紧密的联系，为高中学生和高中后学生提供良好的就业训练。《1976年职业

教育修正案》《国家在危机中：教育改革势在必行》中也提到类似的要求，企业与学校的长久合作为学生提供工作场所的学习成为人们关注的焦点。

联合国教科文组织在1999年就提出，劳工界和教育界之间的新型合作伙伴关系，还有助于对全面能力和职业道德的培养，有助于技术与企业技能的提高，有助于传授作为负责公民的人生价值观与标准。[①] 因此必须在劳工界和教育界之间建立新型伙伴关系，以便在教育部门与工业界之间和各种经济部门之间建立相互协调的机制。职业教育只有与企业密切合作，让企业更多地参与，才能具有充分的灵活性，及时培养出企业所需的劳动力。其他国家也将加强高职教育与经济发展之间的联系作为重点。自20世纪80年代以来，英国1986年底颁布的《面向90年代的就业》的白皮书中就明确提出要在中央一级的国家职教管理机构中让工商企业界领袖占到2/3的比例；日本发布了《关于短期大学教育的改善》和《关于高等专门学校教育的改善》的法案，旨在将高职与产业联系起来，以提升教育质量和对本国经济的适应性；澳大利亚则实施了《培训保障法》《柯尔比报告》；德国提出了《高等教育区域化发展计划》，均关注建立企业与学校的联系。

3. 职业教育与普通教育逐渐融合

工业化时代所塑造的"现代教育"是在批判"传统教育"基础上形成的，它反对教育脱离社会生活和实际需要，建立了标准化、统一化、正规化的学校制度，适应了工业社会的需要。而在后工业时代，"后现代教育"则重视个人的选择和参与，表现为"多元化、零碎化、不确定性"，崇尚创造性、差异性、建构性的教育，强调教育的开放性和交互性。在后工业社会背景下，高职教育发展历程表现出了一种"钟摆"现象，不断受到科学主义和人文主义思潮的夹击，政府、市场和社会对教育的改革与发展提出了不同要求，这正是后现代背景下高职教育突出"发展性"和追求"创新性"的根本体现，也是政府和市场双重力量博弈的产物。

---

① 戴荣光：《联合国教科文组织关于职业教育与培训的第二届国际大会的建议》，载《教育与职业》2000年第9期。

4. 职业教育层次逐渐上移

一贯以悲观论点著名的学术机构罗马俱乐部一改前辙，于 20 世纪 70 年代末发布了《学无止境》的研究报告，认为只要转变人类的教育模式，使之从目前的维持性学习转向创新性学习，那么，人类就可以战胜恶性循环的魔鬼，恢复青春和活力。20 世纪 60 年代提出的终身教育思想已成为近年来世界各国教育发展的重要趋势之一。1999 年 4 月第二届国际职业技术教育大会在韩国召开，会议的主题就是"终身学习与培训：通向未来的桥梁"，改进终身教育与培训系统，制定灵活的、多元化的终身职业教育的政策成为大会重要议题。学校不再是获取知识的唯一场所，职前学习已不能满足职业变换的需要，终身学习成为大众普遍接受的理念。

"二战"后，特别是 70 年代以来随着科学技术和世界经济的迅猛发展，世界高等职业教育发展普遍出现了这样一个趋势，即传统的初等、中等职业教育高移，产生并迅速发展起大专以至本科、研究生层次的高等职业技术教育。这一趋势也改变了传统的高等教育，逐渐冲破了单一的学科性教育的模式，越来越多地面向各行各业的职业需要，培养高级的职业技术人才。职业教育高移化、高等教育职业化已成为当代国外高等教育改革的一个重要动向。社会职业结构的变动是推动高等职业教育发展的根本原因。"二战"后，发达国家产业不断升级，经济持续增长，生产工艺日益复杂，原来高等职业教育仅仅面向某一岗位或某一种技术培养人才，已难以适应技术密集部门和复杂工艺的需要。据德国不来梅大学技术和教育研究所的调查，"1936 年汽车维修职业的工作程序说明书只有 60 页，而到 2000 年达到了 20 万页"①，这种变化意味着工作复杂程度大幅提高，对技术人员的专业知识和能力相应提出了更高的要求。因此，从 20 世纪 90 年代开始，为主动适应产业技术不断创新和经济社会发展转型升级的重要趋势，许多国家的高等职业教育层次不断上移，高等职业教育体系建设不断完善。

以上是从高等职业教育自身的历史形态演变所作出的概况描述，必须

---

① 李均、赵鹭：《发达国家本科层次高等职业教育研究——以美、德、日三国为例》，载《高等教育研究》2009 年第 7 期，第 89—95 页。

明确两点：第一，由于各国经济社会发展阶段的不同，高等职业教育在各国处于不同的发展阶段。如在已完成工业化进程的西方发达国家，后工业化特征明显，高职教育发展就更具备后工业化阶段的多元合作特征；而在发展中国家，如仍处于工业化进程中的中国、印度等国家，高等职业教育发展水平及其特征则更贴近于工业社会的工厂学校模式。第二，不同历史阶段高职教育的模式演变是渐进性的，而非代替性的，这些新的发展特征增厚了整个教育的结构。

四、高职教育发展模式演进规律

职业技术教育作为人类社会生存、延续和发展的手段，作为物质生活资料的再生产和人类自身再生产的手段，存在于人类历史的任何时期。但同时，职业技术教育又是一个历史的范畴，在人类历史发展的不同阶段上，教育的目的、内容、形式以及方法等又是不断变化着的，从而使一个历史时期的教育区别于另一个历史时期的教育，生产力的发展水平是决定这种变化的主要因素。埃德蒙·金强调："教育结构的形成有两大原因，一是社会历史与文化基础，即外部原因，主要表现为社会生产力发展所带来的社会分工和社会分化，以及由此带来的社会结构的变化；二是结构自身的逻辑基础，即内部原因，表现为教育活动的各种内在矛盾和复杂关系的运动、变化和发展的合乎逻辑的过程。"[①] 高等职业教育在产生并确认身份之后，在各国经历了不同的实践进程，形成了迥异的模式与体系，我们必须思考是什么样的发展机制决定了高等职业教育的发展方向和路径，又是什么逻辑导致了各国高等职业教育发展形态的不同。

（一）以服务社会为中心：高职教育与人类社会互进发展

高职教育服务社会的教育模式随着技术因素的不断进步而不断转变发

---

① ［英］埃德蒙·金：《别国的学校和我们的学校——今日比较教育》，王承绪等译，人民教育出版社2001年版，第156页。

展模式。职业教育受制于同时也敏感地反映着社会生产力的发展与生产方式的变化，职业教育领域的每一次变革，最根本的驱动因素都在于满足和服务人类社会生活与生产方式的变化。从世界现代化的宏观视野，人类社会经历了农业社会、工业社会和信息社会三个显著进程，高等职业教育服务社会的方式也经历了从农业时代教育向工业时代教育，以及从工业时代教育向知识信息时代教育发展的两大历史性转变。

1. 前工业社会（农业社会）与学徒制模式

在人类发展的早期阶段，通过口耳相传、共同劳动的方式传授获取食物的生存技能，这就是教育的原始形态。随着人类知识的增加，正规学校教育随之出现，但却被统治阶级所垄断，成为进入上层社会的凭证，传授生产知识的教育还是沿袭口耳相传、师徒相因的原始方式进行。几千年来，职业技术教育被视为雕虫小技，难登以传授古经典籍为任务的正规教育的大雅之堂，被排斥于正规教育之外。学徒制是职业技术教育的原始形态。在生产技术落后的漫长的农业社会，无论是农业生产技术还是手工生产技术，都只是一种经验技术，这种经验技术传承的最佳方式也只能是在实际工作过程中通过演示和操作来传授，通过观摩和反复的练习才能够被熟练掌握。正是适应于这一社会需要，学徒制以职业实践为中心组织教育内容，在完整、自然的工作过程中进行学习，生产、生活、学习紧密结合，从这一角度来说，学徒制是适应于前工业社会的职业教育模式。

2. 工业社会与"工厂－学校"模式

工业革命在英国、法国等西方国家先后发生，大工业生产迫切需要对生产者进行系统的技术训练，适应小农经济和传统宗法社会的旧教育已不能适应，口耳相传的原始职业教育形态学徒制已不能满足社会需要，而在正规学校中开设科技科目，职业技术教育进入正规学校系统成为趋势。教育上的传统势力与新的需要之间产生了激烈的对抗，职业技术教育进入正规学校系统遭到了根深蒂固的封建教育与教育传统的排斥。但现代化运动的根本目的或发展规律就在于，推动教育从贵族的学术堡垒中走出，走向与生产劳动相结合，为经济发展服务，为社会服务。职业技术教育与工业生产结合紧密,能培养出生产所需要的各种人才,有利于人类生产发展,因此在与传统教育的抗争中逐渐得到了认可和发展。高等职业教育以其对人力资本的贡献成为国家发展的战略重点,学校职业教育蓬勃发展。高等职业教育发展模式在学徒制模式的基础上进一步发展,被打上了工业化时代的烙印:职业教育进入学校,但遭遇传统教育的抵触,以另一种体系与传统教育并行;反对教育脱离社会生活和实际需要,建立了标准化、统一化、正规化的学校制度;人文与科学的分离导致高职教育的工具性价值得到增强,重视技能培养而忽视人的发展;与企业合作,培养技术技能人才,强调标准与统一,适应了工业社会的需要。

3. 后工业社会(信息社会)与多元合作模式

信息科技革命使多数西方国家开始从"工业社会"向"信息社会"转型,高等职业教育不断受到科学主义和人文主义思潮的夹击,政府、市场和社会对教育的改革与发展提出了不同要求。高职教育从以企业岗位培训、工人文化学习为主要内容的低层次就业教育走向以现代科学技术为基础、面向现代生产需要的高等职业技术教育,生产、教学、应用性研发形成更高水平的结合,教育模式也从原来的以工业生产为组织原型的工厂学校模式走向综合化多元合作模式。

4. 服务社会是高职教育发展模式演进的根本动力

自文艺复兴、宗教改革特别是工业革命后,生产性质发生了质变,大生产对掌握生产技能的生产者和高级专门人才的需求与日俱增,高等教育应社会发展之要求逐渐走出学术堡垒,走向为社会经济发展服务的方向。冯增俊在《现代高等教育模式论》中认为,现代高等教育的一次次改革和发展,都是不断从封建的学术堡垒中一步步地走向与生产的结合,不断地从作为统治阶级的斗争工具转成为社会经济发展服务,把促进经济发展和人类进步作为现代高等教育发展和改革的根本任务。[①] 现代高等教育实际上都在趋向科学技术与生产结合成为现代化的推动力,以科学技术为基础

---

① 冯增俊:《现代高等教育模式论》,广东高等教育出版社1993年版,第8页。

的大工业生产要求提高工业的科技水平和培养大量的高水平的科学家和技术工人乃至推进社会文明的整体进步，这就需要发展教育。从这个意义上而言，现代教育是社会发展到一定的阶段时对教育提出的要求，教育与工业化、信息化之间具有互动关系，这一本质特征也规定了教育现代化的本质特性是以服务社会发展、适应经济发展阶段并推进经济发展为使命，教育发展如果离开这个使命，就必然会带来行动上的偏差而导致灾难性的后果。"二战"后，世界上也有许多国家，特别是新独立的国家学习发达国家的经验，把有限的资源全部投到教育上去，但并未产生预期的效果，还出现了严重的社会问题，其根本原因就在于未能改革传统教育模式和推进现代教育转型，所发展的教育还是传统人文学术教育，而非注重社会功效的实用型教育。然而反观德国等国家之崛起，坚持与经济发展和社会发展相结合，不但建立了科研型的大学，还建立了庞大的工业教育和职业教育网，系统实现了教育与社会经济的互进发展关系，成为世界强国。

（二）传统与变迁：高职教育与社会文化适应发展

教育是一个民族的自我定义，因此总是带着民族文化的烙印。正如中国教育学家顾明远先生所言，每个民族的教育特质"不能简单地肯定或否定，它适合于该国或该民族的政治、经济、科技、制度和发展水平，适合于他们的文化传统，但不一定适合于别的国家或别的民族"[①]。文化传统一旦形成就成为一种相对独立和稳定的封闭系统，正是这种强大的文化历史惯性决定了哪一种模式可以在特定的文化中生存和发展，同时对高职教育改革发展产生促进或阻碍作用。教育体系是每个民族的民族意识、文化与传统的最高表现，既然各个国家之间具有不同的语言、地理、文化和社会，那么世界教育的多样化是必然的。从这个意义上来说，一个国家的教育如果完全照搬其他国家的模式和方法，不充分考虑自己的民族文化传统，必然会使民族文化的发展和高等教育都受到损失。

文化传统对职业教育有很大的影响力，文化传统沉淀在人们心底深处

---

① 顾明远：《中国教育的文化基础》，山西教育出版社2004年版，第32页。

深刻地影响着人们对教育的理解和道路选择。英国的职业教育相对落后，与英国社会所具有的久远而浓烈的绅士教育传统有直接的关系，战后英国选择建立多科技术学院、实现大学与非大学并驾齐驱的"二元制"模式，在传统学术价值观主导下的英国，建立多科技术学院的目的是想建立一种与大学平起平坐的高等教育机构，以弥补大学在职业教育方面的不足，从而实现高等教育"大众化"的目标，但深层次探究，这实质上是对英国传统高等教育体制的一种妥协！正是由于受绅士文化、经验主义和折中调和思维方式的影响，英国高职教育走了一条改良多于改革的曲折道路。而德国职业教育的发达则与其重视职业教育的文化传统关系密切，在崇尚职业主义、注重实际运用的文化背景下，德国人选择了双元制这一紧密联系产业界的方式完成高职教育。① 德国职业教育模式有着广泛的大众文化基础，可以说德国职业模式的形成是基于一种历史传统和一些理所当然的做法。美国的"实用主义"和"平等、自由"的文化传统造就了普适性、开放性和多元化的高职教育。澳大利亚的英国文化传统、多元文化的包容性和"留精去糟"的实用主义为其TAFE高职模式的成功奠定了重要基础。

综合以上研究，高等职业教育在各国实践形态的不同，是基于高职教育服务社会的本性要求它按照本国的实际需要、具体国情和民族文化来组织教育。高等职业教育在各个国家有着不同的发展历程，每个国家都在寻找一种反映职业技术教育与经济发展相适应的最佳模式，既充分体现教育与现代经济发展的内在联系性，又能表达出与具体民族实践的完美结合。探索"最佳教育制度"是当代各国高等职业技术教育的终极目标，为此各国都结合本国经济进行着高等职业技术教育的实践，高职教育的发展更多地体现了本民族文化的特色，逐渐形成了各国家不同的高等职业技术教育模式。

（三）对峙与融合：高职教育与人文教育的消长

不论在西方还是东方，教育历史亦体现出惊人的一致：学校一经出现

---

① 匡瑛、石伟平：《论社会文化传统对世界各国高职模式选择的影响》，载《教育与职业》2006年第33期。

便成为统治阶级的工具和培养统治者和官吏的场所,重视古典人文教育,视技术、技艺为雕虫小技,技术、技艺流落于民间,只能通过最原始的教育方式——学徒制得以延续。从这个角度而言,学徒制成为人类农业手工业时代职业教育的历史选择,不仅仅由于社会经济与生产方式使然,另一个关键因素还在于学校的出现与异化,古典人文教育对技艺、技术的排斥。工业革命推动科学技术的发展,科学技术教育在古典人文教育的对抗与排斥下得到发展、兴盛,进而将不那么具有学术性的职业教育分离出来,使高等教育中形成技艺、科学与人文等层次和类型院校的对立,加剧了职业教育与大学教育的割裂。但面对信息社会对人的素质提出了新的需要,人文、科学、技术在教育中逐渐走向融合。

  原始教育是一种低水平的生存性技艺教育,生存与技艺协调,与人类生存实践紧密结合,为人的生存发展服务。但随着人类生产力的发展,劳动剩余产品的出现促使了社会分工、私有制和阶级的产生,教育活动成为社会分工的产物获得了独立发展,并产生了一种新的教育形式——学校之后,为什么职业教育却反而走向民间,而未能获得相应的发展呢?在人类教育史中,学校作为一种新的教育形式出现是里程碑式的重大创新,它以更专业化的分工、更高效的形式成为传授人类知识文化的专门场所。创办学校本意是要更好地传授生产技术服务社会,但这一高水平教育一出现就被占有资源的少数统治阶级所垄断,发展以古典人文为内容、学术性为特征、培养统治术(做官)为目的的传统封建教育。[1] 如此,学校教育便未能延续这种与人类生产生活密切相关的、传授生存技艺技术的职业教育,反而走向了与生产劳动相背离的道路。原本应当传授生产技术以加速社会发展的学校背离了为生产服务的轨道而出现了异化,人类社会生产仍沿袭原始教育时代的落后方式,技艺技术教育也未能进入学校教育的殿堂,从而旁落民间,仍以父子相传、师傅带徒弟的最古老的方式进行。

  工业革命从本质上改变了生产力与生产的关系,机器大生产需要受过技术教育的生产者,由此产生了以科学技术为内容、应用性为特征、培养

---

[1] 冯增俊:《中国高等职业技术教育发展模式探析》,载《华东师范大学学报(教育科学版)》2006年第12期。

生产技能和生产者为目的的现代教育。班级授课制的出现，科学技术的发展，使得高等职业教育进入学校教育系统，在与传统古典人文教育的对抗中，逐渐与普通教育、学术教育走向分离。大生产使科技进入学校，但受到了古典人文教育的激烈对抗，尤其是遭到了大学的强烈抵触，于是便以另一种教育——职业技术教育的方式来满足工业化的要求。在此背景下，兴建新型学校成为最具现实性的选择，成为高等职业教育发展初期的主要形式。不论是在工业化进程中的西方国家，还是在清朝末期的中国，这一时期兴建了大批的以传授现代生产技术为目标的大学和学院，如德国兴办的多科技术学院、高等工业学校等并形成了工业教育网，英国兴建的帝国理工学院、位于工业中心区的城市学院或大学学院，法国兴建的土木学校、军官学校、卫生学校、师范学校、工艺学院等一批"中央学校"，美国新建的大批"赠地学院"，中国清朝末期模仿移植西方创办的农业学堂、工业学堂、商业学堂、商船学堂等大批实业学堂。大批高职院校的新建一方面反映了这一时期崇尚科学技术的价值取向，另一方面也印证了职业技术教育与古典人文教育的对抗与紧张关系。新建学校以传授科学技术为目标，而原有的许多大学和大部分的中学仍以学术教育为主，两种教育同时并存，虽有互补却斗争激烈。在工业化发展进程中，各国纷纷兴建传播职业技术的学校，开辟和改革劳动者子女教育的轨道，但同时也受制于传统力量保留了贵族在教育上的垄断权，从而形成了"双轨制"教育模式，即普通教育与职业教育形成并行的两轨。双轨制所体现的正是职业技术教育与古典人文教育的对抗，高等职业技术教育就在传统人文与现代科学的夹缝中生长。

在工业化的推动下，特别是随着高科技发展对社会和对人的发展提出新要求以及市场的关键性推动，两种教育在冲突与融合中走向不同的发展路向。冯增俊的研究揭示了古典人文教育与科技教育发展进程的两种教育发展路向[①]：古典人文教育经历了从人文与技术结合的原始形态—阶级社会后分离为人文独统和人文主义—工业革命后人文中逐渐融入科学、技术—

---

① 冯增俊：《中国高等职业技术教育发展模式探析》，载《华东师范大学学报（教育科学版）》2006 年第 12 期。

高科技发展下人文与科技融合建立起服务社会和生产的学术体系，而科技教育的发展也经历了从文艺复兴运动后科技发展由小至强——科技与人文对抗中受到人文主义压制——工业革命后反击人文并膨胀为科学主义——高科技发展下科学融入人文——信息社会形成应用型学术体系和新的人文学术体系。这两种教育的关系在历史演进中历经了融合——分离——融合，并在信息社会对人提出了新的要求的背景下，走向科学教育体系与人文教育体系逐渐融合的道路。

高等职业教育的产生正是在人文与科学的对立下，当科学在取得优势并膨胀为科学主义之后，便把高职教育作为技艺性教育从科学教育中分离出来，使高等教育中形成技艺、科学与人文等层次和类型院校的对立，加剧了职业教育与大学教育的割裂。但这一割裂的过程也是人们重新认识高等教育的过程，坚持服务社会经济、传授现代生产技术的高等职业教育的兴办使人们认识到教育对于人类生产发展的作用，改变了长期的封建社会教育与社会生产相脱离的传统，在坚固的传统教育体系中开辟了现代化道路，使现代教育在这一时期得以成长并初具雏形，建立起适应工业化需要的教育体系。在工业化推动下，不论是传统人文教育还是高等职业教育都必须开始正视社会需要，在人文与科学的对立、对抗中逐步走向融合。

从上述对高职教育与社会经济互进发展的历史进程的考察中，我们可以得到如下启示：职业技术教育不是另类教育，而是在传统教育不适应现代生产发展的困境中生长起来的新的重要教育形式，是现代社会发展所必需的教育类型。因此，职业技术教育应当明确自身的历史重任，不仅在于满足社会生产发展的要求，而且也要担负起改造传统教育的历史使命。顾明远认为，"普通教育职业化，职业教育普通化"是战后教育结构改革的一种新趋势，普通教育与职业技术教育出现了融合的发展趋势。因此，职业技术学校不能局限于狭窄的职业训练，应该放眼于科学技术发展，重视普通文化科学知识的教育，使其学生在就业以后的必要时刻能继续学习。[①] 在这种融合的态势下，古典人文学术教育不断改造自身、吸收科学、走向

---

① 顾明远、薛理银：《比较教育导论——教育与国家发展》，人民教育出版社 1998 年版，第 259–260 页。

应用、服务社会，获得了更高水平的新生；职业技术教育在科技水平日益提高的现状下要吸收人文教育内容，走向高层次的有学术性的应用，以更强有力的方式服务生产。

（四）汇聚与分化：高职教育发展的路径与源流

高等职业技术教育是人类社会工业化催生的新的教育类型，作为一个概念，它所指代的是职业技术教育的较高层次，那么在教育发展实践中，它又是如何汇聚并显现出来的呢，它产生与发展的源流究竟是什么？英国教育家阿什比说："任何类型的大学都是遗传与环境的产物。"作为初生之物的高等职业技术教育，也必然是由多种教育力量的汇聚，由各种学校分化而来，同时现有的高职院校也在后来的发展历程中不断地分化与变异。从世界范围看，高职教育的发展往往沿着两条途径进行，一是职业教育层次的高移化，二是高等教育专业设置的职业化或技术化。

1. 职业教育层次高移

为适应经济社会的需要，世界职业教育除了规模不断加速扩充之外，办学层次不断向上"高移"也是非常重要的共同发展趋势。正如《理想国》中柏拉图所说"一旦车轮启动，速度总是不断增加"，近代职业教育的"车轮"启动以来，发展速度就一直在提高，办学层次不断加速"高移"。据学界粗略估计，职业教育办学层次从初等到中等历经数百年，从中等层次到高等专科层次历经百余年，从专科层次上移到本科层次仅几十年，而硕士、博士层次的高职类教育几乎接踵而至。[①] 每次办学层次的高移都是职业教育对经济社会发展的主动适应，都是职业教育的跨越和革命。

产业界技术结构和社会职业结构的变化是推动高等职业教育发展的根本原因。18 世纪后半叶到 19 世纪中叶，欧美各主要资本主义国家相继发

---

① 黄少平、刘金玉、冯孟等：《试论高等职业教育体系的发展趋势》，载《高等教育研究》2012 年第 4 期，第 82 – 86 页。

生并完成了工业革命，工场手工业变为大机器生产，各门自然科学都有了巨大的进步并且被广泛地应用于工业生产。到 19 世纪末和 20 世纪初，资本主义国家中又出现了以电力和内燃机为主体的科学技术革命，生产力和科学技术都推进到了一个新的高度。在此期间，伴随经济与社会的发展和社会分工的变化，一方面传统的高等教育从单纯培养学术型、研究型人才的科学教育中，分化出了一个以培养各门类工程师为目标的工程教育。在教育的形式上前者主要是传统的综合性大学教育，而后者则在一些以工程教育为主的"新大学"中进行。在教育内容上前者一般是"通才"式的教育，而后者则是"专才"教育。① 另一方面，职业教育仅仅停留在技艺性的初等教育层次上已经不够了，因此也向上延伸，出现了一些以培养各行业技术员或技工为目标的中等职业技术教育。大体上，至 20 世纪 40 年代，资本主义世界的高等教育和职业技术教育结构变化完成了这两个过程。

"二战"后，伴随着发达国家的经济增长、产业升级和生产工艺的日益复杂，其对高级专门职业人才的要求也不断提高，原来仅仅面向单一岗位或技术的高等职业教育，已难以适应技术密集部门和复杂工艺的需要。新技术革命的兴起促使社会职业技术岗位也出现以下变动趋势：①高新技术的广泛应用，产生了许多与高新技术直接相关的职业岗位；②第三产业的蓬勃发展，产生了一系列新的服务性的职业岗位；③原有的职业岗位，在技术水平上产生了既有分化又有复合的现象。职业岗位在技术水平上的日趋复杂与高深，促进了职业岗位教育层次的高延。而不论是由于高新技术发展所产生的岗位，或是由于第三产业兴起而增加的岗位，他们的技术含量和智能水平都比较高，这已不是中等职业技术教育所能培养的。② 在技术进步和社会发展对人才需求的推动下，职业技术教育开始出现由中等层次向高等层次高移的趋势，以培养技术师、高级技术员和管理服务人员为己任的高等职业技术教育随之产生并在 20 世纪 60 年代得以迅速发展。从各国实践进程可见，20 世纪下半叶以来，西方各国的职业教育办学层次不断上移趋势明显，即从以中等职业教育结构为主逐渐走向高等职业教

---

① 顾延蕃：《职业教育高移化、高等教育职业化——当代国外高等教育改革的一个重要动向》，载《承德大学学报》1997 年第 4 期，第 10－14 页。

② 吕鑫祥：《对高等职业技术教育的再认识》，载《职教论坛》2004 年第 33 期。

育;20世纪90年代以来,西方发达国家的高等职业教育体系基本建设完成,建立了从专科层次到本科、硕士乃至博士层次的职业教育体系。

2. 高等教育职业化

"二战"后经济和社会发展对高级专门人才的需求与日俱增,中等教育的逐步普及使人们对高等教育的需求也与日俱增。多数发达国家的高等教育从精英教育发展到大众教育,高等教育的目的不再是培养社会精英,而是提高国民素质。高等教育变为大众化之后,原有的院校结构体系不再适应新的形势的发展。无论是为了培养对国家科技发展具有影响的尖端人才,还是为了满足市场的需求而培养技术型人才,每一所高校都要对自己进行合理的定位,高等教育领域内的院校分工和分类发展的结果导致了院校分化。这一时期的高等教育经历了前所未有的规模和类型变革,形成了多层次、多类型、多形式、多渠道的纵横交错的网络,各国都为了适应社会经济的发展建立了传统大学系统以外的高等职业教育系统。

克拉克·克尔在《高等教育不能回避历史》中探讨了高等教育的这一变化趋势,在既普遍入学又促进优秀、英才主义和平等主义共存的21世纪高等教育的趋同模式中,可将高等教育系统进行三级分割:第一级是知识级,指导和训练人们(如医师、律师、科学家和行政领导人)独立工作,开发和组建新知识;第二级是职业能力级,训练人们(如生产工厂师、学校教师和会计师)在一般的指导下工作,使用既有的知识;第三级是技能级,训练人们(如技术员、低级文职人员和高级秘书)在比较特殊的指导下工作,使用社会认可的技能。[①] 在高等教育大众化、普及化的过程中,根据"科学"与"技术"、"学术"与"职业"、"理论"与"应用"的区别,高等教育主要分为两大类型,一是普通高等教育,一是高等职业教育。[②] 对精英型高等教育和大众化高等教育进行分类,形成高等教育双轨发展格局是高等教育发展实践的主流,高等职业教育作为一种新类型的特征越来越突出。

---

① [美]克拉克·克尔:《高等教育不能回避历史——21世纪的问题》,王承绪译,浙江教育出版社2001年版,第98-107页。

② 同上。

从联合国教科文组织对《国际教育标准分类》(International Standard Classification of Education，ISCED)的屡次修订变化中可以看到高等教育的分化趋势，以及高等职业教育在教育体系中的定位的变化。在 1976 年版的《国际教育标准分类》中，高等教育按修业年限划分，但除了专科、本科层次，并没有类型的区分。在 1997 年的版本中，则将属于高等教育的第五级（高等教育第一阶段）划分为 A、B 二类。高等教育分化为"理论型的为研究做准备（历史、哲学、数学等）的或可从事高技术要求的职业（例如医学、建筑学等）"的 5A 类和"倾向于实用的、技术的、具体职业"的 5B 类。《国际教育标准分类》反映了世界教育发展的共同趋势，也标志着以培养科学型人才和工程型人才为主的 5A 类高等教育和以培养技术型人才为主的 5B 类高等教育，已构成了现代高等教育结构的基本框架。

以上两条发展路径汇集成了高等职业教育发展的源流。但与此同时，部分高职教育机构又有着不同的发展轨迹和转向，由于受到学术型大学的影响，部分高职机构纷纷植入了学术和精英的血液，从注重实用技术的获得转为注重技术开发研究，转向成为工科大学。如德国以柏林工业专门学校为典型的多所院校都于 19 世纪 70 年代先后升格为工科大学；美国也把工艺学院升格为理工学院，如麻省理工学院、加州理工学院及其他一些综合性大学都是升格而来；法国的专业学校纷纷转变为高等专科学校或大学校；此类情况在日本等其他国家也存在。[①]

[①] 匡瑛：《高等职业教育发展与变革之比较研究》，华东师范大学 2005 年学位论文，第 24 页。

第三章 美国高等职业教育发展模式

在数千年的人类文明演进过程中，仅有230多年历史的美国经历了从殖民拓荒到立国再到成为世界霸主，演绎了大国兴起的罕见奇迹。在这一历史进程中，教育始终作为美国发展的重要支柱，尤其是关注并主动服务于社会经济发展所需要的高等职业教育，更是对美国的崛起发挥了巨大作用。社区学院教育是美国高等职业教育的承载主体。美国社区学院从以转学教育为主要职责的初级学院发展而来，经历了20世纪20至70年代社区学院职业化的过程，从20世纪70年代开始，转学教育职能开始急剧消退，职业教育职能成为社区学院的主要职能，形成了高等职业教育的优势特色，在美国高教系统中确立了不可动摇的独立地位。作为世界头号强国，美国强盛的经济发展及其背后的力量——高等教育成为全世界教育发展关注与借鉴的对象，社区学院在美国经济发展和高等教育完善方面都发挥着极为重要的作用。美国社区学院是高等职业教育发展成功的典型模式，德国、日本、英国、加拿大等国的高等职业教育都在一定程度上受到了美国社区学院的影响，人们公认美国社区学院的建立和发展对美国也对世界高等教育做出了最基本的、最重要的贡献。美国高教研究领域的许多著名专家对美国两年制学院给予了极高的评价，布林特（S. Brint）和卡拉贝尔（J. Karabel）说："20世纪美国高等教育的所有变革中，没有哪一项的影响能超过两年制初级学院的兴起。"[1]

---

[1] Brint B, Karabel J. The diverted dream: community colleges and the promise of educational opportunity in America, 1900—1985 [M]. New York, Oxford: Oxford University Press, 1989: 23.

一、 美国高职教育发展的社会背景

美国高等职业教育的产生与发展都与美国政治、经济背景、文化传统,以及高等教育系统的变化密切相关,其产生和发展有其历史必然性,是来自于美国社会的土壤和环境的孕育。美国著名高等教育家克尔对美国文化与美国高等教育之间的关系曾有如下见解:在过去三百年中,美国与其他国家相比,整体文化与高等教育之间的关系要更为密切,它们相互结合而发展。[①] 美国社会文化背景成为美国高等职业教育产生与发展模式形成的文化根源。《美国精神》一书的作者,美国著名历史学家康马杰认为,美国性格是继承和环境交互作用的产物,美国不仅继承了英国的传统,也继承了欧洲的传统,不仅继承了17—18世纪的传统,也继承了两千年来的传统。[②] 滕大春在《美国教育史》中也提出:"富有特色的美国文化为新型的美国教育奠定了基础。"[③] 那么我们就从传统的继承和文化的革新来剖析美国高等职业教育赖以产生与发展的文化基础。

(一) 自由、平等、多元的文化传统

促使美国突破传统在模式借鉴中做出变革,乃至形成其特有的高等职业教育发展模式的文化因素众多,如自由、平等、个人主义、多元共存等文化性格。美国传统文化中对自由平等理想的追求、实用主义的价值取向、开放的思想以及宗教信仰等都影响着美国高等职业教育的发展,使其具有自身的发展特色。

自由平等的思想在《独立宣言》中得到了充分体现,即"人人生而平

---

① Oscar Handlin, Mary F Handlin. The American college and American culture [M]. McGran-Hill Book Company, 1970.
② [美] 亨利·斯蒂尔·康马杰:《美国精神》,杨静予等译,光明日报出版社1988年版,第4页。
③ 滕大春:《今日美国教育》,人民教育出版社1980年版,第37页。

等",曾任美国总统的富兰克林·罗斯福宣称:"我们需要一个不遗弃任何人的社会。"但为精英设置的传统大学把很多普通大众排斥在了高等教育大门之外,这显然与自由平等的原则相违背,于是一种收费低廉的、注册入学、人人都能够上得起的教育形式——社区学院得以产生。在美国多元文化背景下,各种教育思潮、教育改革易于形成,而注重生存技能培养和多元化人才培养的社区学院被大众接受的程度较高。社区学院实行的开门办学、来去自由、教学内容多元化的形式,均很好地适应了美国民众崇尚自由、民主的文化传统。

(二)实用主义价值取向

美国式的实用主义是美国普遍的社会心理,是一种价值观和处世原则。其基本内涵在于反对一成不变的原则和教条,一切以是否有用、是否有实用价值为转移。① 当英国清教徒们远渡重洋走上北美的土地时,所面临的首要问题就是如何在复杂的环境中生存,有用即真理,只有注重务实和实用才是生存之道。这种实用主义并非短视、功利的含义,而是这样一种思维方式:"不是去看最先的事物、原则、范畴和假设,而是去看最后的事物、收获、效果和事实。"②

美国实用主义价值取向作用到教育发展中。在不同时期,英国和德国的大学为美国高等教育的形成与发展提供了成功的范例,但勇于创新、实用主义的美国人并没有对外国的大学模式盲目照搬,而是进行了适合不同时期特殊环境和现实条件的改良。在美国高等教育初创时期,其借鉴英国传统大学模式,但却将英国大学的住读学院模式和授予学位的功能结合在一起,摆脱了传统模式的束缚;在借鉴英国古典课程的同时,将一些社会需要的实用课程引入课堂,以致后来通过"赠地学院"大力发展了服务于工农业发展的专业技术教育;美国学习德国建立研究型大学,但因为当时美国的中学生学业准备明显不足,于是改革者们便将德国的研究模式与美

---

① 张应强:《文化视野中的高等教育》,南京师范大学出版社1996年版,第128页。
② 转引自刘桐放等:《现代西方哲学(下)》,人民教育出版社1990年版,第308页。匡瑛、石伟平:《论社会文化传统对世界各国高职模式选择的影响》,载《教育与职业》2006年第33期。

国的学院模式整合在一起,将教学和科研两种职能融合在一所学校,通过创建社区学院满足不同学生的需要。这一系列的改革对后来美国高等教育体系的形成和科学技术的发展产生了重要的影响,同时扭转了高等院校重视理论而鄙视生产的大学传统,大学服务于社会经济发展的观念逐步形成并取得支配地位,随后兴起的"威斯康星思想"使得"为社会服务"成了美国高等教育的传统和一项重要职能。

美国社区学院遍布各州成为普及高等教育的主要推动者,实用主义的文化精神正是其思想根源。社区学院采取注册入学的方式;课程充分体现实用主义取向,不仅仅是指应用于工作或岗位的应用性,还包括适应学生职业生涯所需的实效性和多元化,为不同个体和个性发展做准备。从这个角度而言,正是由于处处应用的实用主义,使美国社区学院的课程相对来说普适性较高,而专深性有所欠缺。①

(三) 经济发展与工业文明

美国高等职业教育是伴随着其工业化进程而产生和发展的,职业教育模式的形成和发展也内生于美国工业发展,因此工业基础是美国职业教育模式形成的关键因素之一。独立革命后的美国并未在经济上摆脱对英国的依附,在相当时期内所谓的工业基本是手工业和家庭工业。19世纪初,美国生产发生了显著变化,1814年英美战争结束后,美国终于走上了独立发展工业的道路。至1839年,美国工农业总产值构成中工农业份额分别为26%和74%,1844年为31.7%和68.3%,全国84%的人口生活在农村,仍为典型的农业国。② 当时工厂技术发展主要依靠旧型技术员,其雏形便是工业化初期工厂(作坊、车间)的创建者,这些人多数具有上等阶层地位,本身便是发明家、技术顾问、工业家兼商人。其培养不依赖于工业教育机构,而是从学徒开始,通过严格的车间技术培训,经各种考核后晋升

---

① 转引自刘桐放等:《现代西方哲学(下)》,人民教育出版社1990年版,第308页。匡瑛、石伟平:《论社会文化传统对世界各国高职模式选择的影响》,载《教育与职业》2006年第33期。
② 张维、王孙禺、江丕权:《工程教育与工业竞争力》,清华大学出版社2003年版,第11-12页。

为技术员。由于学徒制培养技术工人数量有限，根本满足不了此时急剧上升的工程技术需求，公众要求加强实用性工业技术教育的呼声日益高涨，为美国高等职业教育的发展提供了广阔前景。

到 19 世纪 50 年代，由于工业化进程加快，对高等技术人才的要求越来越大，同时，南北战争中北方的新兴资产阶级的胜利和大规模西进运动带动了农业结构的改变，这些都极大地促进了美国农业向工业化的转变。美国工业化由此突飞猛进，无论是铁路、钢铁、能源还是各种制造业，都相应发展了起来，而工业化本身又为此间的农业技术改造和机械化的实现进一步提供了可能。随着工业飞速发展，各行各业都投入了激烈的竞争洪流，新技术层出不穷，需要越来越多的实用技术人才。美国遂于 20 世纪 50 年代后期制定了莫里尔法案，法案颁布后立刻引起了各州的建校高潮，纷纷成立工学院和农学院，第一次以国家手段在高等教育的水平上把教育与经济结合起来，为美国新的工业化发展培养了大批高级科技人才。

20 世纪 30 年代，美国的经济萧条从另一个角度促使了社区学院的扩大：当时，失业人数激增，中学毕业的学生更不容易找到工作，绝大多数中学毕业生也没有经济力量进传统的高等学校就读，因此进收费低廉的社区学院就成为他们最好的选择目标。而第二次世界大战促使社区学院增设更多的高等职业教育课程，战后大量复员军人进入社区学院，为适用战时需要的分散的课程逐渐汇合成了专业化的高等职业教育，这使人们对高等职业教育产生了新的了解与重视。至 20 世纪 50 年代，美国高等教育形成了由社区学院、本科（高等学院）、研究生院组成的"三级结构"。

第二次世界大战至 20 世纪 60 年代，美国出现了以原子能、电子计算机等的利用和发展为标志的第三次科技革命浪潮。而这场科技革命最重要的结果就是产业结构和技术结构的变化，劳动密集型产业转向知识密集型产业，生产过程工艺日趋自动化、机械化。据统计，这一时期美国就业人员开始大量地从第一、第二产业向第三产业流动，第一产业就业人员占就业人员总数的比例由 1950 年的 19.64% 下降到 1984 年的 4.37%；同时，第二产业就业人员也由 31.94% 下降到 23.9%；第三产业就业人员则由 48.43% 上升到 71.8%。产业结构的变化直接影响了就业人员的就业结构，在美国，蓝领工作人员数量下降，白领工作人员数量急剧上升。卡内基基金会曾以 1969 年、1976 年、1984 年三次对学生升学目的调查表明，现代大学中绝大多数人升学的目的是为了"掌握某种职业而接受训练和获得技能"，其次是希望通过学习"掌握某种专业领域的详尽知识"。社会的需要和学生的愿望，都要求大学和学院负起职业教育的任务，为学生毕业后的就业做准备。

这一方面表现在以产业结构和职业为基础的专业、课程设置上，另一方面也表现在所需人才的技术层次方面。随着产业结构的变化，经济和社会的发展对人才的需求也有较大的改变。在世界新经济的发展中，美国处于领先地位，国内生产总值（GDP）为 16.62 万亿美元（居世界第一），约占世界经济的 1/4，人均 GDP（2012 年）为 51 688 美元。其主要产业是第三产业与高新技术产业，相对而言，中低端制造业很少；美国的服务业，特别是金融业、航运业、保险业及商业服务业占了 GDP 的最大比重，全国 3/4 的劳力从事服务业。① 产业结构的调整和职业结构改变迫使传统的职业教育必须改变才能适应社会的要求，同时局限于中等教育阶段的传统职业教育，也难以满足社会对技术人员层次结构的要求。在此情况下，以社区学院（初级学院）、技术学院为主体的新兴高等职业教育就得到了前所未有的发展。

二、 美国高职教育服务社会的发展历程

美国高等职业教育始于 1862 年《莫里尔法案》中的"赠地学院"以及 19 世纪末的初级学院运动中的"社区学院"。赠地学院与社区学院的建立与发展，使美国高等教育走向多样化，打破了单一的学术化高等教育体系，因而被克拉克·克尔称作"美国高等教育中的两个伟大革新"。赠地学院的建立遵循了实用和技术主义的办学思想，促进了教学、科研和社会服务三结合的美国高等教育体制的形成，奠定了美国高职教育赖以发展的基础；社区学院的发展则顺应了高等教育大众化的趋势，面向大众、面向

---

① Stephen A Herzenberg, John A Alic, Howard Wial. Toward a learning economy [M]. 2006.

就业,成为美国实用型技术技能人才培养的摇篮。

(一) 服务经济生产:赠地学院与传统教育改造

高等职业技术教育的发展沿着两条路径,一方面中等职业技术教育在向高等职业技术教育领域延伸和渗透,另一方面是高等教育的多样化和职业化不断分化出高等职业教育这一教育类型。美国高等职业技术教育的发展也体现了这一规律。

殖民时期乃至整个18世纪,学徒制训练一直是美国初级职业技术教育的重要形式,学徒制在美国职业技术教育史上发挥过自身的应有作用,但产业革命后机器大工业的建立使学徒制不可避免地衰落下去,原有的学徒制度已不能迅速提供工业革命和商业流通所需的大量劳动力,代之而起的是培养各种技术人才的职业技术学校。早在18世纪后期,美国就曾出现过少量私立的专门学校,这种学校除了读、写、算及手工劳作外,还附带工、农、商等实用技能方面的教育,这是职业技术学校教育的早期形态。19世纪后,真正培养技术人才的职业技术学校才发展起来,产生了文化学科和职业性学科兼顾的综合中学和仅设职业学科的职业中学。如1814年波士顿设置了农工学校,1820年纽约出现技工学校,1821年缅因州开设了农业学校,1851年费城有了专门讲授工业制图、制造工艺的学校,等等。到19世纪末,设有工科中学的城市已近100个,在许多州的农村地区都设立了农业中学或设有农业科中学,而商业中学则在通商大埠随处可见。这一时期,美国在中等职业技术教育广泛发展的基础上,开始向高层次发展,建立了相当于高等教育阶段的技术人员培养机构。

同时,为服务于社会生产而对传统高等教育进行的职业化改造也构成了高等职业教育的发展脉络。滕大春在1980年所著的《今日美国教育》中做出这样的评价:"二百年来,美国高等教育的发展方向跟欧洲大为不同,以专业教育为重点,而非以学术教育为重点。欧洲大学重学轻术的观念根深蒂固,美国则偏于重术而轻学。"[①] 殖民时期的美国高等教育仍以神

---

① 滕大春:《今日美国教育》,人民教育出版社1980年版,第37页。

学为王冠,建国以后面对新形势才迫使高等教育进行本土化改造。19世纪初,在公立学校运动的影响下,各州只有建立自己的学院和大学,才能用公费进行高等职业技术教育。1825年伊利诺伊州在首次制定的教育法序言中称:公民的智力是社会的财富和国家的力量,因此国家有义务办理公共教育来增进全体公民的知识和发展他们的智力。美国南北战争后,高等院校一方面朝着为工农业生产发展而服务的方向前进,创建了农工学院;另一方面则朝着发展学术的方向前进,创建了约翰·霍布金斯大学。19世纪初,美国高等职业技术教育发展最具代表性的重大事件,一是1802年建立的美国西点军校于1817年改制,部分专业从单纯为军事服务转制为为地方培养技术人才;二是1824年在纽约北部创建独立的伦赛莱尔多科技术学院,从而真正掀开了美国高等技术教育的历史。该校开设工程技术方面的学科,培养了建筑、市政、矿冶、测量等方面的工程技术人才,对美国这一时期修建国家铁路、公路、桥梁、工程等重大项目发挥了重大作用。美国史学家卡柏莱(E. Cubberley)说:"正如同有了哈佛才有了美国高等教育的发达一样,有了伦赛莱尔多科技术学院,才有了美国的技术教育。"① 同时许多文理学院纷纷建立了独立的工程系和技术学院,开办技术教育。这些学校的发展为高等职业技术学院的建立奠定了基础。

　　美国高等教育虽然进行了一些本土化的改造和发展,但在19世纪中叶以前,从根本上说,仍没有脱离英国传统大学重自由教育、排斥专业教育的模式束缚。从19世纪中叶开始,美国的社会发生了巨大的变化。从思想上说,南北战争之后,民主思想和平等观念逐渐成为美国社会思想的主流;从政治上说,奴隶制的废除也为民主制度的建立扫清了障碍;从经济上说,工农业开始飞速发展,新兴城市大量涌现。美国社会各领域发生的变化使得一个新美国的形象愈加清晰,人们的创造力和反抗传统的力量开始迸发出来。所有的这一切对高等教育产生了强大的冲击,传统的英国教育模式再也无法适应社会的飞速变化。社会经济的发展需要教育培养一批具有相当知识与技能的专门人才,即具有实际本领的干才,而非以读古典语文为事的书生。

---

① 滕大春:《今日美国教育》,人民教育出版社1980年版,第8页。

在这种背景下，1862年美国国会通过了《莫里尔法案》，由联邦拨地和赠予经费给各州兴建农工学院，其目的有三：一是打破传统僵化的办学体制，满足已有大学所未能顾及的实际需要；二是支持创办和发展农业和机械学院，以满足农业发展的需求；三是为美国工业界培养技术人才和为工业界提供就业机会。《法案》不排斥古典教育和军事教育，但其注意力却落实在农业、工业建设人才的培训上，法案要求主要的课程必须讲授与农业和机械工艺有关的知识，以便提高各实业阶层从事各种工作、职业的文化，加强对其进行的实用教育。法案颁布后得到了各州的积极响应，仅在其后18年的时间，美国就创建了43所赠地学院。其后，美国国会颁布一系列法案支持赠地学院的发展，1890年《1890年赠地法案》（史称"第二法案"）得到美国国会通过，陆续建立了多所赠地学院并给予29所土著印第安人学院以赠地学院的身份。至1999年，美国赠地学院的总数已达到105所，遍布各州。

赠地学院为农业和工业的发展服务，以培养农业和工业技术领域第一线杰出的建设者——工人和农民为目标，不但开设农工专业科目，而且鼓舞学生于寒暑假期从事生产实习；除设立正规班次，还针对各地农民需要举办讲习班。这种大刀阔斧的创新，与欧洲传统背道而驰，其初期的发展并不顺利，就连美国本土也鄙视新学院，认为其是"牧牛娃学院"，难登大雅之堂。1884年，康涅狄格州农学院毕业典礼上，学生讲演《土壤灌溉和排水》《马脚、牛脚和它们的疾病》时，听众哗然，认为赠地学院不伦不类，这也印证了新兴的专业教育和传统的学术教育之间的鸿沟。然而，大势所趋，这种被鄙薄的学校在促进生产事业方面却做出巨大贡献，如此，职业和技术教育才成为美国高等学校的合法职责，开创了美国和世界高等教育史上的新纪元。美国斯坦福大学戴维·拉伯雷所指出的，这一由美国自己发明的大学模式堪称美国高等教育体系不可或缺的补丁，它使美国大学变成有用的大学，为解决社会面临的实际问题和促进经济增长做出贡献，成为真正的社会所需要的大学。"正因为它，美国大学可以对公众说：我们不只为你们的孩子提供一流的学术，我们还提供非常实用的职业教育，我们还将致力于开展应用研究，解决本地实际的重大问题，促进工业与农业的发展。"①

赠地学院具有以下几个特征区别于传统的学术教育：①办学目的明确，培养目标专一。服务于工业、农业，培养农业和工业技术领域第一线的杰出的建设者。②教学、科研与社会服务一体化。赠地学院涉及农业、工程、家政、兽医和军事教学等多个领域，"教学、科研、推广"三结合体制不仅解决了教学、科研、应用脱节的问题，还提升和扩展了赠地学院的社会职能并得到了社会的认可。③强调实用知识，注重技术推广。这主要表现在农业、工程领域的实用课程的广泛开设和应用技术的有效推广。

赠地学院的发展改变了重钻研理论而鄙视生产的高等教育传统，也促进了生产和社会日常生活中对科学的应用，使高校与社会的关系更密切，并加速了美国工农业生产的发展。作为服务社会发展的实用型教育形式，在满足市场需要的过程中，大多数赠地学院很快就发展成为综合性大学，到20世纪，又进一步演变为研究型大学。但这一时期赠地学院初创时所坚持的教育特征和价值取向正是高等职业技术教育的核心内涵，是美国高等职业教育的初现。

（二）满足社会需求：从初级学院到社区学院

美国社区学院的发展起源于19世纪末叶的初级学院运动，迄今已有一百多年历史。在这将近一个多世纪的发展过程中，社区学院显示了强大的生命力。两年制初级学院和社区学院的创建，使美国的高等教育发生了深刻的变化，不同类型和不同层次的高等学校布局更为合理，对培养国家各方面建设所需要的各级人才有了进一步的保障。

美国社区学院创建于19世纪末、20世纪初的初级学院运动（junior college movement）。作为社区学院最初形式的初级学院，其产生的最直接的原因是社会经济发展带来的高中毕业生增加，要求接受高等教育的人数急剧增多。这一时期之前注册学生人数的增长、义务教育法的通过、从欧

---

① [美]戴维·拉伯雷：《复杂结构造就的自主成长：美国高等教育崛起的原因》，载《北京大学教育评论》2010年第3期，第24–40页。

洲和其他地方蜂拥而来的大量移民，以及国内大量人口从农村向城市的迁徙都导致城市学校系统的规模出现巨大增长。如俄亥俄州克利夫兰市的注册学生人数在1900—1930年间从45 000人增加至145 000人；而在底特律，这一数字从30 000人增加到了250 000人。① 在经济增长、技术发展和社会进步中，美国在商业推动下获得了物质的进步，现代化的学校体系得到了不断的完善和发展。

同时，在高等教育领域，德国大学作为一种全新的现代大学模式开始被美国所推崇和效仿，德国大学模式即在教学与研究相结合的原则、基础上追求高水平的学术和理论的模式。因此，美国学者认为，美国的学院也应该像德国的大学一样，以高水平的学术研究作为自己的目标。在这方面，塔潘在他的《大学教育》中有明确的观点。他认为，美国的学院应该改造成德国大学的模式，而要想做到这一点，应该把"大学低年级的教学工作放到完全中学完成"，因为实际上，"德国完全中学（高水平）的教育是提高德国大学水平的保证"②。这种思想一经提出，便得到了许多学者的响应，其中不乏将思想付诸实践的改革者。事实上当时结构单一的、追求"纯粹大学"理想的高等教育系统带来了数量、质量和财政诸方面的多重压力。为了使大学解脱出来，不再教育一些准备不足，难以接受高深学术性、专业性教育的一、二年级学生，一批著名的大学校长为了卸掉差生包袱，提出了建立一种介于中学和大学之间的学院，于是作为大学的缓冲器、减压阀、过滤器的初级学院出现了。初级学院最先设置于芝加哥大学，早期的初级学院构成了大学教育的前两年，为后两年在某一学术或专业领域进行专门学习做准备。对于学生而言，初级学院就像是一个小站，那些不够成熟的学生能够在这里得到社会和情感的发展，并尝试改善他们的学习习惯；对另外一些人，初级学院是一条退路，那些之前在大学学习中遇到过困难的人能够重新调整自己，以进行第二次尝试。他认为，两年制学院远不是"文理学院的一种重要打击力量"，而是"一种补充力量"，能"让前专业的（pre-professional）和半专业的学生离开现在的学院"，能

---

① ［美］韦恩·厄本、杰宁斯·瓦格纳：《美国教育：一部历史档案》，周晟、谢爱磊译，中国人民大学出版社2009年版，第267－275页。

② 转引自王廷芳：《美国高等教育史》，福建教育出版社1995年版，第195页。

"让我们（四年制院校）更加接近我们理想的学院教育标准"。①

初级学院通过以下几种形式发展起来：一是由四年制学院分割而成，把四年制大学的一、二年级与三、四年级分开，使其成为初级学院，所颁发的证书作为进入三、四年级入学的必备条件；二是师资财政困难的四年制学院改建：降低学业标准，将四年制大学改建成二年制初级学院；三是"变荣耀了的中学"，在中学里增设大学一、二年级的课程，成立中学附设的初级学院部，由此逐渐办成独立的初级学院；四是由师范学校和其他职业、技术学校改办为初级学院；五是社区出资创办的公立或私立的初级学院。

在初级学院最初的20年时间里，初级学院的主要职能是为了使学生能够进入三、四年级学习的转学教育，旨在提供为通向真正大学做准备的课程，缺乏独立性。但到了20世纪30—50年代，为了满足大批退伍军人的就业需求和社会职业培训需求，初级学院演变为公立的社区学院，除了提供传统的大学预备课程之外，还提供各种与职业和生活相关的课程，成为低收入家庭也容易获得的中学后教育形式。作为教育阶梯上介于中学和高等教育之间的一个独立阶梯，初级学院最初是为那些没准备好的中学毕业生进入大学做准备的，但稍后发展的社区学院则通过提供早期大学课程和广泛的补充教育、职业教育和非职业教育课程，服务于更为广泛的各种群体。至1940年时，全美社区学院（初级学院）已有610所。

"二战"后，美国经济逐渐从大萧条中走出，出现了空前繁荣，并率先掀起了以原子能利用、电子计算机和太空技术为标志的第三次科技革命浪潮，社会经济发展、科技革命促使美国产业结构和技术结构发生了重大变化。第一、二产业逐渐缩减，第三产业比例从1950年的50%上升至1970年的64%；同时产业部门的生产方式也发生了巨大变化，自动化和技术密集型企业大量涌现。这些经济发展的变换对劳动力的智力层次提出了更高的要求。美国总统高等教育委员会在1947年的报告中分析，在许多行业，大学本科毕业生与二年制学院毕业生的合理比例应为1∶5。② 在这一需

---

① Steven Brint, Jerome Karabel. The diverted dream: community colleges and the promise of educational opportunity in America [M]. New York: Oxford University Press, 1989.

② 姜蕙：《当地国际高等职业技术教育概论》，兰州大学出版社2002年版，第78页。

求的推动下，社区学院得到大力发展，数据显示，1966—1976 年公立社区学院的数量增长了 82%，从 565 所增加到 1 030 所，大约 1 周增加 1 所；同期学生数量的增长更快，从 130 万上升到大约 400 万，增长率为 200%。① 同时社区学院从以转学教育为主转向以培养所在社区迫切需要的技术职业人才为主，职业教育功能逐渐得到强化和凸显。

20 世纪 20—70 年代，美国社区学院职业化被称为是"美国社区学院历史上最大的一场变革"②，这一转变改变了社区学院的性质，成为独立并具有优势特色的教育类型。各州都通过立法确定了社区学院在美国高等教育结构中的地位，并明确其主要功能是培养职业技术人才。社区学院教育内容也跟着发生了变化，由最初仅提供商业性和半专业性的课程，如秘书工作、会计和教学工作，到后来增加了为蓝领职业作准备的课程，如焊接和汽车修理，以及为应对技术和医学学科发展而开设的职业类课程，如计算机编程、医学技术等。根据美国全国教育统计中心编辑的《教育统计汇编，1983—1984 年》(Digest of Education, 1983—1984)，1982 年美国共有高等学校 3 280 所，其中大学仅 156 所，四年制学院 1 828 所，两年制学院 1 296 所，能授予博士学位的高等学校 452 所，但其中大多数专业领域都能授予博士学位的仅 167 所。

社区学院满足了社区各方、各界的呈立体式的教育需求，依据社会和社区需要，美国社区学院成为兼具技术和职业教育、学院转学教育、补偿教育和社区教育的多功能一体化的教育机构。技术和职业教育：主要为学生进入商界或为技术人员提供基础训练，顺利完成指定课程的学生有资格直接走上相应的工作岗位。学院转学教育：也称"大学预科教育""普通高等教育"，主要为想进一步在高级学院或大学中攻读学士学位的学生提供入学准备，一般学习大学一、二年级的基础课程，合格后可转入大学进修专业课。补偿教育：主要面对基础不好、想要重返大学或变换专业的学生，修完补习课程有机会进入预科教育或职业技术教育。社区教育：面向社区内所有公民，提供社区所需要的技术技能培训与教育。其内容既包括

---

① 万秀兰：《美国社区学院的改革与发展》，人民教育出版社 2003 年版，第 8 页。
② Steven Brint, Jerome Karabel. The diverted dream: community colleges and the promise of educational opportunity in America [M]. New York: Oxford University Press, 1989: 116.

那些可改善公民自身修养的教育,又包括学历教育、职业训练,还包括娱乐、休闲、消遣等方面的课程。这些功能主要是通过不同的课程来实现的。面向就业的职业教育主要提供终结性的职业课程,课程的目的在于使学生毕业后能够在一个职业领域或一个职业领域群中找到工作,而不是为学生进一步学习得到学士学位,课程结束学生可以获得证书、文凭、副学士学位等毕业证明。转学课程则主要是通识性课程,主要是为学生升入本科院校而准备的。社区教育的课程主要是提供各种短期类的培训,与各种职业岗位资格相联系。

社区学院的发展健全和完善了美国现代高等教育制度,现有的美国高等教育体系是典型的金字塔模式,具有多层次、多规格、多类型、多元化的鲜明特点,这个体系既有以科学研究和培养研究生为核心的研究型大学,也有把教学作为中心任务的大学和学院,还有体现社会民主化精神,以普及高等教育和培养职业技术人才为使命的社区学院。

(三)促进生涯发展:从 STW 到 STC 战略

20 世纪 80 年代以来,美国处于第三次产业革命浪潮中,信息服务产业成为美国的主导产业。这一时期美国经济面临着转型,又同时受到日本、德国及其他欧洲国家的竞争与挑战。美国高技术产业发展和国际竞争态势引发了对实用技术人才的迫切需要,由此引发了美国对教育质量的忧虑与关注。1983 年,美国国家教育促进委员会发布了一个具有划时代意义的报告——《国家在危机中:教育改革势在必行》,报告批评了美国教育的平庸性(它不仅包括了普通教育,还包括了职业教育)并提出改革方案。对教育质量的反思与提升是美国 90 年代以来职业教育发展的核心,传统职业主义那种狭隘且过早专业化的单纯职业训练和准备教育备受批评。企业界、学术界对美国教育这一状况的批评也很多,如贝利认为,学校"没有培养学生努力工作的动机,很少帮助学生寻找好的工作,很少培养学生工作所需的态度与成熟,把青年人与可作为榜样的成人隔离开来"。[①]

---

① Bailey T. Learning to work:employer involvement in school-to-work transition program [M]. Washington D. C.:The Brookings Institution,1995:3 - 4.

社会经济发展和现代科技进步所引发的职业世界的深刻变化,一辈子只从事一种职业变得越来越不可能,职业变更已成为非常普通的事情,这就要求劳动者具有宽厚的职业知识、职业转换的迁移能力,以及接受继续教育和自我学习能力。而在现有的体系中,普通教育与职业训练之间存在鸿沟、学校学习和岗位工作存在脱离、中等教育与高等教育缺乏衔接等问题都凸显了出来。

对社会、经济、文化、教育的考察和思考,促使联邦政府提出了多项改革计划,进而发展成为一场新职业主义改革运动。其中最著名的有1990年《卡尔·D.珀金斯法案》修订案(将融合学术和职业教育作为主要目标之一,强调不能以牺牲职业教育来满足对传统学术教育的需求,而要在它们之间建立沟通的桥梁)、1994年《学校到工作过渡多途径法案》(通过"三个整合"建立从学校到工作的过渡体制:普通教育与职业教育整合,学校学习与岗位学习整合,高中教育与社区学院教育整合)、1998年《卡尔·D.珀金斯法案第三次修订案》(重新强调了学术及职业的课程融合),以及克林顿政府颁布的《2000年目标法案》(重点是成立"国家职业技能标准局",负责开发国家职业技术标准工作)。

这一系列改革运动的主导策略就是 School-to-Work(学校到工作过渡,简称 STW),正如美国学者贝利(Thomas Bailey)所言:过去十年对美国教育体系的反思,导致了一个改革策略的产生,这个策略就是通常所说的"学校到工作过渡"。① 这一策略包含如下内涵框架:①把职业教育的对象扩展到所有学生。法案明确规定要建立的这一框架体系能够向所有学生提供参加工作本位(performance-based)教育和培训课程的机会并使学生获得可通用的证书,为他们获得第一个高技能、高薪职业做好准备,以及为他们进入四年制学院或大学进行继续教育做好准备。②建立三整合的课程体系:整合学校本位学习与工作本位学习、学术课程与职业课程、中等教育与中等后教育,让学生通过职业活动来学习(education through occupation),以培养适应信息社会所需要的高技能人才。③促进多方合作,职业教育绝不能局限于学校内,而要走出学校寻求多方合作,其中最主要的是

---

① Bailey T. Learning to work: employer involvement in school-to-work transition program [M]. Washington D. C.: The Brookings Institution, 1995: 1.

学校与雇主之间的合作。① 它的广泛实施使得20世纪90年代以来美国职业教育的改革与发展呈现出了全新局面。从《从学校到工作机会法》颁布到1999年，美国职业教育获得了超过15亿美元的投资。从1997年到1999年期间，企业部门为教师和学生提供工作场所为基地的雇主由6万增加到15万，学习岗位由11.9万增加到32.7万，为教师提供的见习机会由5 800增加到2.2万，在中学阶段接受职业教育相关课程的班级人数由100万增加到250万。② 参与的广度也堪称空前，资料显示，在3 600多所学校中有近1 800万学生正在接受着这种合作伙伴关系所提供的教育，有2 600所中学后教育机构正参与这种合作伙伴关系，近178 000个雇主加入了STW，并且有109 000个雇主正给学生提供工作本位学习。③ STW战略反映了职业教育的改革方向与热点，它提示我们，职业教育绝不仅仅是教育方面的问题，学校与工作之间的过渡问题是职业教育的关键点，因此职业教育发展应把两类问题结合成为一个有机的整体，构建教育、培训与过渡一体化的职业教育体系，这样的职业教育体系才是有效的。

  21世纪，社会已真正实现了网络化、信息化、全球化，生产方式、就业方式以及技能要求都发生了巨大的变化：多样化、个性化的弹性生产方式逐渐取代大批量、标准化的生产方式；灵活的、短期的就业岗位增多，而固定的、长期的就业岗位在减少，就业技能层次要求越来越高，职业教育面临着新的挑战。其随着1999年《从学校到工作机会法》资助的结束逐渐地淡出历史舞台，其随即演变为另一场新的职业教育改革运动——"从学校到生涯"（School-to-Career，简称STC）。STC强调的是职业群而不是特定职业，着眼于生涯而不是特定岗位工作，让学生有宽广的发展途径探索各种学术主题和职业生涯。从STW到STC的转变，既是美国职业教育理念的传承，也反映出美国乃至全世界职业教育改革的主旋律——实施终身职业教育和全民职业教育，关注学生着眼于个体生涯的终身发展，这

---

  ① 石伟平：《STW：世纪之交美国职业教育改革与发展策略的抉择》，载《全球教育展望》2001年第6期。
  ② 陈雪芬、吴学萍：《浅析美国STW运动》，载《教育与职业》2002年第6期。
  ③ 转引自石伟平：《STW：世纪之交美国职业教育改革与发展策略的抉择》，载《全球教育展望》2001年第6期。

一理念主导了后工业化时代美国职业教育的发展。STC 的理念和框架表现为更加宽泛的课程整合趋势：课程设置上更加关注学生的实践活动，强调了对学生综合才能的培养，提供基于职业群（occupational cluster）的学习标准与课程，反对培养学生满足特定工作岗位的要求，为学生的生涯发展提供更加灵活、宽泛的基础。① 如美国第三大社区学院系统的伊利诺伊州社区学院系统（Illinois Community College System）自 1994 年开始在全州49 所社区学院普遍推行了以应用学术课程为重点的多种有助于加强学术和职业课程融合的课程改革。②

美国高职教育发展以服务社会为宗旨，在工业革命时期大力兴办赠地学院，为工业化发展培养人才，使一向被传统私立大学所轻视的农、工、商生产科目在高等院校得以被认可和立足；现代社会和现代经济日益复杂化，社会需要更多受过高级训练的劳动者，社区学院的出现与发展恰恰是满足了多样化的技术技能培训需求。20 世纪 90 年代以来的改革为美国高等职业技术教育的发展带来了新的动力和升级，使职业教育与普通教育进一步融合，中等与高等职业教育互相衔接，学校与企业更有效地合作，企业更多地参与了学校教育变革，高职教育以一种更紧密的方式服务于社会发展。

三、多功能一体化发展模式特征

美国高等职业教育发展模式体现出了以下四个特点，构成了多功能一体化发展模式。

（一）一体化的教育体制

在美国，高等职业教育并没有形成一贯到底的体系，基本停留在短期

---

① 任玥姗：《从 STW 到 STC：美国职业教育的发展趋向》，载《职教通讯》2012 年第 10 期。
② Dolores Perin. Academic-occupational integration as a reform strategy for the community college: classroom perspectives [M]. Teachers College Record, 2001: 4.

高等教育层次，社区学院为人们提供了多样化的高等教育机会。社区学院通过转学协议和课程衔接实现了顺利通往学士甚至更高层次教育的道路。伯顿·克拉克认为，"各州典型的三分制高校系统就具有一个基本的纵向划分：社区学院与基本年级结构的头两年是相连的；州立学院（主要指综合大学）与这两年重叠，并向上延伸二或四年，达到学士或硕士层次；私立大学（主要指研究型大学）在前者基础上再向上延伸几年，达到博士学位或博士后训练层次"。① 这三个教育层次相互衔接，各有分工：私立大学重视欧洲式的研究，逐步发展成为向培养医生、律师等传统职业和社会领导层倾斜的、征收高额学费的精英型大学；在"赠地运动"中得以蓬勃发展的州立大学则以实用教育为使命，朝着大众化、开放性的高等教育机构方向发展；社区学院则实行开放的注册入学制度，不需要经过激烈竞争和严格筛选，面向社区的所有居民开放，社区学院毕业后学生可以进入四年制大学继续进行更高层次课程的学习，接受本科或以上教育。按照教育的不同层次，美国高等教育体系形成了从初等、中等教育到社区学院、本科再到专业性学术教育的贯通体系。（图3-1）

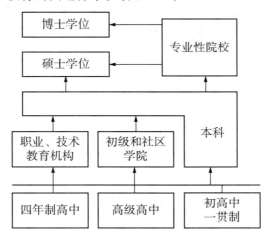

图3-1 美国教育体系结构

资料来源：Thomas D. Snyder, Charlene M. Hoffman. *Digest of Education Statistics 2001*, Washington D. C.: National Center for Education Statistics, Office of Educational Research and Improvement, 2002.

---

① ［美］伯顿·R.克拉克：《高等教育系统学术组织的跨国研究》，王承绪、徐辉、殷企平等译，杭州大学出版社1994年版，第67页。

(二) 多功能综合化教育模式

美国社区学院在将近一个世纪的发展过程中，逐步形成了自己的特点，其中最突出的特征就是多功能一体化，它将转学教育、补偿教育、职业技术教育、继续教育、终身教育等多种中学后教育的多种职能集于一身，完成了传统高等教育机构不可能完成的任务，使美国高等教育发生深刻变化。社区学院不仅满足将来准备继续升学的学生，也要满足读完社区学院以后准备就业的学生，同时满足在职人员和成人学院学习的需要；既提供学术教育（指转学教育课程），又提供多种类型的职业教育以及社区教育课程。使学术、职业、技术教育在同一个教育机构中得到融合。

美国社区学院多种职能是通过转学课程、职业课程、补习课程和社区课程等各种类型不同职能的课程来实现的。社区学院区别于其他高教机构的本质特征，在于它独特的课程职能体系（the curriculum functions system）。[1] 世纪之交，美国社区学院多项课程职能的内涵又随着科技和生产的变化而变化，同时通过加强大学的研究功能与非大学机构职业性功能之间的联系，尽可能增加不同课程学习之间的转移与衔接。可以说，课程职能多样化是在美国高等教育竞争机制作用下，社区学院自身求生存、求发展的必然选择。通过各种类型不同职能的课程，美国社区学院中职业教育、学术教育和社区教育得以融合而非割裂，构建了教育的立交桥。

灵活的转学与课程选择制度为学习能力、动机、兴趣等方面各不相同的学生提供与之相应的教育环境，它重视的是为不同类型的学生提供不同的教育而不是设法消除差异。灵活的转学与课程选择制度满足了社会的多方面需求，具有"机会学院"的特征。社区学院的转学课程，不仅包括社区学院向四年制本科大学的转学，而且包括在学院内部不同类型课程之间的灵活选择，学生可以在修读一定课程后重估自己的能力，再确定自己是否需要继续选择就业类课程或者转学类课程。卢卡斯（Christopher J. Lucas）曾这样描述美国两年制学院："同四年制院校相比，两年制学院费用较低、

---

[1] 万秀兰：《美国社区学院的课程职能体系》，载《高等教育研究》2003年第7期。

数量较多、学生更容易入学。他们继续吸引着被认为不适于接受四年制学院和大学教育的学生。社区学院实行的是典型的开放招生政策,只要求入学者至少年满 17 或 18 岁。"① 社区学院为下列人员提供中等后教育机会:低收入青年、高中成绩差、代表比例不足的民族和种族、在职成人、新近的移民、老年人等,而"除此之外,他们接受中等后教育的计划非常有限或完全不可能"。② 希望或需要提高工作技能的成年人、意欲改变职业而需要重新接受职业训练的工人、寻求基本的成人教育和读写算技能的人、希望获得与任何特定学位课程无关的专门技术或能力的学生,都能在社区学院中找到自己适合的课程。

(三) 学术与职业的融合

大学存在两个目标的冲突,一个是对真理的追求;另一个也是大学所公认的,就是为人们毕生的事业做准备。这不是教育和研究之间的冲突,而是两种教育之间的冲突。③ 这种冲突典型地存在于传统的高等教育与职业技术教育之间。自 1917 年美国《史密斯·休斯法案》提出鼓励公立学校建立单独的职业教育项目以来,整个 20 世纪美国综合高中课程体系中一直保留了两个独立的教育标准,它将职业教育与学术教育脱离开来,加深了职业与学术的对立。④ 对职业技术教育和传统学术教育的权衡问题在 20 世纪相当长时间内存在激烈的争论。1916 年教育家杜威提出"教育通过职业,把更多的实践因素融合到学习之中,这是一种最好的方法"⑤,并提出要"通过职业来教育",而不是"为了职业而教育"。1936 年赫钦斯在其影响深远的著作《美国高等教育》中提出了他的论点:"行业上的诀窍不能在一所大学中学到,而且如果能够学到这些诀窍,也不应该去学……因为这些诀窍容易过时,并且为新的诀窍所取代;是因为教师知识容易陈

---

① Lucas C J. Crisis in the academy: rethinking higher education in America [M]. 41-42.
② 同上.
③ [美] 赫钦斯:《美国高等教育》,汪利兵译,浙江教育出版社 2001 年版,第 20 页.
④ Wirth A. Education and work for the year 2000 [M]. San Francisco: Jossey-Bass, 1992: 168.
⑤ Gary Hoachlander. Integrating academic and vocational curriculum—why is theory so hard to practice? [M]. Berkeley, CA. National Center for Research in Vocational Education, 1999.

旧，不能掌握新的诀窍；是因为这些诀窍只能在它们能够被使用的实际情境中学到。"① 因此，教育应融合职业与学术教育成为美国乃至世界教育改革的方向。努力向学生提供对于任何职业而言都有用的教育，而不应仅仅教给他们有用的职业技能。

"二战"结束后，总统高等教育委员会（President's Commission on Higher Education）认为在民主的目标下需要一个统一的教育，学生应该接受"学术及职业教育均衡组合的课程"，提出了将学术和职业融为一体的教育模式，这成为社区学院产生的初衷。20世纪90年代起，在相关联邦立法中逐渐体现了学术和职业融合的改革策略，相继制定了《卡尔·D.珀金斯法案》《学校到工作过渡多途径法案》《卡尔·D.珀金斯法案第三次修订案》等，以及21世纪以来在全国推行的STC运动，均着力于促进学术与职业的融合。

社区学院通过5种具体的课程融合模式开展了课程改革②：①应用学术课程：包括适应学生职业兴趣的学术课程和为转学设计的应用学术课程，其目的在于为适应于特定行业而增加学术课程的应用性，在常规学术课程中加入职业项目的应用元素。②连接课程和多学科课程：从学科的角度融合课程，着力从不同学科视角开展应用性课程的学习，如果说应用学术课程强调"职业所需的相关学术能力"，连接课程和多学科课程则强调"从人文学科的角度"理解职业文化。③学习共同体课程，通过学生和教师组成的学习共同体分享和参与学习。④网络融合课程，是基于远程教学和信息技术，为促进学术性和职业性的融合而提供的一种课程设计。⑤工作本位融合课程，通过参加与工作相关的实践或学习等，将学术研究和各种工作环境交融在一起。

（四）密切服务于社区需要和经济发展

社区学院的特点之一是一切以社区为中心，为当地培养人才，为当地

---

① ［美］赫钦斯：《美国高等教育》，汪利兵译，浙江教育出版社2001年版，第28页。
② 陈晶晶、陈龙根：《学术性与职业性融合——美国社区学院课程模式改革的新趋势》，载《比较教育研究》2012年第1期。

的文化教育、经济建设等各项事业服务，成为当地社区的一个重要组成部分。由于美国社区学院产生的特定背景，它从一开始就把促进本社区的发展作为自己的目标，根据本社区的人口、自然条件、教育特点和需求等确定发展方向，对社区及市场劳动力需求迅速回应。社区学院与社会经济发展密切联系，反映了高职教育的本质要求和基本规律。

从美国社区学院的地域性分布中也可以看出其与工业布局的契合。在经济发展最早和工业集中带的东北部地区诞生了美国的第一个社区学院；在石油工业、飞机工业、航空航天、电子光学等工业基地的南部地区，社区学院积极承担高科技企业职工的培训，近年来的发展势头良好；而在航空航天、原子能、飞机制造、石油化工、机器制造和电影业迅速发展的西部新开发地区，社区学院也较为集中。社区学院最密集的地区是东南部、中东部、沿湖地区和西部边缘地区，发展最差的是中部山区，这和其工业布局及社会经济发展紧密配合。

同时，社区学院的专业设置与当地的经济发展、产业结构紧密相连。例如，岩石硅谷社区学院（Rock Valley College）增设了飞机机械修理、飞机养护和空中服务等专业，以配合本地区大型的飞机场的建造[1]；位于美国加州的橘岸学院（Orange Coast College）处于环太平洋地震地带，该地区大多是木质结构的房屋，学院开设了木质建筑材料加工专业；东洛杉矶学院（East Los Angeles College）针对本地区老龄化社会下护工短缺的现状，专门开设了护理专业；奥克兰社区学院地处美国"三大汽车公司"总部，则积极地承担着为汽车工业培训和再培训的任务。

社区学院为社区提供各种教育，培养各种中级人才，从电子工程技术人员、计算机操作维修人员、企业管理人员、中级医务和护理人员一直到警察、厨师、消防人员和监狱犯人管理教养人员等。社区学院也提供成人继续教育和补偿教育，解决职工的在职进修和知识更新等问题，使文化程度较低的成人能有机会补习，同时也吸引退休的老人使他们的晚年生活更加充实。社区学院针对社区需要和经济发展进行专业设置和调整，为当地居民提供各种教育机会：一是种类广泛，涵盖社区生活的方方面面，例

---

[1] Aviation program [M]. Chicago：Rock Valley College, 2008：9.

如，莫瑞恩硅谷社区学院（Moraine Valley Community College）在 2008 年学年度内开设的课程达到 600 多种①；二是课程设置注重实用性，面向社区和企业需求，每所社区学院的课程设置都是根据美国社区学院协会（American Association of Community College，AACC）对当地社区发展需求的社会调查而设定。② 课程的多样性和实用性满足了学生就业的需要，完成职业教育课程后的学生，大多能在当地社区找到相应的工作岗位。

---

① Credit and noncredit class schedule [M]. Chicago：Moraine Valley Community College, 2008：16 – 70.
② 匡瑛：《比较高等职业教育：发展与变革》，上海教育出版社 2006 年版，第 45 – 51 页。

第四章 德国高等职业教育发展模式

德国是欧洲的一个重要国家，只有35.7万平方公里的国土，人口不足8 000万，但却是世界制造业强国，经济发展居世界第三位，尤其以科技先进、产品质量优秀著称，"德国制造"更是成了世界市场上高质量和高信誉的保证。职业教育发达是德国成功的主要因素，它为德国经济崛起提供了源源不断的技术精湛的产业工人队伍，起到了不可替代的作用。直至今天，德国职业教育以其体系完善、特色鲜明成为德国品质的注脚，成为经济发展的支柱，双元制职业教育模式为世界职业教育发展提供了成功范例。发达的职业教育被喻为德国"经济腾飞的秘密武器""经济发展的柱石"，甚至是"民族存亡的基础"。德国并不使用"高等职业教育"这一概念，但相当于高等职业教育的机构有两种：由各类中专改制建立的专科大学和校企合作联办的双元制职业学院。

一、德国高职教育发展的社会背景

德国职业教育作为一种成功模式被许多国家竞相仿效，其中也包括中国。然而，人们很快就认识到学习和移植德国经验的巨大困难。德国高职教育发展模式植根于德国的历史与社会文化中，是其社会、历史、文化的产物，内容和展开方式深受文化无意识的影响。具有鲜明的培养两类人（学术性、实用性）性质的德国式教育，有其深厚的社会、文化、历史基础。

（一）重商崇技的文化传统

从社会文化传统的角度看，重视手工艺和技艺、重视技术和实践是德国悠久的历史文化传统。起源于中世纪的"师傅制"在德国手工业中广泛推广，师傅享有特权并深具威望，他们在社会中的地位要远远高于同期欧洲其他民族。从德国市井保留的雕塑中我们也可以看出，无论是面包师、泥瓦匠，还是修鞋匠、邮递员，均是社会所尊敬的职业。

在德国，职业是个人价值的主要来源，也是社会认同的重要基础，许多德国人对自己所从事的职业能产生极高的荣誉感，甚至会将其刻在自己的墓碑上，职业的重要意义可见一斑。德意志民族崇尚手工艺、技艺和较强的职业归属感，这成为职业教育植根的沃土。

这种"重商崇技"的观念和重视"技能"的文化传统对德国职业教育有着深刻的影响，在大众的心目中，接受职业教育学习技艺立足社会是一种较好的出路。在德国人看来，只要大家都敬业，都能完成本职工作，社会就会发展和进步，职业没有高低贵贱之分和门户之见，认真学习一门技能并在社会上立足的氛围甚为浓厚。德国许多著名企业的高层管理人士均当过学徒，而从事职业教育管理和职业教育研究的人员中，大多数也都有接受职业教育的背景。因此，以培养实用型技能人才的高等职业教育在德国有着广泛的大众文化基础，"双元制"职业教育思想、教育制度，已经深深扎根于德国社会的土壤之中。

（二）学术性与实用性并重的历史沿袭

德国人自古就有着学术性与实用性并重的教育观。德国人历来重视理性和理智，如同 16 世纪康德在《什么是启蒙》一文中所言①，"启蒙就是人类脱离自己所加之于自己的不成熟状态"，那么人类的成熟就应该是"不经别人的引导，就能运用自己的理智"，他呼吁"要有勇气运用你自己

---

① ［德］伊曼努尔·康德：《道德形而上学基础》，孙少伟译，九州出版社 2007 年版，第 83 页。

的理智"。而技术也是理性的派生,为此,学术性和实用性在德国思维中是并重而非冲突的关系。德国公民普遍认为,人才分为不同种类、不同层次,对社会贡献程度的大小,是衡量各类人才的社会价值的唯一标准,具有较高理解思辨能力的学术性人才和掌握技术技能的实用型人才同等重要。学历、文凭在德国公民看来,仅仅是一个人所受教育程度的标志。在德国的企业和国民经济各部门,最受人尊重的不是那些高学历持有者,而是那些对企业生存与发展有着较大贡献的新技术发明者、新产品开发者或重大革新倡议者,他们才是令人敬仰的对象,尽管其中有些人的学历并不高。

德国高等职业教育与学术性高等教育形成并行的双轨,是根源于德国学术性与实用性并重的历史沿袭。随着社会经济的快速发展,德国高等职业教育也在不断地进行调整,其主要趋势是窄专业不断被并入宽专业之中,以尽可能拓宽学生的知识面,提高日后从事职业生活的适应性。同时,又非常重视"基础内容"的学习,这些"基础内容"包括具有很强的独立学习和工作能力、综合分析能力、解决工程实际问题的能力,具有良好的工艺操作技能及实验、计算、绘图、计算机应用等方面的能力,具有稳定的工程意识、经济观点及心理素质,具有实用的社会、经济、法律方面的知识,具有与社会和企业的良好关系。上述德国教育所呈现的学术性与实用性并重的人才观,在教育上就表现为学术性与实用性并重的历史沿袭。学术性与实用性人才仿佛分别成了德国的大脑和躯体,将德国的学术与经济升举到了世界一流的水平。

同时,德国思辨性的传统思维方式,严肃认真、一丝不苟的精神和科学务实的态度对德国职业教育的发展具有促进作用。德国人对科学的理解方式以及对教育的重视发挥了显著的优势,明显地促进了各学科的相互渗透及现代科学的发展。学术性与实用性并重的教育传统将基础研究与应用研究紧密结合,使得德国人在许多科技领域捷足先登、脱颖而出。建立在电气化基础上的德国工业从一开始就超越了蒸汽机,这使得德国人在19世纪末的短短30年时间内完成了英国人100年才完成的国家工业化进程。

(三) 重视职业教育的社会共识

日耳曼人十分重视教育,从哲学家到平民都对发展教育具有共识。掌握基础文化知识是接受职业技术教育的必备条件,德国高等职业教育体系及其模式形成是以其基础教育的普及和提高为前提的。德国有着一整套完备的立交桥式的教育体系,在法律上、组织上、结构上形成的完整体系,构成了德国高等职业教育发展的教育基础。

在世界教育史上,德国以较早推行义务教育和普及义务教育卓有成效而闻名。德国是世界上最早普及义务教育的国家。自16世纪开始,德国就开始规定强迫教育;19世纪末,德国的小学教育已经普及,文盲率还不到1%[①]。"二战"之后,德国已经成为一片废墟,经济崩溃,尽管如此,对国民基础教育的重视并没有减弱反而加强了。

以加工、制造工业立国的德国致力于发展实业,提高产品质量,为此培养熟练技术工人具有重要性和紧迫性。在1871年德国统一后,德国各邦国的职业教育逐渐被法定为义务教育。第二次世界大战后,德国实行9年普通教育和3年职业教育共12年义务教育。由于德国长期推行职业义务教育,德国社会形成了一种重视职业教育和适龄青年自觉接受职业教育的习俗。德国前总理科尔曾在题为《双元制在统一的德国的力量》的讲话中说:"在我们这样一个原料不足的国家,经济实力是以从业人员的技能为基础的,经过良好职业培训的青年,是我国的最大资本,是我国经济稳定的保障。"[②] 双元制职业教育模式为德国高等职业教育发展提供了基石。

(四) 企业参与职业教育的内在动力与制度规约

伴随着世界工业化进程而发生、发展的职业教育,最原初的发展动力来自于行业、企业的需要,企业的全面参与是德国职业教育成功的关键。德国企业参与职业教育既有内在动力,又有外部的制度规约。德国于1969年开始实施的《联邦职业教育法》被称为企业职业教育的"基本法",以法律的形式全面阐述了企业职业教育的管理体系,规范了联邦政府、各联邦州和行业协会的职责。其中行业协会主要具有8项职能:教育企业的资

---

① Cubberley E P. The history of education, houghton mifflin company [M]. New York, 1920: 583, 714.

② 刘来春:《从英德职业教育之比较看我国职业教育的取向》,载《比较教育研究》1993年第1期。

格认定、教育规章的制定颁布、教育过程的咨询监督、教育纠纷的调解仲裁、建立专业决策机构、教育期限的修订审批、教育考试的组织实施和教育合同的审查管理。教育企业负责"招生",即招收"学徒"并签订"教育合同"。德国《实训教师资格条例》对实训教师的任职条件还规定:必须经过教育学、教学法的学习,并考试合格方能任职。这些法律法规全面规范了企业职业教育,成为企业职业教育顺利实施的保障。

二、 德国高职教育服务社会的发展历程

德国从一个落后、贫穷分裂的农业国发展成为今天统一的、富强的高度现代化国家经历了波澜壮阔、曲折起落的发展进程。自19世纪以来,德国经济发展经历了以下几个阶段:工业化阶段(19世纪至"二战"),经济恢复和高速发展阶段("二战"后至1975年),产业结构高度化发展阶段(1975年至今)。德国这一工业化进程与德国高职教育发展成长过程表现出了一致性:19世纪20年代德国工业化进展缓慢,但已然开始起步,30年代部分工业专科学校出现,建立了工业学校体系,使德国"交通现代化"开始启动并成为重要工业领域;"二战"后,德国法西斯无条件投降宣告彻底失败,主要城市几乎遭到了彻底毁坏,工业产值只有战前的5%,德国也被分裂为实行不同社会政治和经济制度的两个国家:联邦德国和民主德国。1975年之后,随着德国产业结构高度化发展,高职教育走向多层次发展。德国高等职业教育的发展与德国工业经济发展紧密地同步互动,并在经济崛起中发挥了无可替代的推动作用。

(一) 工业化阶段与工业学校体系的发展("二战"前)

高等职业教育在德国的发展由来已久,从13世纪的师傅带徒弟的学徒制培训,到大工业时期的工业教育体系形成,都可算作高等职业技术教育的萌芽。伴随着德国19世纪初开始的工业化进程,以技术学院为载体的工业教育体系得以建立,服务社会与工业化进程同步发展。

19世纪初,德国的产业结构仍然以农业为主,农业人口占总人口的

3/4，是资本主义工业化较晚的一个国家。德国耶拿战败后，在早期存在于各地零星的实科学校基础上，建立了系统的工业教育体系，为德国各行业培养高水平的技术人员。到19世纪20年代，德国各公国普遍建立了实科学校或工业学校，普鲁士规定每区必设一所多科技术学校，形成了蔚为壮观的工业教育体系。随着普鲁士在普法战争（1870—1871）中大获全胜，国土的统一为德国资本主义创造了蓬勃发展的条件，德国利用后发优势，19世纪后期，这些技术学校升格为技术学院或技术大学，从事具有一定理论水平的应用科学教育，政府不仅加大了对技术学院的资助，技术学院的地位也得到大幅提升，并获得了与传统大学平等的地位，打破了传统大学对高等教育的垄断。这一工业教育体系支持了德国工业的发展，从以农业为主的国家迅速转变为先进的工业国，以纺织业为主的轻工业与以机器制造业为主的重工业并行发展，一度在世界的经济发展中处于领先地位。但到19世纪末，德国加强了军国主义教育，各级学校沦为政府鼓吹扩张侵略和抵制工人运动的工具，经过两次世界大战的浩劫，技术学院与传统大学一样受到严重的破坏。

（二）经济高速发展与高等专科学校、职业学院的建立（"二战"后至1975年）

"二战"后，德国面临着各种工业限制和制裁，经济技术几近崩溃，直至20世纪50年代，联邦德国产业经济恢复到战前水平。20世纪60年代中期，联邦德国经济与社会高速发展，社会与企业迫切需要大量的技术技能人才，需要能将规划、设计及科技成果转化为现实生产力或产品的应用型人才，而单靠传统大学的扩招已无法满足社会发展对高等教育的需求，高等教育面临着结构调整和全面改革。在高等教育结构方面，德国大力发展市场急需的应用型高等职业教育，建立三年制的高等专科学校，培养第一线工作的高级技术员，并于1968年通过了《联邦各州高等专业学院发展协议》，从法律上确立高等职业教育在高等教育中的地位。联邦德国决定首先将部分办学条件较好的技术中专、师范学校和服务类学校合并改办为高等专科学校，学制3～4年。通过改办和新建，到1970年，联邦德国高等专科学校数量就有98所，占当时高等学校总数的46.4%；到

1975 年，这一数字分别达到了 136 所和 51.1%。高等职业教育已成为整个高等教育的半壁江山。

20 世纪 70 年代，随着德国产业结构的发展，对第三产业人才如高级管理、商业服务等方面的需求增加，但以培养工程师等技术人才著称的高等专科学校却难以满足这一需求。为培养这类人才，由多家公司、企业联合职业学校，创建了校企联合办学的职业学院。至 1974 年，共有 6 所职业学院及 2 所分院建立，在校生 12 000 人。职业学院将中等职业教育所广泛应用的双元制模式引入高职教育层次，由学院和企业共同实施教学任务，开创了教育机构与企业联合举办高等职业教育的一种新途径——"双元制"。由于职业学院毕业生具有在企业工作岗位上迅速进入角色的能力，因而受到了经济界的普遍欢迎。但职业学院的文凭由各州来发，州与州之间并没有建立学历互认制度，于是由巴登-符腾堡州、柏林等 5 个州和地区协商建立了职业学院学历和证书的州间互认，并认定其与高等专科学校等值。高等专科学院和职业学院在实践中受到欢迎，并得到了德国政府的认可和地位的保障。

（三）产业结构调整与高职教育多层次发展（1975 年至今）

20 世纪 70 年代中期以后，德国经济处于高速增长时期，德国第三产业占 GDP 的比重（49.1%）首次超过第二产业（48.1%），产业结构信息化、服务化和国际化趋势加强。1975—2004 年，德国第二产业比重从 48.1% 降到 29.1%，而第三产业比重从 49.1% 增长到 69.8%。如表 4-1 所示：

表 4-1　德国 1960—2004 年三次产业比重变化情况

年份	第一产业比重	第二产业比重	第三产业比重
1960	6.8%	60.7%	32.5%
1965	4.6%	52.6%	42.8%
1970	3.4%	53.1%	43.5%
1975	2.8%	48.1%	49.1%
1980	2.7%	44.8%	53%
1985	1.7%	42.8%	55.3%

续表 4-1

年份	第一产业比重	第二产业比重	第三产业比重
1990	2.8%	49%	48.2%
1996	1.1%	54.8%	44.1%
2000	2.8%	34.5%	62.6%
2004	1.1%	29.1%	69.8%

资料来源：方甲，《产业结构问题研究》，中国人民大学出版社1997年版，第204-207页。

在社会经济高速发展和第三产业的迅猛增长下，社会急需一批既有一定的理论知识，又有实际技能的实用型人才。但是，"双元制"所培养的只是操作技艺型人才，属中职教育。普通高校培养的则是学术研究型人才，因而理论与实践相结合的高级复合型人才就成为社会产业需求的缺口。1976年颁布的《高等教育总法》明确规定了高等专科学校在高等学校中的合法地位，阐明了它在法律上享有大学的各项权利。但由于其属于专科教育层次，同时由于高等专科学校在社会声誉、科研水平、学位授予、教师待遇等方面与学术型大学仍有一定的差距，很容易被当作高等教育的较低等级。对此，1981年联邦德国科学委员会曾提出"各高校之间应各具特色，但不应构成等级"，根据这一精神，为提高高等专科学校的地位，德国在1985年先后两次对《高等教育总法》做出修改，明确规定高等专科学校与大学及其他高校是"不同类型，但相同地位的"高等学校，为高等专科学校的发展提供了法律和政策上的保证。享有文化充分自治权的巴登-符腾堡通过了《职业学院法》，明确了职业学院毕业文凭与高等专科学校毕业文凭具有同等的职业价值，也以法律形式正式确认了职业学院在高等教育中的地位。①

高等专科学校被定位为"与综合大学具有同等价值，但是属于另一种类型的高等教育"。其专业教学强调实践性和应用性，学生完成学业后可获得由学校授予的注有专科学校名称的硕士学位证书（注：德国实行两级学位制，其硕士学位相当于其他国家的学士学位）。由于修学年限相对较短、实用性强、就业率高等原因，高等专科学校因此受到适龄青年和职场人士的欢迎，得到了较快发展。自1964年以来，虽然联邦德国出生率急剧

---

① 张新民：《高等职业教育理论构建》，湖南人民出版社2010年版，第99-102页。

下降，但是高等专科学校师生人数却仍呈稳步递增趋势。① 据联邦德国教科部统计，1985 年高等专科学校在校学生比 1968 年增长了 3.27 倍，而同期其他高等学校学生只增长了 1.8 倍；1982 年专科大学生占当年大学生总数的 20%，1988 年达 34.9%。② 据 1986 年联邦德国工程协会对各类学位工程师在企业中所占比重的调查统计：高等专科学校学位工程师在企业中的比例最高，占各类学位工程师总数的 62%，即达 3/4 之多；其中企业经济师占 1/2，计算机工程师也占到 1/2 之多。③ 经过 20 余年的发展，德国高等职业教育异军突起，学校数占高校总数的一半，达 130 多所，在数量上形成了绝对优势；从就学人数的分布看，约 1/2 的新生进入大学，1/3 的新生进入高等专科学校和职业学院，因为其就业率高于大学，这使得原有支持高等学校的利益团体转而支持高等专科学校职业学院，1/6 的新生进入综合大学、艺术、师范学院。④

1990 年 10 月，民主德国和联邦德国在分裂了 40 多年之后实现了统一，揭开了德国历史发展的新篇章，新州废除了原民主德国时期制定的教育法，开始实施联邦德国制定的职业教育法，通过民主德国学校改建和结构调整，新增高等专科学校 20 多所。经 20 世纪 70 年代初和 90 年代初的两次大发展，1992 年高等专科学校已达 153 所，比 1982 年增加 32 所；而传统大学在 1992 年是 122 所，比 1982 年减少 12 所。⑤ 到 1994 年，高等专科学校达 167 所，占高校总数的 51.4%，在校生 47.2 万人，占高校生总数的 27.5%。全德目前 3/4 的机电工程师、1/2 的企业经济师和 1/2 的计算机工程师都毕业于专科大学。这种以培养应用型高级人才为目标的专科大学已成为培养德国工程师的摇篮。正如康斯坦茨大学派泽特和弗拉姆在《德国高等教育结构与发展》一书中所说："专科大学是在职业教育机构的基础上，通过改变其法律地位和培养制度而产生的，它与学术性大学一起构成了一种新的高等教育体系。"⑥

---

① 刘启娴：《高职发展模式初探》，载《教育研究》1998 年第 7 期。
② 张新民：《高等职业教育理论构建》，湖南人民出版社 2010 年版，第 101 页。
③ 姜惠：《当代国际高等职业技术教育概论》，兰州大学出版社 2002 年版，第 18 页。
④ 王明伦：《德国高等职业教育综述》，载《外国教育研究》1995 年第 6 期。
⑤ 李振波：《从国际比较的角度看我国当前高等职业教育发展中的一些基本问题》，载《华东师大教育系内刊》1999 年第 20 期。
⑥ 姜惠：《当代国际高等职业技术教育概论》，兰州大学出版社 2002 年版，第 28 页。

21世纪以来，德国的高等专科学校不断加强学校的科研实力，并积极争取博士学位授予权；同时为满足学生的升学需求，积极拓展学生的升学渠道，使之朝向更高层次职业教育发展。从20世纪末开始，德国的高等专科学校纷纷改名为应用科技大学（University of Applied Sciences），并在对外交流中和FH并列使用。① 2005年，巴登-符腾堡州出台了新的《州高校法》规定高等专科学校一律去掉"专科"二字，率先进行了高等专科学校的名称改革，接着，更多的高等专科学校纷纷改名为应用科技大学。应用科技大学成为德国高等教育体系中颇具特色的一个分支，是一种更高层次的高等职业教育，从人才培养层次定位来看已相当于中国的应用性本科学校。

应用科技大学与双元制职业学院两类院校均定位于技术与生产领域培养不同层次的高级技术人才，其具体人才培养目标、专业设置和办学模式如表4-2所示：

表4-2 德国应用技术大学和双元制职业大学的特征②

应用科技大学和双元制职业大学的人才培养目标、服务面向与入学条件		
	人才培养目标与服务面向	入 学 条 件
应用科技大学	与传统的工业大学相比，侧重培养实际应用的高级技术型人才。毕业生的工作岗位是企业的技术与管理工程师或中层管理者及产品技术开发骨干	1）学历要求：文理高中或高级专业学校毕业；接受双元制职业教育的毕业生，经过补习文理高中课程一年，达到高中毕业水平，也可以申请进入应用科技大学。 2）实践经历要求：未接受过职业教育的文理高中毕业生，必须有与所申请专业一致的实践经历，一般要求3个月，申请入学者要自己寻找企业实习，并且要有带班师傅的鉴定
双元制职业大学	培养在工程师和技术工人之间起桥梁作用的实用技术人才。毕业生的工作岗位是企业的助理工程师或一线的管理者及技术骨干	1）学历要求：文理高中毕业生或通过培训达到同等学力者。 2）实践经历要求：与某企业签订培训合同

---

① 《德国高等专科学校纷纷改名》，http：//www.deyinxi-ang.org/HTML/TOGerman/Education-System.

② 姚寿广：《德国两类技术型大学的比较与启示》，载《中国大学教学》2011年第3期。

续表 4-2

应用科技大学和双元制职业大学的专业设置			
	专业设置范围	专业设置特点	典型专业名称
应用科技大学	针对经济界的需求设置专业，突出专业的针对性。主要集中在工程类、管理类和社会类，不追求像综合大学那样全面广泛	20世纪70年代初，专业设置宽窄并存；在发展中，窄专业被不断地并入宽专业中，目前已形成宽口径专业和多专业方向的专业设置特点	机械制造、建筑工程、车辆技术、信息技术、企业管理、工商管理、冶金技术、电子技术、生物工程、自动化技术等
双元制职业大学	针对企业界的需求设置专业，突出专业的针对性。比应用科技大学更为贴近职业需求，并且主要集中在工程类和管理类	与应用科技大学相同，形成了宽口径专业，同时以学生所在企业职业人才培养需求为目标确定其专业方向	基本同应用科技大学，但更偏重技术与管理类专业

应用科技大学和双元制职业大学的校企合作模式	
	校企合作模式
应用科技大学	1）学校安排半年以上时间的企业实习学期，校企签订合约，由企业安排第一指导教师（学校教师协助），指导学生完成实习教学。 2）最后一学期学生在企业选择实际项目完成学位论文。 3）课程设计和各种专题讨论，一般由高校教师和企业代表共同根据专业内容提出具体项目与问题，学生通常组成小组，共同讨论，并且采用口头报告形式在教师和企业代表面前展示解决方案。 4）企业为学校提供一些技术应用研究项目，为教学捐赠一些更新下来的大型设备，直接在应用科技大学中设立项目基金教授职位并由企业支付教授的薪金或给予补贴等
双元制职业大学	1）校企业双方共同制订培养目标和教学内容（法律规定双方具有同等的权利和义务）。学生3个月在学院上理论课，3个月在企业作为雇员接受实践培训，交替循环进行。 2）在管理所有双元制职业大学相关事务的共同机构——管理委员会和专业委员会中，企业与州政府（学校）共同发挥平等的作用。 3）除了上述共同委员以外，每个双元制职业大学内还设有协调委员会，这个委员会作为学校与培训企业单位之间的连接点，由学校和培训企业单位代表以相同比例共同组成，负责两个教学场所之间的交流和合作，协调学校和培训场所的教学。 4）财政投入采取州政府和企业共同承担的形式。其中，培训企业单位承担企业培训费用，州政府则承担学校所产生的费用

三、双轨双元制发展模式特征

德国高等职业教育发展形成典型的双轨、双元制模式,即高等职业教育与高等学术教育双轨并行的发展路径,在高职人才培养中通过学校、企业双元主体的办学模式。19 世纪初,德国著名的教育家洪堡,用新人文主义理念,全面改革了普鲁士教育体制,形成了以大学为主的学术性教育系统和以提高普通劳动者素质为主要任务的职业技术培训教育系统,两者互为补充,相得益彰,形成犹如两条腿走路的双轨制教育体系,在教育领域迈出了坚实的步伐。与美国单轨制不同,德国职业教育体系横向上与普通教育体系双轨并行,纵向上包含初等、中等和高等职业教育层次,走出了一条成功道路,成为许多国家效仿的对象。这种模式具有以下特点:

(一) 高职教育与高等学术教育体系双轨互通

德国高等职业教育体系层次完善,上下衔接,且与综合大学等学术型教育机构形成双轨并行的结构,这种大学教育(university institution)和非大学教育(non-university institution)的两轨相互补充与竞争。

这种双轨制的形成有着历史根源。"二战"后,德国面临着工业发展和经济重建,日益复杂的社会分工和持续增长的学生人数使专注于科学研究的传统高等教育系统不堪重负,为此德国在传统大学系统之外,组建了一批以职业技能培训为取向的高等教育机构——高等专科学校和职业学院等作为对大学的补充。"这些机构可以为学生提供多种学士及副学士(sub-bachelor)水平(可授予学位)的职业技术课程。同时,在许多传统大学之中,具有职业取向的课程也频频出现,这样不仅满足了公众对高等教育日益增长的需求,还培养和训练出社会经济发展所需的中、高等水平的劳动力。"① 这一进程同样出现在欧洲其他国家,从 20 世纪 60 年代开始,各

---

① Gürüz K. Higher education in the global knowledge [M]. Communication Presented at the CMU Assembly, 2003:11.

种非大学教育在欧洲的多个国家都形成和发展起来,到了80年代,"双轨制"已在德国基本成型。

德国职业教育体系从层次上可分成中等职业教育和高等职业教育,高等职业教育体系明显地区别于普通教育体系。但经过多次调整和改革,德国职业教育与普通教育之间沟通衔接的"立交桥"比以前更为畅通。据统计,21世纪之初,德国综合大学新生中来自职业类高中的毕业生占18%左右。德国高等专科学校中,70%以上的学生来自职业类高中。德国教育体系结构如图4-1所示:

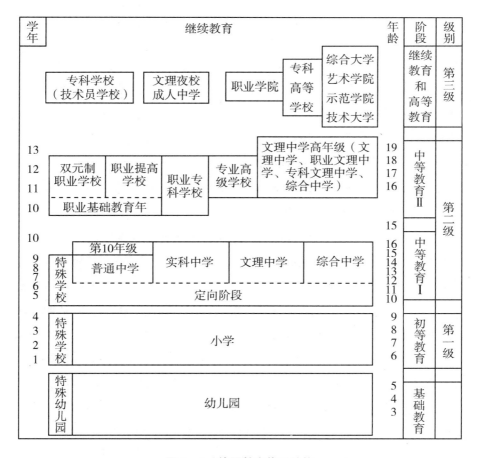

图4-1 德国教育体系结构

德国高职教育通过学术通货——学分来解决两轨互通的问题。人们可以通过参加双元制职业教育来获得报考高校的资格并开始相关学业的学习。在一些学习方向中甚至可以将职业教育的某些学分算作是高等学校学业的学分。双元制职业教育被视为进入高校学习的同等学力途径，这使德国的双元制职业教育对于中学毕业生和家长都具有非常大的吸引力。工业界对这条职业道路评价极高，因为作为高等学校的毕业生们还拥有双元制职业教育背景，会具有更高的专业能力。

（二）学校、企业合作的双元制教育模式

举世闻名的德国"双元制"教育是德国将传统的"学徒"培训方式与现代职业教育思想结合，将企业与学校、理论知识与实践技能紧密结合，以培养高水平的职业人才为目标的职业教育制度。它是德国职业教育的主要形式。全德国"双元制"职业学校在校生占第二阶段Ⅱ级（相当于中国高中阶段）各种职业类学校在校生总数的70%。"双元制"职业教育在德国教育体系中属于中等教育的范畴，然而"双元制"这种教育模式和学习模式广泛应用于德国各层次职业教育中，新兴的职业学院，其实就是"双元制"模式在高等教育领域的延伸。①

职业学院由企业和学校联合创办，采用了以突出技能培训为主的"双元制"培训模式，与"双元制"技工培训模式一样，职业学院也有两个学习场所：职业学院和培训企业，学生入学时也要与培训企业签订培训合同，学生在职业学院学习必备的理论知识，在培训企业进行实际的职业技能训练，每三个月轮换一次，理论与实践之比为1∶1。职业学院为企业培养具有实践经验的高级专门人才及中高级管理人才，整个学习年限为三年。专科高等学校学制四年，培养目标是以学生未来就业的岗位需要为导向，以毕业生更加接近顾客为原则，培养大中型企业的技术骨干或小企业的管理者及技术骨干。专科高等学校学生在完成学位论文获得职业硕士学位后，可再攻读博士学位，有些专科高等学校与综合性大学联合培养博

---

① 姜大源：《德国"双元制"进军高等职业教育领域》，载《中国教育报》1993年1月11日。

士，学位由综合性大学授予。德国高等职业教育办学以学校和企业合作为主，与企业紧密联系甚至合作办学是德国高职教育的一大特点。

"双元制"职业教育的"双元"特征主要表现在以下几方面①：联邦法律和各州法律两类法律基础，企业与国家两种经费来源，培训企业和职业学校两个学习地点，职业培训条例和教学大纲两种教学文件，职业技能培训和专业知识教学两类教学内容，实训教材和理论教材两种教材，实训教师与理论教师两类教师，培训企业学徒和职业学校学生两种身份，考试与培训证书、毕业证书两类证书，等等。

德国的职业教育担负着满足各行业不同需要的任务，通过教学和训练提高工人的劳动效率。在德国，所有技术性的职业都必须经过职业学校的培训。在德国两万多个职业中，有13大类、470个技术性的职业要经过职业技术学校的训练。这些职业的每一大类都由联邦教科部规定了共同的基础课程，每种职业都规定了职业范围和训练要求。各州文教部还规定了各类职业的教学计划。企业、训练中心和职业学校根据这些规定组织具体实施行为。

（三）全民职业教育

德国教育在行政管理方面是典型的联邦制，根据德国《基本法》的规定，各州拥有包括教育在内的文化主权。但在职业教育的管理上，联邦政府具体负责职业教育发展和劳动力市场的预测、职业培训条例的制定、理论教学大纲和教师资格的审定等。公立的职业学院或专科学校学院由州政府举办和管理，私立多数是由企业、行业协会负责，允许各州在学制、专业、课程设置、实验教学安排和管理等方面有所差异。这种联邦制的行政管理体制调动了地方办教育的积极性，避免了全国上下在教育上的过分统一而束缚学校和教师的创造性，也促进了各州间的竞争；同时，也促使各州职业教育因地制宜地多样性发展，没有了中央政府的指令性，地方和学

---

① 徐涵、高鸿：《中外职业教育体系比较研究》，东北大学出版社2005年版，第172－173页。

校能把更多的注意力投向市场，满足当地社会发展需要。

德国向来十分重视职业教育，有关职业教育多有相应法令加以规范化。其中最重要的是以法令形式规定了18周岁以前的完成普通义务教育而未进普通高级中学就学青年的3年义务职业教育。此外德国从20世纪50年代以来颁布了十多项有关职业教育的法令，同时各州也制定了不少具体的法规条文。这些法规有力地保证了职业教育的实施与发展。据统计，20世纪90年代中期，在德国的全部从业人员中，80%受过系统的职业教育。[①] 德国受职业教育者的比重如此之高，这可以说是德国职业教育法规起的保证作用。

（四）企业广泛参与

德国职业教育体系是一个几乎完全依赖于企业自愿提供培训的体系，没有企业的参与，就没有德国发达的职业教育系统。作为"双元制"职业教育中的一元，企业负责提供在职业环境中进行的实践性教育和结合企业文化的技术教育，与学生签订《职业教育合同》，并制订学生在企业的教学计划和教师安排并组织企业教学，填写学生学习报告以及组织学生参加中期考试和结业考试。德国目前大约有2/3的企业获得了相关行业协会对所承担职业教育的资格认定，成为培训企业并参与双元制职业教育。德国职业教育的经费主要由经济界、培训企业、政府和公民个人共同承担，但企业是最主要的经费提供者。如1980年德国职业教育经费的构成为：各级政府提供19.7亿马克，劳动部门支付46亿马克，而企业提供的经费达155亿马克。[②] 德国企业参与职业教育的范围之广和内容之深没有任何一个国家能够企及，这是德国双轨双元制模式形成的关键因素。

同时，德国"双元制"职业教育也有赖于国家、私人、企业和学校等多方的通力合作，在双元制职业教育的制度中，政府与行业协会所起的作用如下：①联邦政府的作用。德国法律规定，学校形式的职业教育由各州

---

① 黄永祥：《不要忘记德国》，中国城市出版社1997年版，第153页。
② 黄日强：《英德两国职业教育比较》，原子能出版社2008年版，第25页。

负责,而校外形式的职业教育,如企业内培训及跨企业职业培训,则依据《联邦职业教育法》由联邦政府负责管理。②行业协会的作用。行业协会对职业培训起到多方面的作用,如对培训企业的资格审定与监管、对培训质量与培训时间的管理、与相关部门的协调等。

第五章 澳大利亚高等职业教育发展模式

澳大利亚是一个年轻的多元民族、多元文化的移民国家，自 1901 年成为大英帝国的联邦或自治领算起仅有一百多年的历史，澳大利亚人口只有 2 200 万，然而却是南半球经济最发达的国家，经济发达程度居全球第 13 位。澳大利亚以"技术和继续教育"（technical & further education，TAFE）为核心的高等职业教育是当今世界职业教育的典型模式之一，受到世界各国的关注与广泛借鉴。

一、澳大利亚高职教育发展的社会背景

"二战"之后，澳大利亚工业得到了飞速发展，白领阶层大量产生，出现了婴儿出生高潮，导致初等教育、中等教育以及接踵而来的高等教育的膨胀。有学者提出："'二战'之后，澳大利亚的教育改革，既不是由政治哲学驱动，也不是为教育思想变革所驱动，而是为人口统计所驱动。"[①] 澳大利亚由一个以农牧业为主的落后国家逐步建设成为一个较发达的国家，与其发达而特色鲜明的职业教育体系关系密切。

---

① ［澳］西蒙·马金森：《现代澳大利亚教育史：1960 年以来的政府、经济与公民》，浙江大学出版社 2007 年版，第 23－34 页。

(一) 英国传统与多元文化

澳大利亚的文化一方面受宗主国英国的较深影响,另一方面是来自各洲各国的移民文化汇聚,可以说,英国的传统以及移民文化共同构成了澳大利亚的文化传统。澳大利亚的近代史大约有两百年,先是英国殖民者,后有英国之外的欧洲人、美洲人、亚洲人、非洲人等移民不断进入澳大利亚,一个以白人为主体,并包括土著人和来自各洲的移民组成的国家逐步形成了。也正因为如此,澳大利亚形成了一种在多种文化的比较中存留精华、剔除糟粕的文化选择与适应能力。

澳大利亚位于南半球,是世界上唯一一个拥有整个洲的大陆岛国,虽然其在地理位置上邻近亚太地区,但由于它与"母国"英国的亲密关系和历史渊源,人们则习惯上视它为一个西方国家。澳大利亚的文化传统与政治制度都是在过去数百年间主要从英国等国家移植过来的。澳大利亚在商业、国防、政治和文化上依然与英国联系紧密,这既是宗主国与殖民地关系的历史延续,也与当时英国在各个方面的强大有很大的关系。在1902—1916年、1938—1947年,澳大利亚政府先后进行的两次大的教育改革运动使其初等教育、中等教育得到了快速发展[①],所建立的教育体制承袭于英国的系统。正是因为它和英国之间亲近的文化传承关系,因此选择高职教育模式时,在采取类似于英国的做法的同时也存在着明显的吸取精华、去其糟粕的迹象。例如,澳大利亚模仿英国建立了国家职业资格证书框架体系;澳大利亚通过职业资格等级与普通教育互相沟通,也是在英国资格框架基础上的改良。可以说,澳大利亚虽然效仿英国的做法,但是却是在英国已有的基础上做了改进,使其在实施的过程中比英国更为有效。

(二) 产业结构与社会需求

自从1788年成为英国殖民地之后,澳大利亚于1901年获得了国家独

---

① 王斌华:《澳大利亚教育》,华东师范大学出版社1996年版,第58-59页。

立，但直到 20 世纪 50 年代它才开始发展自己独立的高质量的教育体系。正是由于澳大利亚经济在 50 年代的长期高速发展，以及一个更加独立的国家身份的鼓舞，才造就了今天发达的澳大利亚，这与中国在 80 年代和 90 年代的经历十分相似。在战后的 30 年里，教育系统的规模和社会普及程度得到了惊人的扩大和提高，职业教育学生人数是原来的五倍，高校学生人数则从 1945 年的 15 585 人攀升到了 1975 年的 273 137 人。因此，普通中等教育和大众化高级中等教育以及高等教育成为澳大利亚人生活中的重要因素。①

澳大利亚在经济上属于高收入国家。服务业、制造业、采矿业和农业是澳大利亚的四大主导产业。据澳大利亚官方统计，2006—2007 财年澳大利亚服务业（7 826 亿澳元）、制造业（979.8 亿澳元）、采矿业（487.5 亿澳元）和农业（233.7 亿澳元）的产值，分别占 GDP 的 82.1%、10.3%、5.1% 和 2.5%，服务业是澳大利亚的优势产业。近年来，澳大利亚对第三产业如休闲娱乐、商业服务和经济管理等相关职业的需求大幅增加，而面临巨大国际竞争的制造业对人才的容纳力则面临萎缩，传统行业如农业、矿业、建筑业等对劳动力的需求急速下滑。而这些新兴的第三产业对劳动力的技能要求和素质要求不断提高对劳动者综合素质与知识技能的要求提高，产生了职业教育与培训的巨大需求，这成为推动 TAFE 发展的社会动力。

二、澳大利亚高职教育服务社会的发展历程

（一）服务社会：高级教育学院的产生与发展（"二战"后至 1975 年）

澳大利亚的职业教育可以追溯到殖民时期的 19 世纪，当时是以机械师学院、矿工学校、技工学校的形式出现，师傅带徒弟式的培训方式盛行。

---

① ［澳］西蒙·马金森：《现代澳大利亚教育史：1960 年以来的政府、经济与公民》，浙江大学出版社 2007 年版，第 15－16 页。

19世纪至20世纪，技术学院如悉尼机械技术学校（悉尼理工学院的前身）、巴拉腊特矿业学校等以培养工业技术人才为目的的技术学院开始陆续建立起来，20世纪末已遍及澳大利亚的城市及乡村。技术学院的最大贡献就是为中等教育和高等教育开辟了另外一条途径。它所开设的课程有针对性地满足了一些学生和社区的要求，培养出了一大批人才，为澳大利亚的矿业和冶金工业做出了巨大贡献。

"二战"后，澳大利亚社会各个方面进入了重建时期。①经济发展。澳大利亚的产业结构和社会情况开始发生了变化：国际经济的变动迫使澳大利亚不能再依赖传统的制造业、采矿业和农业作为国家大部分的经济来源，而须进行多元化的发展，生产不同种类货品和提供各类服务，促进出口贸易；新兴产业，如信息、金融等逐步发展起来。社会需要更广泛的技能、技术教育，传统的学徒制度与现有的高等教育体系已经不能满足这一需要。②人口增长。随着移民计划的加速和战后"生育高峰"的出现，5~14岁的澳大利亚人口在1947—1954年期间增加了40%，在1954—1961年期间增加了30%。③职业化需求。澳大利亚社会产生了大量的职业培训需求，许多职业人员需要提升自己并获得大学学位，也希望在大学学习一些实用的职业知识和技能，新一代的大学生也有很多具有较强的职业动机。①依靠各州支持的大学必然对这种社会需求做出反应，专业与教学呈现出越来越职业化的发展趋势。但大学职业化的需求毕竟与大学的学术研究的理想产生冲突，如悉尼大学长期以来一直拒绝开设这类课程，认为开设这种技术教育的课程或函授课程不符合其办学传统和办学理念。在此背景下，联邦政府意识到，当务之急应该扩大教育系统的承受能力，建立直接服务于社会发展需要的高等教育机构。

英国高等教育领域的改革对澳大利亚的高等教育产生了直接的影响。从1965年开始，英国建立了大学和多科技术学院、教育学院两大部分组成的高等教育系统，英国高等教育的双重制从此确立。正是受英国多科技术学院建立的影响，澳大利亚成立了未来高等教育委员会②，从整体上考

---

① Alan Barcan. A history of Australian education [M]. London：Oxford University Press，1980：329.
② Alan Barcan. A history of Australian education [M]. London：Oxford University Press，1980：339.

虑未来高等教育的发展模式。在对诸多领域进行大量调查的基础上，该委员会根据澳大利亚的社会发展需求和国力，先后呈交了一份长达三卷的报告，而被联邦政府采纳了的部分内容则形成了《马丁报告》。报告提出为社会提供广泛多样的高等教育、进一步完善高等教育体系的目标，建议增加高等教育类型，建立大学、高级教育学院和师范学院三类学院，而联邦政府应该和州政府共同承担这三种类型的资助职责。① 马丁委员会认为，目前的高等教育系统过于强调大学教育，而对于非大学的第三级教育机构则重视程度不够。

《马丁报告》关于建立高级教育学院以及联邦资助第三教育的建议很快被联邦政府采纳了，因为"在目前大学规模不可能大幅度扩大的情况下，应开辟新的高教模式——高等教育学院和技术与进修学院——来缓解大学的压力"②。1965 年，澳大利亚新的文凭学院即高级教育学院（Colleges of Advanced Education，CAEs）正式建立，高级教育学院属于高等教育领域，由以前的技术学院、农业与科技学院等机构合并而成。高级教育学院主要以文凭和教学为主，与大学以学位和研究层次为主不同，高级教育学院为那些不具备足够能力进入大学或不愿进入大学的学生提供了不同的高等教育选择。

从 1967 年开始，澳大利亚联邦政府和州政府开始按照比例分担对高级教育学院的拨款任务。在联邦政府的大力推动下，澳大利亚掀起了建立高级教育学院的热潮，各州纷纷建立了高级教育学院或类似机构，认可大学以外授予学位和毕业文凭，学生可以通过业余时间学习获得学位。高级教育学院是这类学院的总称，但由于各州情况不同，这些机构名称和权限范围都略有不同。如维多利亚州成立了学院协会，可以认可和授予大学以外授予的学位和毕业文凭；有些学院直接冠以"高级教育学院"的名称，如米切尔高级教育学院、堪培拉高级教育学院等。高级教育学院的学生参与率也逐年上升，至 1976 年，高级教育学院的参与率基本与大学的参与率持平。具体数字见表 5-1。

---

① 王斌华：《澳大利亚教育》，华东师范大学出版社 1996 年版，第 196 页。
② 崔爱林：《二战后澳大利亚高等教育政策研究》，河北大学出版社 2011 年版，第 11 页。

第五章 澳大利亚高等职业教育发展模式

表 5-1　1968—1976 年澳大利亚高等教育参与率①

年份	大学	高级教育学院	总计
1968 年	7.2%	3.5%	10.7%
1969 年	7.5%	4.0%	11.5%
1970 年	7.9%	4.6%	12.5%
1971 年	8.5%	5.4%	13.9%
1972 年	8.6%	6.1%	14.7%
1973 年	8.8%	7.1%	15.9%
1974 年	9.2%	8.0%	17.2%
1975 年	9.4%	9.0%	18.4%
1976 年	9.6%	9.5%	19.1%

"二战"以来，在以前的技术学院、农业与科技学院等机构合并和新建院校的基础上，建立了以文凭和教学为主的高级教育学院系统。至此，澳大利亚高等教育的发展具有了一定的规模，高等教育的双轨制得以形成。②正如西蒙·马金森所言：澳大利亚"教育系统建设的伟大时期已经开始"。各类学校具体入学人数如表 5-2。

表 5-2　1947—1975 年澳大利亚各级教育学生注册入学人数③

总入学人数 （全日制和非全日制）	小学	中学	大学	职业教育	总数
1947 年	856 216	234 993	30 447	144 882	1 266 538
1950 年	976 360	256 674	30 630	161 564	1 425 228
1955 年	1 274 337	350 102	30 792	177 081	1 832 312
1960 年	1 447 404	553 379	53 391	239 427	2 293 601
1965 年	1 666 606	771 046	83 320	360 755	2 881 727
1970 年	1 812 023	956 210	273 137	521 312	3 713 729
1975 年	1 819 358	1 099 922	273 137	521 312	3 713 729

---

① Bruce Williams. Systems of higher education: Australia, international council for educational development [M]. London: Oxford University Press, 1978: 3.
② 王斌华：《澳大利亚教育》，华东师范大学出版社 1996 年版，第 181 页。
③ ［澳］西蒙·马金森：《现代澳大利亚教育史：1960 年以来的政府、经济与公民》，浙江大学出版社 2007 年版，第 16-17 页。

澳大利亚由此形成了大学与高级教育学院并行的高等教育双轨制。这种双轨的区分不是市场选择的自然结果，而是澳大利亚议会和政府的人为安排，体现着某种程度上的计划与控制。① 以文凭和教学为主的高级教育学院，与以学位和研究层次为主的大学，两轨并行。

（二）促进经济：技术与继续教育体系建立（1975年至20世纪末）

20世纪70年代，随着第三次产业革命下信息产业的发展，澳大利亚社会和产业结构发生了重大变革，以往的传统行业如农业、制造业和采矿业开始萎缩，而以金融、旅游、通信等为代表的新兴服务型产业得到了迅速发展，越来越多的妇女也产生了职业愿望和接受教育与培训的需求。② 经济结构的变化直接影响了社会就业的变化，很多在传统产业的从业者开始转移，而新兴产业的兴起缺乏熟练技术工人，服务业、旅游业的兴起也需要大量受过良好培训的员工，很多相关部门纷纷呼吁，要求政府关注技术教育与培训状况。

1.《坎甘报告》与技术与继续教育学院的建立

20世纪70年代初职业教育对经济发展的作用也越来越被联邦政府所重视，联邦政府更加关注第三级教育的发展状况，为更好地适应社会需求，联邦政府教育部专门成立了技术与继续教育委员会对所有技术学院与培训机构进行调查并提供报告。1974年该委员会提交了《澳大利亚技术与继续教育的需求》报告，这份后来被人们称为《坎甘报告》的咨询报告对澳大利亚技术与继续教育的概念、现状、挑战、未来作了详尽的调查研究。报告重新阐释了技术与继续教育的内涵。长期以来，澳大利亚社会上一直对职业技术教育存有偏见，认为职业技术教育在教育层次和地位上要低于主流教育（初等、中等和第三级教育），而仅仅属于培训的范畴。但

---

① Alan Barcan. A history of Australian education [M]. London: Oxford University Press, 1980: 340.
② The history of VET, http: www. training. com. cn/Pages/menuitem3e365e26c408 5888a 392e5101 7a62dbc. aspx.

《坎甘报告》指出,"人们太多地考虑技术和继续教育与主流教育的差别,实际上,技术与继续教育应该被认为是一种选择,不存在比其他教育高或低的问题"。①"技术与继续教育"的提出是对职业教育概念的扩展,报告认为,学习应是持续一生的过程,"把人的一生划分为青年时代的正规教育和成年时代的就业教育两部分是不适当的,学校教育学习的知识和技能并不能受用终身,尤其在社会变化日新月异的时代,知识和技术更新速度很快,职业的结构和性质也经常变化,所以必须进行终身学习"。②时任澳大利亚联邦教育部长比兹利(Beazley)在1980年的回忆录中曾专门介绍了坎甘的教育思想和业绩,他说:"坎甘摒弃了技术学院仅仅满足行业劳动力需要的狭窄的观念,采纳了更加广泛的理念,从满足人们个体需要为出发点,人们可以自由地接受以就业为导向的教育。"③《坎甘报告》在澳大利亚技术与继续教育发展史上意义深远,它提出的技术教育与继续教育学院(TAFE)成为一种职业教育办学模式和高等教育体系的重要组成部分。

基于对职业教育概念内涵的扩展,《坎甘报告》提出通过技术教育与继续教育相结合、学历教育与岗位培训相结合,建立新型的技术与继续教育学院(TAFE),实施新型的技术与继续教育的建议。联邦政府采纳了此报告,并于1975年颁布了《技术与继续教育法案》,随后建立了技术与继续教育委员会,并分权到各州开展这项工作,政府为各州的职业技术教育学院提供财政资助,各州陆续建立技术与继续教育学院,技术与继续教育学院在澳大利亚的地位得以提高,并正式成为高等教育的一部分。20世纪80年代初期,联邦政府逐年提升向各州下拨支持技术与继续教育学院的发展的经费,技术与继续教育占联邦教育总投入的比例从1982年度的7.8%上升到1987年度的8.1%。④(表5-3)

---

① 崔爱林:《二战后澳大利亚高等教育政策研究》,河北大学2011年学位论文,第49页。
② ACOTAFE. TAFE in Australia: report on needs in technical and further education [M]. Canberra: Australian Government Publishing Service, 1974.
③ 黄立志:《制度生成与变革:二战后澳大利亚技术与继续教育(TAFE)历史研究》,北京师范大学2006年学位论文,第22页。
④ 黄立志:《制度生成与变革:二战后澳大利亚技术与继续教育(TAFE)历史研究》,北京师范大学2006年学位论文,第73页。

表 5-3　1982—1987 年度技术与继续教育学院的发展的经费投入

年度和项目	1982—1983 年	1983—1984 年	1984—1985 年	1985—1986 年	1986—1987 年	1987—1988 年
TAFE 投入	298.0	321.7	417.5	409.3	436.6	472.7
教育总投入	3 821.8	4 206.8	4 632.3	5 012.5	5 333.4	5 837.5
比例（%）	7.8	7.7	9.0	8.2	8.2	8.1

从此澳大利亚的第三级教育由三部分组成，大学、高等教育学院和技术与继续教育学院，双轨制的高等教育格局并未发生大的转变。为了保证教育的延续和衔接，联邦政府在 TAFE 与中小学、高等教育等其他教育类型和部门之间，建立了一套正式的学分转移安排。

2. 道金斯改革与高级教育学院转向

从历史上看，澳大利亚的教育发展一直呈现出一种比较平稳的变化，但 20 世纪 80 年代末至 90 年代的高等教育领域发生了非同寻常的重大变革。此次改革的力度之大、影响之深在澳大利亚教育史上实属罕见，这次改革正式拉开了澳大利亚高等教育市场化进程的序幕，成为澳大利亚高等教育发展史上的一个转折点。① 道金斯改革打破了高等教育的二元体制，创造了一种外表统一但内部更加多样化的高等教育系统。

在 1988 年以前，澳大利亚联邦对大学与高级教育学院的拨款是区别对待的，由于对科研成果的侧重而偏向于大学，大学获得了绝大多数资助资金。这招致了高级教育学院教师的不满，他们认为此拨款方式有失公平，开始施压于联邦政府，要求按照大学的拨款比例给高级教育学院以更多的资助。② 同时，由于对学术科研的偏重，许多高级教育学院进行了合并、升格，1986 年，西澳大利亚技术学院被率先改制为柯汀技术大学，随后其他州的规模较大的高级教育学院纷纷仿效，准备申请成为大学。大学和高级教育学院两个部门的界线与区分变得日益模糊，二者之间的关系成

---

　　① 崔爱林：《二战后澳大利亚高等教育政策研究》，河北大学 2011 年学位论文，第 54 页。
　　② ［荷］弗兰斯·F. 范富格特：《国际高等教育政策比较研究》，王承绪译，浙江教育出版社 2001 年版，第 29 页。

为联邦政府迫切需要解决和协调的问题。① 面对这一现状，时任教育与培训部部长约翰·道金斯认为，应该尽快采取实际的行动进行改革。道金斯发布的高等教育白皮书《高等教育——一份政策声明》谈到，目前澳大利亚正从出口初级产品过渡到具有更高附加值的产业，高等教育改革要对这种社会需求做出及时的回应，联邦政府改革的根本目标就是通过采用市场手段，寻找一条改进教育和培训方面生产效率的路子。② 同时指出，"政府将鼓励高等教育机构发展与经济各领域中的雇主之间的密切联系，并注重研究项目和技术转移、学校课程与实践的结合，以及毕业生与企业之间的联系"。③ 重点是要充分考虑劳动力市场的需求，进一步提高高等教育的效率和质量。

　　道金斯高等教育改革的核心是高级教育学院与大学或 TAFE 学院进行合并，建立统一的国家高等教育体系，从而结束高等教育的双轨制。具体改革办法则是，为提高办学效率，按自愿加入的原则，将在校生规模小于 2 000 的高等教育机构，合并进系统里的其他机构或者 TAFE 系统中，成为一个比较大的机构。同时，邀请所有的机构申请加入国家统一体系，对加入国家高等教育统一体系的机构进行统一的资助安排。联邦政府要资助高等教育机构做它们想做的事情，促使高教机构具有竞争活力和提供多样化的环境。④ 同时，联邦政府设计了竞争性拨款机制，根据高校各自的教育状况和绩效水平给予资助，并制定了国家优先发展领域，这一措施促进了高等教育机构之间对财政拨款的竞争，并将教育发展方向引导到政府制定的优先发展领域上。一系列改革的推行，使高等教育学院逐渐将其职业教育的职能分离出来，让渡给专门的 TAFE 学院承担，另外合并了一些护理学院、农业学院和师范学院，确立了培养专门人才的发展方向，对自身的

---

①　Alan Barcan. The liberal university: death and transfiguration [J]. Education research and perspectives, 1997, 24 (2): 4.

②　[澳] 西蒙·马金森、马克·康西丹：《澳大利亚企业型大学的权力机构、管理模式与再创造方式》，周心红译，浙江大学出版社 2007 年版，第 25 页。

③　Dawkins J S. Higher education: a policy statement [M]. Canberra: Australian Government Publishing Service, 1988: 66.

④　Lynn Meek V, Fiona Q Wood. Managing higher education diversity in a climate of public sector reform department of employment, education [EB/OL]. http: //www.dest.gov.au/archive/highered/eippubs/eip98-5/eip98-5.pdf.

教育职能重新定位。高级教育学院开始超越本科教学工作，转向学位和研究生教育以及科研活动，20世纪80年代有些大的技术学院开始和大学联合进行博士生的培养。①

1988年的政府白皮书发布后，澳大利亚的高等教育体系经历了结构性的变化，结束了大学和高级教育学院之间的双重体制，建立了一个统一但更加多样化的高等教育体系。

3. TAFE 体系拓展

20世纪90年代以来，澳大利亚相继出台了一系列改革举措，Deverson、Finn和Carmichael报告等一系列的文件都提出TAFE培训体系的拓展，并且建立一个统一强有力的国家培训体系，提高参与度等问题，同时提出学分转换和衔接、职业证书体系等方案。在这一时期，TAFE学院取得了较大进展，主要体现在以下方面：1992年成立了国家培训局（ANTA）；1995年建立了澳大利亚资格框架（AQF）；1998年建立了澳大利亚认证框架（ARF），培训包（TP）的引入与推广、TAFE管理机构与VET（职业教育培训）的调整和合并等。TAFE学院在澳大利亚获得了较快的发展，1992年澳大利亚TAFE的参与学生人数首次超过100万，而1998年这一数字达到了150万。同时TAFE学院与其他教育类型的学分转移和衔接也更为畅通，TAFE学院学生进入大学的学生比例增加，从1993年的3.9%上升到2001年的7%，具体数字见表5-4。

表5-4　1993—2001年澳大利亚职业与继续教育学院的学生进入高等教育的比例②

年度	进入高等教育的学生数	所占百分比
1993年	6 203	3.9%
1994年	9 111	5.5%
1995年	11 763	6.5%
1996年	11 819	6.1%

---

① Jillian M Maling, Bruce D Keepes. The Australian higher education system—diversity: sought or neglected? [EB/OL]. http://www.dest.gov.au/archive/highered/eippubs/eip98-5/eip98-5.pdf.

② Brendan Nelson. Varieties of learing: the interface between higher education and vacational education and training [M]. Minister for Education, Science and Training, 2002: 7.

续表 5-4

年度	进入高等教育的学生数	所占百分比
1997 年	14 374	7.3%
1998 年	14 374	7.2%
1999 年	15 667	7.6%
2000 年	14 599	6.9%
2001 年	15 316	7.0%

（三）技能立国：技术与继续教育体系拓展（21 世纪至今）

自 20 世纪末以来，TAFE 学院发生了培训与学术并重的三个转向：一是培训道路的转向。大部分 TAFE 学院继续实行以就业为导向的培训，成为职业教育与培训的重要机构。在主导思想上，它们引入国家培训局所倡导的"用户原则"，即"客户应当得到他们想要的培训，无论何地，无论何时，无论何种方式"。服务对象不再称为学生，而是称为"客户"（clients）。二是学术道路的转向。从 20 世纪 90 年代初开始，以学分转换为手段的 TAFE 学院与大学的衔接逐步推开，一部分 TAFE 学院重新注重学术性课程，并独立开办一些学士学位课程。少数 TAFE 学院合并到大学成为大学的 TAFE 部，实际上是 TAFE 学院的升格。2004 年澳大利亚设置副学士学位。他们这些举措都表明了向学术方向的靠拢。三是培训与学术相结合的转向。一些 TAFE 学院秉承坎甘所倡导的技术与继续教育理想，实行岗位技能培训和普通知识教学并重的原则，为学生的就业和升学做准备。TAFE 学院的这三个转向，目前只是一种发展趋势。具体到一所 TAFE 学院，培训课程和学术课程都存在，所不同的是侧重点不同。各州、地区的情况又有不同。开展学术课程发展方向是近年来澳大利亚 TAFE 学院新的趋势，并展现了强劲的发展势头。但是，学术课程教学与大学相比毕竟不是 TAFE 学院的优势。就业还是需要针对性培训的，否则难以适应工作岗位的需要，而且应用性实践教学是 TAFE 学院固有的优势。实践与理论结合、培训与学术并重的中间道路应当是 TAFE 学院的主要发展方向。

进入21世纪,面对科学技术的飞速发展、经济全球化和人口老龄化的内外挑战,为更好地应对全球经济竞争,澳大利亚确立了技能立国的发展战略。澳大利亚总理朱莉娅·吉拉德(Julia Gillard)说:"技能是现代经济的命脉,是保证未来繁荣的关键。"① 她在《走向能力复苏:经济低迷和澳大利亚的职业教育与培训体系》研究报告中提出,"应该从长远角度出发考虑职业教育与培训体系对澳大利亚未来经济发展的意义,一方面,基于青年人充分参与社会的考虑;另一方面,为澳大利亚未来培养高技能的劳动力提供保障"。② 受2008年全球经济危机的影响,澳大利亚提出要进一步增强国家竞争力以应对今后的挑战,2011年澳大利亚技能署发布《为了繁荣的技能——澳大利亚职业教育与培训路线图》报告,报告对澳大利亚职业教育体系在过去20年中的发展进行综合评估,同时提出了职业教育改革的方向——"在不同教育部门间形成更有效的转换路径",这充分反映了澳大利亚职业教育的特征与核心。2012年3月,澳大利亚联邦政府发布了题为《面向所有人的技能》(Skills for All Australians)的改革计划,目的是在全国范围内推行职业教育与培训改革,总体提高国民技能水平,使经济发展更有活力和竞争力。澳大利亚高等职业教育围绕这些新的问题与趋向,获得了进一步的发展并最终形成了独具特色的澳大利亚高职教育模式。

一是框架制度——国家资格框架的拓展。2000年起全面推行澳大利亚资格框架。澳大利亚资格框架是在国家层面上由一系列文凭和证书所代表的资格构成,它不仅包括职业教育的文凭、证书,而且包括普通教育的文凭、证书;不仅涉及了包括高中教育和高等教育在内的各个教育层次,而且涉及普通教育和职业教育在内的两种教育类型;同时还涵盖了高中教育、职业教育与培训、高等教育这三个不同的领域。2005年以前,这一资格框架只提供6级职业教育资格证书,包括一、二、三、四级证书、文凭和高级文凭6个级别。2005年以后,这一资格框架拓展为8级,增加了职

---

① Common wealth of Australia. Skills for all Australians:national reforms to skill more Australians and achieve a more gompetitive dynamic economy [EB/OL]. [2012-03-19]. http://www.innovation.gov.au/Skills/About/News/Pages/SkillsForAllAustralians.aspx.

② Richard Sweet. A competent recovery? Economic downturn and Australia's vocational education and training system [EB/OL]. http://www.ncver.edu.au/popups/limit_download.php?file=research/commercial/op04430.pdf.

业教育研究生证书和职业教育研究生文凭2个级别，这2个级别分别与普通高等教育的研究生证书和文凭等值。

二是实施机构——技术与继续教育（TAFF）体系的发展。《澳大利亚资格框架》需要依靠教育系统来具体实施。澳大利亚已发展了五类机构来提供技术与继续教育课程[①]：①州政府举办和管辖的技术与继续教育机构，可提供证书（4个级别）、文凭（2个级别）、研究生证书（2个级别）；②大学中设置的技术与继续教育的机构（TAFE机构），可提供四级证书及以上的证书；③具有注册培训机构资格的中学，一般只能提供一级和二级证书的培训；④具有注册培训机构资格的私立培训机构；⑤具有注册培训机构资格、为员工开展培训的的企业。

三是保障机制——《澳大利亚质量培训框架》（AQTF）的开发。为建立稳定且高质量的职业教育与培训体系，2001年由原澳大利亚国家培训自治局所属机构——国家培训质量协会与州、地区政府以及行业合作共同开发了这一框架，其宗旨是对"注册培训机构"，即职业教育与培训的机构进行质量认证。这一框架包括两套标准：一是注册培训机构（RTO）的标准，二是州与领地注册和课程授权委员会的标准。

三、 国家资格框架下的市场化发展模式特征

澳大利亚TAFE模式被认为是世界上最先进的、最具代表性的职业教育成功模式之一，它主要包含了以下几个有机组成部分：以统一的国家资格框架体系（australian qualifications framework，AQF）为各类别和各层次教育衔接的纽带，以培训包（training package，TP）为基本内容，以严格完善澳大利亚质量培训框架（australia quality training framework，AQTF）为保障体系，以灵活多样的TAFE学院为主要教育注册培训机构（registered training organization，RTO），以能力本位（competency-based training，CBT）的教学和能力评价体系为教学模式，组成了一个多层次开放性的教

---

① 姜大源等：《当代世界职业教育发展趋势研究——现象与规律（之二）——基于纵向维度递进发展的趋势：定阶与进阶》，载《中国职业技术教育》2012年第21期。

育体系。这一体系是在政府主导下，在行业和市场充分参与的市场化模式下运行，由此，澳大利亚高等职业教育发展模式可以高度概括为国家资格框架下的市场化发展模式。具备如下特征：

（一）基于国家资格认证框架（AQF）的混合体系

国家职业资格框架是澳大利亚 TAFE 发展模式的一个重要组成部分。澳大利亚逐步建立和采用全国统一的资格认证框架（AQF），取代了以前由各州和各区颁布的林林总总的证书形式。该框架是在针对每个工业部门的能力标准研制出的"澳大利亚能力标准体系"（ASF）的基础上，由职业资格框架委员会组织相关行业、雇主和院校等共同制定。它具有重大意义，表现在以下两个方面：一是详细规定各级资格证书应达到的能力标准要求，确保全国范围内资格证书具有统一的质量；二是通过职业资格证书使高中、职业与培训领域、普通高等教育三个教育层次或类型间实现良好的衔接与沟通，既为它们之间的资历确认、学分转换以及学生在不同教育系统之间的转学或继续深造提供了权威性的保障条件，又确立了职业教育在整个学制系统中的独立地位。

国家资格认证框架是澳大利亚高职教育发展的重要基础性制度之一，2011 年颁布的最新版本共包含了 10 个级别 18 种类型的职业资格证书或文凭。见表 5-5：

表 5-5　澳大利亚国家资格认证框架（AQF）2011 年版[①]

水平等级	中等教育	职业教育与培训	高等教育
10 级	—	—	博士学位（Doctoral Degree）
9 级	—	—	硕士学位（Masters Degree）
8 级	—	职业教育研究生文凭（Vocational Graduate Diploma）	研究生文凭（Graduate Diploma）

---

① 吴雪萍、马博：《澳大利亚资格框架研究》，载《比较教育研究》2011 年第 8 期。

续表 5-5

水平等级	中等教育	职业教育与培训	高等教育
7 级	—	职业教育研究生证书（Vocational Graduate Certificate）	研究生证（Graduate Certificate）
6 级	—	高级专科文凭（Advanced Diploma）	学士学位（Bachelor Degree）
5 级	—	专科文凭（Diploma）	专科文凭（Associate Degree）
4 级	—	4 级证书（Certificate Ⅳ）	—
3 级	高中毕业证书（Senior Secondary Certificate of Education）	3 级证书（Certificate Ⅲ）	—
2 级	—	2 级证书（Certificate Ⅱ）	—
1 级	—	1 级证书（Certificate Ⅰ）	—

澳大利亚资格框架的主要特点是将大学、职业教育与培训以及学校三个教育系统进行了统一规划，将多种证书纳入一个资格框架体系，有利于国家对各类教育与培训的统筹规划和质量管理。它涵盖并跨越高中教育和高等教育两个教育阶段的两种教育类型，包括高中教育、职业教育与培训和高等教育三个领域，形成了一个在高中教育、职业教育与培训以及高等教育的不同教育层次之间，以及在职业教育与普通教育的不同教育类型之间实现教育和谐与教育平等的互通互认机制。这一框架从证书到学位的各级资格之间根据课程内容进行衔接，从而构成了国家的终身教育体系，最大限度地满足了行业、企业和个人对教育与培训的需求。①

虽然有了国家资格认证标准，但在地广人稀的澳大利亚，如何既保证职教课程开发的多样性和区域性，又保证其基本质量与标准，是其教育与培训面临的问题。澳大利亚 TAFE 的培训包制度提供了 TAFE 学院开展职业教育和培训的依据，有效解决了上述问题。职业技术人才培训包（traning

---

① 陶秋燕：《高等技术与职业教育的专业和课程：以澳大利亚为个案的研究》，科学出版社 2004 年版，第 9 页。

package）是由行业主导依据职业资格框架（AQF）所提供的行业职业能力标准进行开发的，遵循了"行业提出要求——职业教育机构满足要求"的逻辑，使职业教育机构明确社会需要和办学方向，减少了职业教育的盲目性。

（二）学历教育与职业培训融为一体

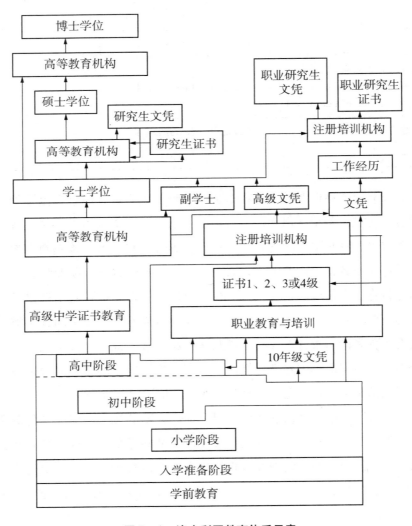

图 5-1　澳大利亚教育体系示意

澳大利亚的高等职业教育发展模式是把学历性职业教育和职业资格培训（岗位培训）结合起来，TAFE学院的教育类型是多元化的，既有为年轻人进入劳动力大军做准备的就业准备教育，也有为在职人员或成年人转岗、晋升或再就业而准备的职业继续教育，是一种融教育与培训为一体的混合制的高等职业教育类型，也是追求终身学习价值的高等职业教育。在澳大利亚资格框架的指导下，通过文凭等值使不同教育与培训之间彼此衔接和融通，如图5-1所示。任何普通中学在校学生、普通高校学生，以及在职人员、社会待岗人员、转岗人员等都可以依据自己的学习和相关工作经历，根据资格框架中的各级各类证书和文凭课程选择适合自己的学习起点或继续学习。

（三）政府调控下的市场化运作

TAFE学院作为澳大利亚最大的高等职业教育机构，其经费的59%来自各州和各地区，25%由联邦政府提供，其余16%为收费所得。凡是经过国家培训局认可的机构企业和个人都可以通过竞争获得联邦和州政府资助的教育经费。政府向学院拨款的方式是，先根据职业培训框架和培训计划确定职业培训目标和指标，随后以教育和培训这个"特殊商品"的"购买者"的身份出现，向培训机构购买教育培训。政府向学院拨款的衡量尺度是哪一个学院的教育和培训适应经济和社会需要，且质量高（学生的巩固率高、毕业生获得证书的比例高）、成本低（生均经费低），政府就"购买"哪一个学院的教育和培训，就向哪一个学院拨款。政府拨款依照TAFE学院每个学生实际上课的课时数每月一拨，每年培训对象的跟踪调查就是培训质量报告，关系到来年能否中标培训项目，使培训市场按照市场法则进行更有序的竞争。这种市场运作机制和拨款方式成为政府发展职业培训的指挥棒，促使职业培训机构最大限度地适应当地经济和社会发展需要。①

---

① 史习明：《从市场意识到市场实践：澳大利亚TAFE教育启示》，载《职业技术教育》2011年第8期。

市场化还表现在，TAFE 学院广泛进入市场，得到企业等社会各方面的资助。以堪培拉技术学院为例，1997 年度政府拨款占学院经费的 74%，来自社会方面的培训和服务收入占学院经费的 26%。政府要求 1998 年度后者的份额应提高到 40%。从一定意义上讲，TAFE 学院不仅是政府的教育和培训机构，而且是一个"经营实体"，一方面，承接政府教育与培训项目获得政府拨款；另一方面，为企业服务获得企业和社会各方面的资助，如通过与工厂企业签订合同并建立合作关系、为企业举办短期培训、为企业提供各类教育资源等。

澳大利亚高等职业教育的市场化发展模式，使 TAFE 获得持续发展的动力和在国际市场的竞争力。TAFE 学院把海外留学生教育当作产业来经营，并对海外学员全额收费和高出成本收费，在国际教育市场上抢占份额。从 1986—2008 年的 22 年间，澳大利亚的海外学生从 2 000 人增长至 40 多万人，猛增 200 倍，招收海外留学生的创收平均占职业学校经费的 12%。过去 10 年，教育出口已发展成为澳大利亚第三大产业，仅次于煤矿与铁矿出口。

第六章 不同国家高等职业教育发展模式比较

在高等职业教育发展的实践进程中，各国都依据社会发展和区域经济发展的需要，基于各自的教育制度、文化传统形成了各具特色的多种发展模式。这些不同的发展模式深刻反映了不同国家基于本国国情需要的主观努力，孕育了高等职业教育从满足社会需求、与经济发展互动到促进人的发展的共同发展趋向。同样，它们在各自的发展进程中，也面临着独特的问题与挑战，由于各国经济发展水平、民族文化形态等的差异导致其发展水平与层次很不平衡，其发展模式也处于不断调整与完善的过程之中。

一、各国高职教育发展模式关键要素比较

美国、德国、澳大利亚三国的高等职业教育代表了世界上较为典型和发达的高职教育发展模式。这三种模式的形成与特征，反映着三国社会经济、教育等方面发展的不同国情与需求。

（一）实施机构

美国的高职教育诞生于20世纪初，实施机构主要为社区学院。美国社区学院在将近一个世纪的发展过程中，逐步形成了自己的特点，其中最突出的特征就是多功能一体化，它将转学教育、补偿教育、职业技术教育、

继续教育、终身教育等多种中学后教育的职能集于一身，完成了传统高等教育机构不可能完成的任务，使美国高等教育发生了深刻变化。社区学院不仅能满足将来准备继续升学的学生，也可满足读完社区学院以后准备就业的学生，同时满足在职人员和成人学院学习的需要；既提供学术教育（指转学教育课程），又提供多种类型的职业教育及社区教育课程。使学术、职业、技术教育在同一个教育机构中得到融合。(表6-1)

德国是世界上高等职业教育体系最发达的国家之一，但德国并不使用"高等职业教育"这一概念，实施高等职业教育的机构有两种：高等专科学校和校企合作联办的双元制职业学院，这两种学院与学术性大学一起构成了一种新的高等教育体系。专科高等学校学制四年，培养目标是以学生未来就业的岗位需要为导向，以毕业生更加接近顾客为原则，培养大中型企业的技术骨干或小企业的管理者及技术骨干。专科高等学校学生在完成学位论文、获得职业硕士学位后，可再攻读博士学位，有些专科高等学校与综合性大学联合培养博士，学位由综合性大学授予。近年来，德国的高等专科学校纷纷改名为应用科技大学（University of Applied Sciences），并在对外交流中和FH并列使用。职业学院诞生于19世纪70年代中期，实际上是学校和企业合作办学的产物，整个教学能够从学校和企业两个基地的师资与设备条件中受益，开创了教育机构与企业联合举办高等职业教育的一种新途径——"双元制"。双元制职业学院的建立，使德国高职教育体系进一步完善。(表6-1)

澳大利亚高等职业教育机构经历了发展与变迁，19世纪60年代承担高职教育功能的是高等教育学院（advanced college of education），这是一个与大学（university）并存的高教机构，大学主要集中于科研功能，学院主要倾向于通过它们的技术课程反映社会需要、教授应用性的课程。70年代开始，澳大利亚着力将技术和继续教育融入教育系统中来，并建立一种新型的职业教育类型——技术与继续教育（technical and further education，TAFE）学院来满足社会对技术的需求，TAFE学院实行以就业为导向的培训，将技术教育与继续教育、学历教育和岗位培训相结合，成为职业教育与培训的重要机构。(表6-1)

表 6-1　高职教育机构的国际比较

国家	诞生年代	主要高职教育机构	学习年限
美国	20 世纪初	社区学院	2 年
	70 年代	技术学院	2 年（本科 4 年）
德国	20 世纪 60 年代末	高等专科学校	2 年
	70 年代中	职业学院	2～3 年
	90 年代中	高等专科大学	4 年
澳大利亚	20 世纪 60 年代	高级教育学院	2 年
	70 年代中	技术与继续教育学院	2～4 年

以上高等职业教育实施机构绝大多数诞生在经济高速发展时期，证明高职教育是经济高速发展的产物，这就决定了高职教育的服务对象是经济。初期的高职教育学习年限普遍比较短，绝大多数为 2～3 年（专科层次）；随着技术技能层次提高，高职教育机构普遍发展成为能提供更高层次、更长年限的教育的机构。

（二）运行机制

高等职业教育为社会培养实用型技能人才，是与市场需求结合最为紧密的一种教育类型，为此它关注瞬息万变的市场需求，通过劳动力市场需求和教育供给来调节资源配置。但同时，高等职业教育对国家发展的战略性作用，促使各国政府高度重视，通过有目的的管制和政府权威的力量影响高职教育办学。政府、市场、院校机构这三种力量的相互作用，确定了国家高职教育的管理模式和方向。

美国依据自由发展和自由竞争的原则，建立起一个市场主导、政府辅助相结合的教育体系，即使是政府辅助的作用也是通过市场竞争来实现。这表现在：一是建立了经费竞争体制，国家投放经费通过院校间的市场竞争获得；二是社区学院通过提高办学效益等寻求资金来源，私营企业是中学后教育的重要资金来源；三是社区学院的内部管理运行也通过市场竞争方式来实施；四是社区学院办学不搞国家统一标准，使社区学院根据社区和市场需求自主发展。在市场主导、政府辅助的运行机制下，美国社区学院以一种市场化的力量促进了学院与本地企业的合作。

在德国，政府与市场的关系则表现出一种极具德国特色的特殊方式——合作主义。这种合作主义体现在，在行会企业参与办学的强大传统惯性下，政府履行监督职责，提高了利益相关者参与职业教育的积极性。行会对职业教育所拥有的权力的内容包括：确定职业教育的目标，成立职业教育的机构，自主决定职业教育机构的经费来源等。通过职业教育行会主导和行会自治使各个利益群体都得到了不同程度的兼顾，而政府则监督行会在行使权力的过程中，不得触犯法律。政府通过行政手段对企业施加影响，使其积极参与高职教育。德国所有的企业都必须向国家交纳一定数量的职业教育基金，然后国家把这些资金分配给培训企业，非培训企业则不能获取培训基金；企业接受学生实习，可免交部分国税。

澳大利亚在新自由主义思想的引导下，致力于建立一个"大市场与小而能的国家"，由此市场领域中的许多概念和做法便被引入高等教育领域，联邦政府鼓励大学更多地满足社会需求，引入竞争机制，关注"效率""效益"和"成本"。在此背景下，澳大利亚TAFE学院面向生源市场设置专业，采取"用户选择"教学方式吸引生源，利用市场化机制多渠道筹措职业教育资金；TAFE学院通过提供社会需要的培训增加收入，并把教育当作产业来经营，甚至将职业培训延伸至海外，把向海外的教育拓展作为经费融资的重要渠道。20世纪末开始，面临高等教育大众化和办学经费紧张的状况，澳大利亚政府拨款在职业教育经费中所占的比例逐年减少，政府不再大包大揽，而是退守于其监管职能。联邦政府利用竞争性拨款代替一揽子拨款、设立高等教育贡献计划、加强质量评估和绩效考核体系等不同的形式，实现最终的控制和统筹，澳大利亚联邦政府从宏观上牢牢地把握了高等职业教育发展的大方向。

综上所述，各个国家由于不同的政治、经济与文化因素的作用，形成了高职教育不同的运行机制，综合起来如图6-1所示：

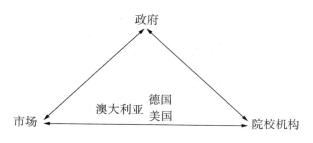

图6-1 各国在协调三角形中的位置

（三）教育体制

在美国，职业教育主要由数量众多、分布均匀的社区学院承担，但作为教育理念和教学内容，职业教育已经渗透到各种层次和类型的学校教育中，因此美国也被作为单轨制的典型代表。在美国，高等职业教育并没有形成一贯到底的体系，基本停留在短期高等教育层次，社区学院为人们提供了多样化的高等教育机会。社区学院的发展健全和完善了美国现代高等教育制度，现有的美国高等教育体系是典型的金字塔模式，具有多层次、多规格、多类型、多元化的鲜明特点，这个体系既有以科学研究和培养研究生为核心的研究型大学，也有把教学作为中心任务的大学和学院，还有体现社会民主化精神，以普及高等教育和培养职业技术人才为使命的社区学院。同时，社区学院通过各种类型不同职能的课程，使职业教育、学术教育和社区教育得以融合而非割裂，构建了教育的立交桥。

与美国单轨制不同，德国职业教育体系横向上与普通教育体系双轨并行，纵向上包含初等、中等和高等职业教育层次，走出一条成功道路，成为许多国家效仿的对象。大学教育（university institution）和非大学教育（non-university institution），两轨并行共生、相互补充，时常也相互竞争，这两种高校类型在入学条件、学制、培养方向及学生的资格水平、教师的教学和科研任务的比例诸方面都存在差别。德国高等职业教育体系层次完善，上下衔接，且与综合大学等学术型教育机构形成双轨平行的结构。两者各有其比较明确的任务范围，也有明显的声望差别。澳大利亚有着从初级文凭、高级文凭直到研究生文凭的高等职业教育体系，和普通高等教育形成并行的双轨，因此教育体系从形式上来讲属于双轨制，但其通过不同等级的国家职业资格框架将高等职业教育与普通高等教育贯通，因此属于介于一体化和双轨制之间的融合模式。各国教育体制如图6-2所示：

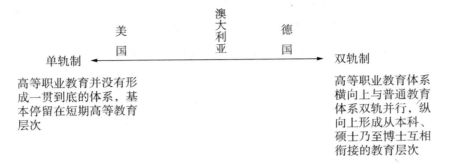

图6-2　各国教育体制示意

双轨制、一体化或是综合模式并没有孰优孰劣之分，这是因为各国教育是在服务社会和适应一国国情的基础上发展起来的，德国双轨制下的职业教育是德国振兴的秘密武器，然而单轨制教育体系的美国却由于其普通教育与职业教育的融合成为世界头号强国。其原因在于，不同模式的形成是一个多因素作用过程，受国家政治体制、文化传统和教育基础的复杂影响。但根据经济合作与发展组织（OECD）的一项关于就业体系中高校毕业生和高水平人才就业之间关系的研究显示，教育体制学术化在许多国家都被证明是一种错误的倾向。高校毕业生的高失业率及花费高昂的转职培训计划便是这种"全民上大学"政策的后果。重视发展高等职业教育，建立高等职业教育与学术型教育的贯通机制，进而促进高职教育与学术型教育的等值，才能避免教育体制的学术化倾向。

（四）培养模式

美国高等职业教育努力向学生提供对于任何职业而言都有用的教育，而不是仅仅教给他们有用的职业技能，融合职业与学术教育成为美国高职教育改革的方向。社区学院所提供的教育不仅应满足将来准备继续升学的学生，也要满足读完社区学院以后准备就业的学生，同时还要满足在职人员和成人学员学习的需要，为此社区学院提供转学课程、职业课程、补习课程和社区课程等各种类型不同职能的课程，使学术、职业、技术教育在同一个教育机构中得到融合。

德国高等职业教育人才培养是基于学校和企业紧密合作的双元制模式：学校负责按照各州总体教学计划实施理论课程教学，而企业则负责按照联邦培训规章在企业中实施实践课程的培训。"双元制"模式通过培训企业和职业学校的两个学习地点、两类教学内容、两类教师实现了专业理论与职业实践密切结合，符合技能型人才成长规律。

澳大利亚目前广泛采用的高等职业教育人才培养模式是 TAFE 模式，TAFE 培养人才的方式与途径是十分灵活的。首先是生源与学习方式的多样化，无论学习者的年龄大小、有无工作，无论是高中毕业生还是社会在职人员，都可以根据自身的实际情况来选择学习方式：全日制、半日制或函授，只要学习者能获得规定的学分，学校就会为其颁发与之相应的证书。面对学生需求的多样化，高等教育系统必须具有更大的弹性和多样性，澳大利亚人才培养综合考虑课程设置、学生需求、教职工构成、产业变化、国际发展趋势以及劳动力市场。①

二、 各国高职教育发展模式的共同特征

美国、德国、澳大利亚三国高职教育发展模式虽截然不同，但是这些模式兴起与发展的社会背景，诸模式的确立与发展所遵循的基本原则，以及发展主体的社会属性等方面却不乏共同之处。

（一） 高职教育服务社会目标有侧重

研究三国高职教育不同模式纵向发展的轨迹，美国社区学院、德国高

---

① Higher Education and Employment Services. Higher education: quality and diversity in the 1990's [M]. Canberra: Australian Government Publishing Service, 1991: 6.

等专科学院和职业学院、澳大利亚的高级教育学院均在战后蓬勃兴起,这些职教机构在这些国家的涌现与发展绝非偶然的巧合,而是其社会经济与教育发展的共同需要。这些需要赋予了高职教育三大功能:一是经济目标——为促进本地区经济发展服务;二是社会目标——为社会稳定和其他需求服务;三是教育目标——为提高国民教育层次和实现教育公平等需求服务。但是在不同的年代,高职教育在服务不同的社会需求中发生了变革与演进,不同时期的高职教育在实现三个目标时是有所侧重的。

如"二战"后到 20 世纪五六十年代,当时世界刚刚走出战争阴影,战后经济的恢复工作已经完成了,进入了经济高速发展期,人们渴望生活的安定,这一时期高职教育的发展主要源于社会稳定与世界和平的需要,也是为了吸纳更多的社会闲散人员或退役的士兵,使其具有一技之长并找到职业,实现安居乐业的社会目标。20 世纪 70 年代,世界主要发达国家都经历了一场经济危机,经济低迷和失业人员增加,使得人们对高职教育寄托了带动经济发展的希望,可以说更偏向于实现其经济目标。进入 80 年代,伴随着科技发展、信息技术推广,经济获得了再度增长,随着企业、行业对劳动力需求的变化,对劳动者的素质要求逐渐提高,人们对高等教育大众化的需求越来越强烈,这一时期高职教育蓬勃发展主要以满足人们对教育本身的需求为目标。自 90 年代以来,社会向信息化、网络化、学习化的方向转变,高职教育服务社会的目标更加综合化,社会、经济和教育都对高职教育提出了发展与变革的需求,高职教育必须同时兼顾经济、社会和教育的三重需求和三大目标。

面向未来,高职教育服务社会的目标更加多元化,在不同时期、不同国家和地区,高职教育服务社会的侧重点有所不同。

(二) 高职教育发展模式存在阶段性

各国高职教育都经历了初创和发展初期,即规模扩张阶段,社会经济快速发展,传统制造业迅速扩张,需要大量技能型人才,人民对高等教育的需求非常迫切,但高等教育资源和社会经济基础又不足以支撑庞大的高等教育体系。为此,这个阶段的高职教育宜定位为高中后职业教育,突出社会价值,以便为社会不利群体提供高中后教育机会,并弥补职业教育总量不足的矛盾,扩大技能型人才培养的规模;强调行政力量的强力推动,以迅速扩大规模;强调与大学的差异,以便提高教育的效能。

在高职教育发展的中期,即内涵深化阶段,经济增长方式、产业结构面临转型升级,第二产业升级优化,第三产业的比重不断扩大,经济发展方式逐步由劳动力密集型向技术密集型转变,对劳动力的素质提出了更高要求。这个时期的高职教育依然定位为职业教育,但属于高层次的职业教育,突出高端技能型人才和技术性人才的培养;强调经济价值,要求高职教育为社会经济增长方式转型服务,为产业结构调整和优化升级服务;市场力量在高职教育发展中的作用越来越突出,但行政力量依然起主导作用,以确保高职教育的职业特色,并坚持与传统大学错位发展。

在高职教育发展的后期,即成熟发展阶段,经济增长方式已完成转型,经济发展主要依赖于知识创新与技术进步,同时,社会相对富裕并能支持更加庞大的高等教育体系。为此,高职教育的功能使命将再次发生变化,不仅是培养技能型、技术性人才,更要积极参与知识创新,促进技术进步;在办学行为方面,高职教育与传统大学教育的差异化不应是政策的重点,学校的特色与性质不必由行政主导,而是由市场决定,各类高等教育自由、良性竞争;高职教育的社会价值更加突出,不再满足于促进高等教育机会公平,而更要实现高等教育质量公平,为个体提供公平的发展机会。由此,高职教育的层次和水平将会进一步提升,其与大学教育的边界会越来越模糊,并最终走向融合。

(三)高职教育与学术教育融合发展

科技进入学校,教育服务于社会经济发展,虽已成为人类社会发展的必然,但在整个发展过程中遭受了传统古典人文教育的激烈对抗。高等职业技术教育在成长过程中所遭遇的与传统教育的对立、对抗,越是在传统与保守的国家,这一对抗就越为激烈,两种力量的较量形成了职业教育与普通教育分离的倾向。在19世纪初德国洪堡所进行的教育改革中,将进行职业技术训练的国民学校从正规教育体系中分离出来,形成了双轨制教育,这种模式为各国普遍效仿和发展,形成了目前高职教育与普通高等教育之大格局。高等职业教育凸显为高等教育的一个类型,成为不同于普通学术教育的高等教育类型,同时与普通学术教育长期存在着对抗与融合。

高职教育专门传授应用生产和职业技术,学术教育则从事知识传授和学术研究,职业教育与普通教育分离双轨并行,这是大部分国家实行"双轨制"的基本逻辑。高等职业教育与学术性高等教育因具有不同的功能使命和目标定位而遵循不同的实践逻辑,而两种教育的矛盾冲突根植于科学与人文的对抗或紧张。从 12 世纪现代意义上的大学诞生开始,一直由人文学科统治教坛。18 世纪工业革命后科学进入大学,遭到人文学术的激烈对抗,这种对抗或紧张从未停止或完全消除,它引发了现代大学人文-科学、教学-研究、学术-应用、精英-大众的四大对抗或紧张。这四种对抗或紧张外在表现为科学理性下的高等职业教育和人文理性下的高等学术教育的对抗与紧张。英国比较教育家埃德蒙·金(Edmund J. King)形象地用两条互相隔离的直柱来代表这种学校制度。一条是代表大多数人的初等的(低级的)教育柱子,另一条是代表少数选拔出来的人的"中等"的(高级的)教育柱子。①

从 19 世纪到 20 世纪 30 年代,以德国为代表的欧洲国家的学校教育制度都以双轨制为特征。虽然这种双轨制违反了教育民主化的原则而广受诟病,但同时双轨制也促进了职业技术教育的发展。中国学者翟海魂认为,在双轨制下"受教育者依据各自的不同需求,选择不同的学习途径和不同类型的课程,形成分流,在某种意义上反映了教育的客观规律,促进了职业技术教育的发展"。② 双轨制所体现的正是职业技术教育与古典人文教育的对抗,高等职业技术教育就在传统人文与现代科学的夹缝中生长。但是坚持服务社会经济、传授现代生产技术的高等职业教育的兴办使人们认识到教育对于人类生产发展的作用,改变了长期的封建社会教育与社会生产脱离的传统,在坚固的传统教育体系中开辟了现代化道路,使现代教育在这一时期得以成长并初具雏形,建立起了适应工业化需要的教育体系。

---

① [英]埃德蒙·金:《别国的学校和我们的学校——今日比较教育》,人民教育出版社 2001 年版,第 118 页。
② 翟海魂:《发达国家职业技术教育历史演进》,上海教育出版社 2008 年版,第 91 页。

不论是"一体化"模式的美国，还是"双轨制"模式的德国，或者是中间道路的澳大利亚，高等职业教育发展较为成熟之后，高等职业教育与学术性高等教育两者之间均出现了明显的融合趋势。在欧洲，高职教育与传统大学教育差异化发展的政策始终备受争议，尤其是20世纪90年代末博罗尼亚进程的实施，围绕两类高等教育差异化与去差异化的争议更加明显。根据教育的差异原理和效能原理，从尊重差异、提高教育效能的角度出发，有必要实施高职教育与传统大学教育差异化发展的政策，实施高等教育双轨制，但根据市场规律，高职院校的"学术漂移"与传统大学的"职业漂移"是无法避免的。[①] 如果取消两类高等教育的边界，高校间的竞争将更加自由，也会更加有效。有些国家（如英国）在实施了一段时间的高等教育双轨制之后，重新选择了高等教育单轨制；有些国家（如德国）尽管依然坚持高等教育双轨制，但高职院校纷纷升格为大学，且与传统大学的边界越来越模糊，不仅可以开设本科、硕士课程，甚至可以提供博士学位课程，高职院校的科学研究能力与一些传统大学的差距也在缩小。而在后发型的国家（如中国）从20世纪90年代开始在高等教育系统外发展高等职业技术学院，建立了高等职业教育与普通高等教育并行的"双轨制"，并强化两类高等教育的差异。

高职教育在等级森严的高等教育体系中处于不利地位，为改变不利处境，高职院校会主动或被动地拉近与传统大学的距离，有"学术飘移"的倾向，如重视科学研究、深化社会服务职能、引进高学历教师、谋求提升层次。此外，传统大学迫于市场压力早已摒弃封闭式的"象牙塔"模式，其"职业飘移"的倾向越来越明显，如也强调校企合作、工学结合，突出学生实践能力的培养，强调为专门的职业或职业资格做准备，甚至有些地方本科院校、独立学院的人才培养目标定位与高职院校几乎没有差异。总之，高职院校的"学术飘移"与传统大学的"职业飘移"，使得两类高等教育有逐步融合的趋势。

---

① 查吉德：《高职教育发展中的矛盾关系》，载《现代教育管理》2013年第1期。

三、 各国高职教育发展模式的影响要素

许多教育研究者通过整体论方法去揭示教育的历史变迁及发展规律,克拉克·克尔认为,"高等教育的历史,很多是由内部逻辑和外部压力的对抗谱写成的"。① 埃德蒙·金也强调:"教育结构的形成有两大原因,一是社会历史与文化基础,即外部原因,主要表现为社会生产力发展所带来的社会分工和社会分化,以及由此带来的社会结构的变化;二是结构自身的逻辑基础,即内部原因,表现为教育活动的各种内在矛盾和复杂关系的运动、变化和发展的合乎逻辑的过程。"② 高等职业教育在产生并确认身份之后,在各国经历了不同的实践进程,形成了迥异的模式与体系,是什么导致了各国高等职业教育发展模式的不同?本民族文化的特色,经济发展阶段,及其教育体系结构、教育体制等也影响到高等职业教育发展的重点和路径,进而造就了各具特色的高职教育模式。

(一) 文化基础:高职教育与社会文化相互适应

"二战"以来,三个国家高职教育快速发展有着相似的社会背景,如社会发展对技术技能应用型专门人才的迫切需要,同时高等教育大众化的实现为上述需求的实现提供了现实条件。高等职业教育在各国实践模式的不同,是基于高职教育服务社会的本性,要求它按照本国的实际需要、具体国情和民族文化来组织教育,具体体现为高职教育与社会文化的相互适应。

美国高等教育根植于英国重自由教育、排斥专业教育的传统,但却冲破了模式的束缚,通过"赠地学院"大力发展了服务于工农业发展的专业

---

① [美] 克拉克·科尔:《高等教育不能回避历史——21世纪的问题》,浙江教育出版社2001年版,第5页。
② 陈解放:《论高等职业教育类型结构逻辑基础的优化》,载《中国高教研究》2007年第10期。

技术教育；美国高等学校向德国学习、建设研究型大学，但却催生了享誉世界的高等职业教育机构——社区学院。社区学院的产生、发展是美国特定历史阶段上社会经济发展和美国实用主义社会文化传统的产物。无论是从人才培养模式、目标，或者是办学形式、课程设置，还是职业教育立法等方面来看，美国职业教育在各个发展阶段，在不同办学层次，都充分体现了其民族重视科学技术、重视实际生活、重视社会服务、重视个性自由和民主平等的实用主义文化特点。① 美国社区学院遍布各州，成为普及高等教育的主要推动者，实用主义的文化精神正是社区学院教育的思想根源。在美国多元文化背景下，各种教育改革和尝试、不同的教育思潮易于形成，与传统大学不同的、注重生存技能培养和教学内容形式多样的社区学院容易被大众接受。社区学院实行的是开门办学、来去自由，教学内容形式多样，也符合美国民众崇尚自由、民主的文化传统。

德国历史上就有重视手工艺和技艺、重视技术和实践的文化传统，起源于中世纪的"师傅制"在德国手工业中得到广泛推广。这种"重商崇技"的观念和不鄙视"技能"的文化传统深深地影响着后来德国的职业教育，在德国人看来，只要大家都敬业，都能完成本职工作，社会就会发展和进步，职业不应有高低贵贱之分和门户之见，认真学习一门技能并在社会上立足的氛围甚为浓厚。德国人尊崇一种"在秩序中的自由"，整体观念较强，反映在职业教育与培训上就是公民和社会合伙人的积极参与、政府在法律和制度上的保障，形成了世人崇拜和仿效的"双元制"培训模式。德国高等职业教育与学术性高等教育形成并行的双轨，是根源于德国学术性与实用性并重的历史沿袭。

"如果不教会年轻人一门手艺，就等于让他去偷"，德国人的这句俗语对应了德国对技术和技艺由来已久的重视和崇拜，崇商重技的传统观念是职业教育在德国得到普遍认同的思想基础。无论是从德国职业教育发展历程，还是从其高等职业教育的教学内容和组织的科学化、系统化的过程中，都可看出文化传统的深层影响，德意志民族独特的思维方式、价值取

---

① 陈新文：《不同民族文化形态与职业教育模式选择》，载《辽宁教育研究》2008年第3期。

向、社会认同感和文化传承方式是其发展的文化基础，正是在这个基础上，经济需求的原动力才得以推动它的发展，反过来它又能促进经济的起飞，使得职业教育与社会配合默契。

澳大利亚继承的英国传统以及多元移民文化共同构成了澳大利亚的文化传统，形成了一种在多种文化的比较中存留精华、剔除糟粕的文化选择与适应能力。正由于它和英国之间的文化传承的亲近性，所以在高职教育模式的选择上，也采取类似于英国的做法，同时渗透着明显的留精华去糟粕的迹象。

由此可知，高等职业教育模式的形成是社会特有的思想观念、多元文化、政治经济教育制度等多种因素的综合作用，是一国社会发展的必然产物。各国之间社会文化传统的差异导致了教育体系上的差异，这必然造就迥异的高等职业教育发展模式。

（二）经济基础：高职教育与经济发展适应与互动

高等职业教育的发展与社会经济发展是一种互为条件、互相促进、互相依赖的关系：一方面，高等职业教育为区域经济发展提供智力和技术支持；另一方面，地区经济也为高等职业教育的发展提供了必要条件和广阔发展空间。因此，高等职业教育必须与社会经济发展相协调，这样职业教育本身也才能获得持续健康的发展，职业教育服务社会的功能才能充分发挥。

在生产力水平低下的古代社会，接受高等教育的机会极其有限，高等教育从属于等级社会并成为维持等级统治的一部分。在这种体制下，高等教育固有的"使用价值"（文化价值）反而被身份价值所掩盖，经济的发展必然要求打破这种体制的束缚，使高等教育真正实现其使用价值。[①] "二战"以后，尤其是20世纪60年代以来，现代科技支撑下的经济发展创造了人类前所未有的工业文明，经济目标在社会发展中的地位也越来越突

---

① 吴雪萍：《基础与应用——高等职业教育政策研究》，浙江教育出版社2007年版，第12页。

出,这是高等职业教育普遍发展的根本性因素。

经济的发展对高等教育发展的规模和速度,对人才培养的目标提出了要求,教育的类型必须随着人才需求的类型与结构不断地发展演变。"一战"后,生产方式和技术日趋复杂,于是出现了对技术型人才的需求。这一时期,职业教育蓬勃发展就是教育对社会需求做出的回应。"二战"后,科学技术在社会生产中广泛应用,生产体系与产业结构发生变革,职业岗位也随之变动。这对战后职业教育体系提出了新的要求,但传统的高等教育对这种社会人才结构的变化缺乏准备,原有大学培养目标的人才类型、规格与现代生产要求不相协调的矛盾,成了许多国家和地区必须解决的重大教育问题。世界各国和地区多种多样的高职院校,就是为解决这个问题应运而生的,各国发展重点是在普及中等职业教育的基础上大力发展高等职业技术教育。

职业技术教育的社会效应和经济功能是受到政府重视的根本原因,视职业教育为培养具有技术的劳动者的最佳途径,从而有效地推进科学技术进步和社会经济的发展,这是政府倾力推动职业技术教育的动力所在。高等职业技术教育是工业化大生产的产物,在工业革命后的现代战争、工业发展、国家竞争中,它的功能骤然凸显出来,各国政府开始重视实科教育的发展,同时也由此开始重视学习他国教育经验,探讨建立新型的教育体制,以便推进国家经济的发展,使国家在争霸中立于不败之地。由此,国家开始干预职业技术教育,并通过立法,把职业技术教育纳入国民教育系统,使它成为正规教育制度的有机组成部分,使许多新兴的高等职业技术学校建立并得到大力发展。

(三)政治基础:高职教育发展有赖于政府推动

高职教育的历史演进和发达国家的实践表明,一个国家的工业化进程与高技能人才是紧密相连的,工业化的发展一刻也离不开高技能人才的有力支撑,以人才培养和科技创新培育为新的经济增长点,成为各国发展的战略选择。自工业革命以来,社会发展的逻辑已经从机械发展—经济发展—国家发展—科技发展—人的发展(教育发展)的逻辑,转变为人的发展（教育发展）—科技发展—经济发展—国家发展的新发展逻辑。教育发展问题在社会发展中的作用越来越重要，已成为关键性的基础作用。① 社会的演进带来知识数量、种类和形式的增加，也引起了知识的结构、生产方式，甚至价值基础的变化，近代国家的形成和民族国家的利益需要正成为高等职业教育服务的对象和发展的动力。"近代以后，大学不但是传承和发展一般知识的机构，还是传承和发展社会道德灵魂、民族文化精神的机构。国家（政府）具有充足理由对如此重要的机构进行全面介入。"② 高等职业教育发展得益于政治张力，一方面来自于民族国家政治稳定的需要，另一方面来自于政府对于国际需要的高技能人才培养的投资热情。20世纪60年代，许多国家一方面百废待兴，另一方面却在不同程度上存在失业现象，尤其是为青年的失业问题所困扰。这些国家的失业青年很多来自于退伍军人，绝大部分达到了高中阶段的教育水平。大批失业青年流散在社会上，对各国的政治、经济和社会秩序构成了巨大威胁，这迫使社会采取对策，通过对失业青年进行职业教育和培训，来增强他们的职业竞争能力，同时增进社会稳定。因此发展高等职业技术教育成为当时许多国家维护政治稳定的需要。20世纪60年代，人力资本理论从定量的角度解释了教育对经济增长的贡献，引发了人们对教育的全新认识，各国政府对教育发展更加重视了，开始更多地投资于培养国家实用型技术人才的高等职业教育。

政府的重视与参与对高职教育发展起着关键作用。正是在政府的重视和参与下，19世纪中期以来，各国都积极投入高等职业技术教育，并把这一教育类型纳入了国家的正规学制，形成职业教育体系。如美国第二次世界大战后通过的《职业和应用技术法案》从法律上确立了社区学院的地位，进而有力地促进了社区学院的发展；德国先后在1976年和1985年由联邦议会通过了《德国高等教育法》，明确了高等教育专科教育是联邦德国高等教育的一种类型，明确规定其在高等教育中的地位；澳大利亚政府相继颁布并实施了"国家资格框架""质量认证框架""培训包"等一系

---

① 冯增俊：《教育创新与民族创新精神》，福建教育出版社2002年版，第71页。
② 史静寰：《构建解释高等教育变迁的整体框架》，载《清华大学教育研究》2006年第3期。

列全国统一的认证系统,并通过《培训保障法》加强政府干预。20 世纪 60—70 年代,各国高等职业教育获得了较普通大学教育更高、更快的发展速度,这则是政府干预的结果。与此同时,各国还建立和完善了国家资格证书制度与资格鉴定制度,这也是一些国家促进本国职业教育发展的重要举措。通过建立与普通教育相应的资格证书、等值文凭,从而使学术资格和职业资格对接,以便青年人能受到最符合他们需要的教育,这都是政府层面上对高职教育发展的影响。

四、各国高职教育发展模式的成功经验

美国、德国、澳大利亚都是高等职业教育最为发达的国家,同时也是在世界社会经济中较为领先的国家,选择这三个国家,比较总结其高等职业教育发展模式的成功经验,是研究高等职业教育发展模式的重要内容。

(一) 发展高职教育是国家强盛的关键

以上三国高职教育服务社会的发展进程显示,高等职业教育发展紧密配合社会经济发展进程,各国社会经济文化的强大与高等职业教育体系的强大具有比较紧密的时间和空间上的同步性、同一性。纵观三国社会经济发展兴盛的历史事实和与之相匹配的高等职业教育发展实践,可以得出一个结论:虽然推动科技进步和经济发展前进的原因是多方面的,但是培养高技术应用人才的高等职业教育是促进国家技术腾飞和经济强盛的关键性因素也是不言而喻的。三国都高度重视高等职业教育对于国民经济社会发展的重要战略作用,把高职教育作为国家发展的重要柱石。

19 世纪 50 年代,美国工业化进程加快,但其经济实力还是无法与欧洲相提并论。但仅仅不到一个世纪,特别是"二战"后,美国发展可谓突飞猛进,成为第三次科技革命的发源地,迅速成为当代世界头号超级大国。美国的强盛得益于许多机遇,比如"二战"期间的发展及战后的受益,但是不能不看到的是美国强大的服务社会的实用型高等教育与模式,

尤其是培养广大技术技能人员的社区学院对经济发展所起到的奠基作用。德国崛起的历史同样印证了高等职业教育对国家强盛的重大作用。德意志长期四分五裂,一直处于相对落后的水平。然而,至少从 18、19 世纪之交,德意志民族在短短的几十年中,一跃成为欧洲的头号强国。而正是在 19 世纪中,德国建立起了一个庞大而多样的学校和培训体系。"二战"后德国作为战败国满目疮痍,却能够在经济领域仅用短短的十几年就得以复苏,从战败国变成经济大国,创造经济奇迹。也正是在 20 世纪中期,德国"双元制"职业培训制度得以确立与完善。这印证了一个普遍的观点,即教育尤其是职业教育是德国强大的根本原因,"双元制"职业培训制度是德国经济发展的重要支柱和"秘密武器"。在德国,2/3 的专业人才经历了技术工人、技师或工匠师傅级别的双元制职业教育,成立和领导中型企业的人往往被要求拥有技师资格而不是一个大学学位。吉森高等专科学校校长阿尔弗雷德·诺伊恩托伊费尔曾经这样说过:"假如德国不拥有超过平均百分比的有教养的和训练有素的人(从大学毕业生到手艺工人和满师工人),那么,在第二次世界大战后,这个国家以非常惊人的速度得到重建,也就是所谓'经济奇迹',肯定是不可思议的。"高质量工业产品的"德国制造",高水平"双元制"职业教育是德国走向强盛的关键因素。澳大利亚政府也充分认识到了高技能劳动力的总量多寡,将直接决定着国家经济发展的水平和国际竞争力。2005 年,澳大利亚政府颁布了《技能武装澳大利亚劳动力 2005 年法案》(Skilling Austrialia's Workfroce Act 2005),目的是通过联邦政府的资金支持,促进 TAEF 学院在终身职业教育与培训中发挥更大的作用;2012 年发布的《面向所有人的技能》(Skills for All Australians)的改革计划,旨在在全国范围内进行职业教育与培训改革,提高国民技能水平,发展更有活力和竞争力的经济。

  职业技术教育是大工业生产发展的必然产物,它通过培养实用型技术人才将科学技术和先进设备移植到生产转变为现实的生产力,因此比普通教育肩负着更为直接的特殊使命。在当代,科学技术大踏步前进,它在社会经济发展中的作用越来越显著,它在生产力中的作用已经上升到首位。统计表明,迄今为止,人类知识总量的 3/4 是 20 世纪中叶以来创造的。在 19 世纪,人类知识量大约每隔 50 年增加一倍;在 20 世纪,则每 10 年增加一倍；70 年代每 5 年增加一倍；80 年代每 3 年增加一倍。与此相应的，是技术进步因素在经济进步中的分量越来越重，以致上升到首位。20 世纪初，发达国家的国民生产总值的增长，其科技进步因素所占比重仅为 5%～10%。到 50—60 年代，其比重上升为 50% 左右；到 80 年代以后，则高达 60%～80%。① 正是基于对技术及技术教育功能的认识，"二战"后各国都把发展高等职业教育视为振兴经济的重要战略。发展高等职业技术教育是使科研成果迅速转化为生产力的最重要条件，在科学进步与经济发展之间起着最重要的纽带作用，忽视这种作用，国家就会遭受损失，发展就会受到影响。

（二）高职教育密切服务社会经济发展

高等职业教育的发展是工业社会经济发展的必然要求和产物，其中最核心的便是与现代经济、社会发展的互动性，这一点在职业教育上体现得比其他任何类型的教育都要突出。从对三国高职教育发展过程的研究可见，高等职业教育发展不在乎是否一开始就有自成体系或创新概念的设计，而在于是否能高效地服务产业、服务社会、服务本土，这是衡量一个国家高职教育成败的关键。正是坚持与经济发展和社会发展相结合，推行教育与社会互动发展模式，高职教育才能成为现代经济发展的重要动力。

紧密服务社会经济发展，是高等职业教育得以发展的根基，也是衡量其发展水平的关键。美国努力在高等教育上寻求更高水平的实现与经济发展的互动。19 世纪 60 年代，美国做出了"联邦政府在每州至少资助一所从事农业和机械工艺教育的学院"的重大举措，随后建立了 69 所以培养技术、技能型人才为办学定位的赠地农工学院，出现了以威斯康星大学为代表的一批应用型大学，大大满足了美国工业化进程对技术技能人才的需要，为美国经济发展奠定了基础。第二次世界大战结束前夕，成千上万的参加第二次世界大战的美国军人、归国人员和世界各国的移民进入美国，

---

① 嵇立群：《文明的支点：科技发展与世界现代化进程》，首都师范大学出版社 2004 年版，第 6 页。

他们没有接受过良好的文化知识教育和职业技能培训。1944年,美国出台了著名的《退伍军人安置法》,通过社区学院的培训把这些"过剩的人口包袱"变成"抢手的人力资源"。社区学院的办学宗旨是为社区的经济和社会发展服务,社区学院与社区是互动、共同发展的关系。

服务区域经济发展是高职教育的生存之道,也是对高职教育的必然要求。德国高等职业教育与德国工业经济发展同步,并随着德国产业结构高度化发展而走向多层次发展。19世纪初,德国在早期存在于各地零星的实科学校基础上建立起系统工业教育体系,为德国各行业培养了高水平的技术人员,使德国在19世纪从一个落后的农业国走向发达的工业国。20世纪60年代初,德国进入经济高速发展时期,经济建设需要大量第一线的高级技术人员,于是通过建立三年制高等专科学校培养此类人才,并于70年代实施"高等学校区域化"发展计划,在一些中小城市也建立了高等专科学校,充分体现了为地方经济发展服务的理念。由各州联邦政府自治的德国高等职业教育也充分体现了为地方经济发展服务的特色,高等职业院校与区域内的企业相互合作的"双元制",培养了区域发展所需的人才。

(三)高职教育积极推动产业转型升级

产业升级是指产业由低技术水平、低附加价值状态向高新技术、高附加价值状态的产业结构提升的动态过程。产业升级在不同国家、地区,不同阶段、时期有着千差万别的表现形式,具体表现为产业结构高度化、加工程度高度化、价值链高度化等形式。产业升级是每个国家经济发展的必经历程,在上述三个国家的工业化进程中,尤其自"二战"以来,均出现了产业升级和较为明显的三产比例变化,而职业教育面对这一趋势迅速做出反应,促进了这一发展进程。发达国家的职业教育发展证明:经济起步时,需要普及义务教育;工业化过程中,需要加强中等职业教育;而当产业结构转型、产品进入国际市场后,则需要发展高等职业教育。因此,世界各国和地区涌现出了多种多样的高等职业技术院校,正是在"二战"后产业高度化发展和技术人才需求层次提高的背景下产生,以培养产业发展所需要的理论与实践相结合的高级复合型人才。如美国、加拿大的社区学院,德国的高等专科学校和双元制的职业学院,澳大利亚的技术与技术教育学院、综合技术学院等。然而,随着国家产业比重变化,如德国高等专科学校随着德国高端制造业和服务业比重上升,从20世纪末开始,德国的高等专科学校纷纷改名为应用科技大学(University of Applied Sciences),定位于一种更高层次的高等职业教育,来响应这种产业发展趋势。

在20世纪中叶,发达国家率先进入以电子计算机、原子能、航天技术应用为标志的第三次科技革命时代,它不仅使科学技术体系发生了革命,而且也导致了生产体系与经济结构的变化。第三产业的蓬勃发展,产生了一系列以综合技能及其应用为知识基础的职业岗位;高新技术的广泛应用,产生了不少与高新技术有关的职业岗位,同时原有的岗位也产生了既分化又复合的现象。这导致了岗位技术成分的提升和劳动内涵的丰富,对劳动者素质提出了更高的要求。一是由于需求人才层次的提升,要求技术与职业教育由中等教育层次高延到高等教育领域,提高技能人才培养层次;二是由于社会职业技术岗位的变动,要求高职教育专业设置紧随产业变动趋势,以现有的市场需求和未来产业规划为依据设置专业。可见,高等职业教育必须面向产业未来,推动区域经济转型升级,与产业高端互动,才能与社会经济实现互促发展。

第七章　中国高等职业教育发展模式之形成

一、中国高职教育服务社会的发展历程

作为与工业化伴生的一种新的教育类型，中国高等职业教育的发展比中国其他任何学校教育都承载着更多的压力：西方先进职教理念的挤压、中国传统教育观念的挤压、局限于专科教育层次上的禁锢，以及与学术性高等教育之间的内在紧张。"先进与落后，愚昧与新知，学习西方与保守传统，传播文化与应对挑战，都压缩在一个世纪中。"[①] 在种种力量的挤压之下，中国高等职业教育发展呈现给世人的是一幅理念左右摇摆、新旧教育观念交织、进化与退化交替的历史进程，有时貌似进步了，实际上却距离更远；有时貌似跟上了世界潮流，实际上却是师洋不化；有时貌似强调发展，实际上却是故步自封。

（一）教育救国：实业教育初兴（1949 年之前）

中国传统教育是以封建时代官学、私学构成的，以科举制为主体的教育存在形式。这种传统教育体系在社会发展进程中已明显地暴露出学校教育日益脱离社会生产和生活实际，教育制度等级化、形式化弊端日趋凸

---

① 段晓明：《当代国际学校教育模式发展研究》，中国科学技术出版社 2009 年版，第 142 页。

显。1840年鸦片战争是中国近代社会的开端，但中国真正的现代教育则发端于19世纪60年代的洋务运动时期。在1840年鸦片战争打开中国的大门之后，中国现代化就在与封建主义和帝国主义的斗争中艰难起步，中国被带入了数千年未有之变局。在经历了多年战争、各种思想革命和一切指向中国现代化的革命运动与改革行为之后，中国终于从怀抱着封建主义不放，到被迫借鉴国外和学习探索人类现代化文明成果。在此背景下，从清末实业教育到民国时期职业教育发展的思潮与实践，为中国教育转型提供了思想基础。中国几千年封建教育视学而优则仕、读书做官为教育之大要，而中国高等职业教育就萌芽于传统教育的裂缝中，并推动了中国教育向注重经济发展功效的实用型教育转型。

作为从事某种职业的专业教育，实际上在中国古代就已存在，但现代意义上的职业教育则是伴随着中国近代工业的产生而在19世纪中叶出现的。鸦片战争的惨痛使我们看到了我们与别国之间的差距，特别是甲午战争惨败于日本更令国家和民族之命运危在旦夕，于是才开始了"实业救国""教育救国"之举。而最早的具有高等职业教育性质的学校可以追溯到清末洋务运动设立的实业学堂，这不仅是对"西学"的引进，更是对以讲授为主的中国封建社会传统儒家教育的一次重大突破，也是一种在西方列强的现代科学技术和船坚炮利导致中国民族危亡下的被迫选择。1904年中国颁布"癸卯学制"《奏定学堂章程》，将实业学堂列入学制，以"振兴农工商各项实业"和"富国裕民"为目的，大举推动了实业教育的发展。此后又颁布了"壬戌学制"，以职业学校代替了前几部学制中的实业学校，可以说这些都是中国最早的职业教育实体和高职教育雏形。① 当时的实业教育在整个教育学制中占有很重要的地位，在中国近代教育史上的学制设计中，实业教育是与普通教育相互平行的两个教育体系，都把实业教育作为教育体系中很重要的一部分。实业学堂一开始主要创办了船政、武备、工艺等专业性的学堂，如福建船政学堂、天津电报学堂等，1907—1909年3年间，全国实业学堂数量由137所增至254所，且实业学堂学生增长速度超过普通高等教育。这些实业学堂实际上是我们现在所说的高等

---

① 毛锐礼：《中国教育史简编》，教育科学出版社1984年版，第58–59页。

职业教育的雏形,现在的一些职业技术学院就是由这一时期的实业学堂演变而成,如福建交通职业技术学院的前身就是福建船政学堂。

许多仁人志士不懈探求教育救国道路,时任江苏省教育司司长黄炎培在1915年赴美国考察教育后认为,中国科技落后、经济贫穷的原因是"无新学识应用于实际,无新人才以从事改良,教育不与职业沟通"之故。①在实用主义教育思潮的影响下,1917年,黄炎培联络教育界、实业界知名人士蔡元培、蒋梦麟、陈嘉庚等48人在上海成立中国第一个研究、提倡、试验、推广职业教育的民间教育团体——中华职业教育社。中华职业教育社章程规定立社宗旨是"同人鉴于方今吾国最重要最困难问题,无过于生计,根本解决唯有沟通教育与职业,同人认此为救国家救社会唯一办法"。推行职业教育的目的在于"谋个性之发展,为谋个人谋生之准备;为个人服务社会之准备;为国家暨世界增进生产能力之准备",使"无业者有业,有业者乐业"。中华职业教育社还创办了中华职业学校,主要是为民族工商业培养中级技术和管理人才,并开启了与实业界联合办学的先河。随着民族工商业发展需要和在职业教育思想的倡导下,职业学校的数量大增,据中华职业教育社1926年统计,全国有职业学校846所,职业传习所、讲习所196所,设职业专修科的大专院校113所,加上其他职业教育机构,共1 518所。1925—1926年为新中国成立前职业教育机构数目最高的年份。整个20世纪前半叶,中国社会动荡不安,经历了三次国内战争、遭受日本八年侵略战争和西方列强蹂躏,不同政治力量作用于中国政坛,教育上也被迫从早期封闭单一的体系向多元开放的体系转变,职业教育也随社会动荡起伏但始终有着强劲的生命力。

鸟瞰这一时期中国教育由传统走向现代的探索与发展过程,实质上是实现对传统教育不断变革的过程,也是教育走向现代化的启蒙过程。② 可以说,新教育是对陈旧传统背离和反叛的产物,对封建文化传统的批判改造成为现代教育的出发点和基本任务。邬志辉在分析这一时期教育发展的特点时提出了对传统教育的三次超越:第一次是教育现代化意识萌芽于第

---

① 中华职业教育社:《黄炎培教育文集(第1卷)》,中国文史出版社1994年版,第186页。
② 周稽裘:《教育现代化:一个特定历史时期的描述》,教育科学出版社2009年版,第6页。

一次鸦片战争时期形成的"经世致用"的教育思潮;第二次是中日甲午战争失败后的20年间,西学开始从制度层面进一步攻破儒学教育的传统壁垒,维新派倡导伸民权、抑君权、废科举、兴学校,实行君主立宪制和现代学校教育制度,矛头直指封建专制制度和封建教育制度;第三次是发生于《青年杂志》创刊(1915年)之后不到10年的时间里,西学从文化精神层面上全面、彻底地摧毁了儒家文化教育传统。(邬志辉,2002)

经历了"中体西用"的洋务运动,从"以夷制夷"经办同文馆到维新变法引进西学,再从试图推行新政下的西方教育到颁布新学制,盛行上千年的科举制被逐渐废除,传统教育受到沉重的打击。20世纪初,在陈独秀、李大钊、鲁迅等新生的民主力量的积极推动下,中国对传统教育进行了全面、彻底的反思和批判,高举民主与科学大旗,提倡新道德、新教育,这从根本上触及到了传统教育的核心。职业教育强调为生产服务,通过"手脑并用,做学合一"的培养途径,使学生具有较强的职业动手能力,顺应了社会需要和历史潮流。应该说,职业教育曾经寄托了中国一代仁人志士图强兴国、洗耻革辱之梦想,中国教育现代化终于迈开了第一步。

(二)政治至上:劳动大学与半工半读(1949—1978年)

1949年新中国的成立开启了中国现代化新的征程,新中国提出"由落后的农业国转变为先进的工业国"的梦想和"四个现代化"的战略目标。然而对于刚从半殖民地半封建社会中走过来的新中国来说,对于一个现代工业仅占10%的落后农业国来说,要实现从传统社会向现代社会的转变,也必然是一个困难与漫长的过程。随着国际形势的变化,中国教育又一次走了从移植苏联教育中摸索中国发展社会主义教育新体系的道路,经历了从全盘照搬苏联教育经验,再到"文革"中自我探索的极端行为,中国教育成为政治斗争的牺牲品而出现了一定程度的退化。

新中国成立后,百废待兴,大规模经济建设迫切需要大量的技术人才,教育也实施了重建与社会主义改造的任务。但限于薄弱的经济基础和落后的基础教育,首先得到大力发展的是初等和中等职业教育,中央政府和教育部先后发布了《关于改革学制的决定》《关于整顿和发展中等技术教育的指示》《关于改进中等专业教育的决定》《中等技术学校暂行实施办法》等政策文件，大力举办中等专业学校和技工学校。据有关部门统计，1951年，全国中等技术学校的在校生有16万人，到1957年，就增加到了77.8万人，占中等学校在校生总数的11%。① 为改变教育脱离实际的弊端，更快更好地培养技术人才，自1958年开始，半工半读的学习制度和劳动制度得到大力推行，全国各地相继建立了劳动大学，作为一种半工半读、勤工俭学性质的专科学校，实行学习与劳动相结合、政治与业务相结合，并建立了一些与教学相适应的生产基地，开辟了中国高等教育产学结合的先河。然而，在具体贯彻半工半读教育制度的过程中，由于对有些理论和实践的结合问题研究的不足，致使过分强调"半"工"半"读的教育形式，使半工半读教育演化为脱离书本的劳动教育。更为严重的是，由于受到当时"迫切"进入共产主义社会愿望的影响，盲目发展半工半读教育，结果把半工半读教育推向了极端的劳动教育，降低了学校教育质量。虽然史无前例的"文革"否定和摧毁了这一发展成果，但职业教育这种适应于社会经济发展的教育类型，尤其是普通教育与职业教育并举的发展路径、"工学结合、半工半读"的教育模式得到了实践验证，并得以恢复发展。

（三）服务社会：职业大学的建立及其分化（1978年至20世纪末）

20世纪70年代末期，中国从政治斗争中走出，走向以经济建设为中心。中国教育逐渐走向现代化，主要表现在：一是教育观念的转变，从小农经济社会的政治为纲的教育观，转向适应社会经济发展和人的发展的需要的教育新观念上来。二是教育体制的转变，从单一封闭的教育体制已初步转向多元开放的体制，建构起了多类型、多层次、多性质的教育体制。三是教育投入渠道的转变，由单一国家包干转向为全社会共同投入的新体

---

① 仵自连：《中国高等职业教育回顾与展望》，中国矿业大学出版社2008年版，第18页。

制。四是教育目的的转变,从精英型选拔教育向大众型全民教育转变,基本普及了九年义务教育,重视发展职业技术教育,高等教育逐渐走向大众化。中国教育现代化进入了一个创新发展的新时代,创建有中国特色的社会主义现代教育体系成为教育现代化急需解决的问题。

随着中国改革开放的深入和经济发展的加快,高层次人才缺乏和高等教育规模不足的现象日益突出,为了解决人才短缺的问题,从中央到地方都在多渠道探索发展高等职业教育。地方政府办的职业大学成为高等职业教育的新形式,自1980年新中国第一个高等职业教育院校——金陵职业大学在江苏创立之后,各省市都纷纷创办了地方大学和短期职业大学,虽然办学条件较差,但其目标和性质都非常明确:为当地经济发展服务,培养职业性高级专门人才。如1983年创办的广州大学,从建校起就确立了"面向广州、服务广州"的办学宗旨,目标定位于"把学校办成一所新型的、具有地方特色的地方性职业大学",坚持"立足地方、服务地方,突出职业性、实践性"的办学特色,"进行教育改革与教育实践,锐意为广州地区'四化'建设培养职业性的高级专门人才,是它负担的历史使命"。[①] 1983年国务院发布了《关于调整改革和加快发展高等教育若干问题的意见》提出,"积极提倡大城市、经济发展较快的中等城市和大企业举办高等专科学校和短期职业大学"。为此,国家教育委员会(以下简称"国家教委")还专门成立了全国职业技术教育研究会、职业技术教育委员会等对有关职业技术教育工作的重大问题进行磋商或提出建议、意见、方案。本时期高等职业教育得以大力发展,至1985年就达到了118所,本时期的职业大学,从专业设置、培养目标和培养规格、学制、教学计划及教材、师资队伍建设和实验实训方面均体现出与普通高等教育道路的不同,充分体现了高等职业教育的类型特色。

由于当时各方面对高等职业教育认识上的偏颇,特别是1990年在全国普通高等专科教育工作座谈会上提出"职业大学分流的意见"(一部分条件较好的转为专科学校,一部分改为中专),致使高等职业教育的生存产

---

① 李修宏、周鹤鸣:《一所新型的地方性职业大学》,广东高等教育出版社1988年版,第349页。

生了危机。这些职业大学一部分保持了培养高级职业人才为目标的高等职业教育特色；另一部分则根据文件精神和上级主管部门的审批成为普通高等专科学校或升格为本科院校，并借此分流为普通高等教育。直到1995年，国家教委才以正式文件的形式，承认职业大学是中国高等教育的一种办学形式，是高等教育的重要组成部分，是国家承认学历的全日制普通高等学校，今后职业大学不再改名为专科学校。政策的摇摆一方面反映了政策制定者对高等职业教育的认识不清；另一方面，也反映了以职业性、应用性为特征的职业教育和以培养学科型人才为目的的学术教育、学历教育之间的抗衡。

面临中国市场经济和工业化发展对职业人才的巨大需求，现有的高等教育规模已不能满足，自1994年开始，发展高等职业教育被作为扩大高等教育的重点，随后颁布的《中国教育改革和发展纲要的实施意见》指出：积极发展多样化的高中后职业教育和培训，通过改革现有高等专科学校、职业大学和成人高校，以及举办灵活多样的高职班等途径，积极发展高等职业教育。同时提出了发展的途径，即"三改一补"发展高等职业教育的方针："通过现有的职业大学、部分高等专科学校和独立设置的成人高校改革办学模式，调整培养目标来发展高等职业教育。仍不满足时，经批准利用少数具备条件的重点中等专业学校改制或举办高职班等方式作为补充来发展高等职业教育。"经过调整，中国高等职业教育在全国得以迅速发展。1998年，全国普通高校在校生340万人，其中，高职在校生占普通高校的37.43%，高职院校占普通高校总数的42.3%。

（四）推动经济：职业技术学院的勃兴（20世纪末至今）

20世纪末至21世纪初，中国的社会经济发展发生了变化深刻的转折：在体制改革上，经历了从计划经济到市场经济的过渡；在发展道路上，经历了以信息化带动工业化，走新型工业化的道路，并实现了从工业化初级阶段向工业化中期的过渡；在人才培养上，实现了由高等教育的精英教育阶段向大众化阶段的过渡。中国高等职业教育也在这一历程中得以蓬勃发展（如表8-1所示），高等职业教育随着高等教育扩招进入了快速发展时期，中国高职院校数从 1997 年占高等教育的 7.84%，发展到 2011 年占据 47.4%，数量上基本上达到了高等教育学校数的 1/2。中国高职教育发展实现了规模扩张和模式转型。

1. 规模扩张

1999 年教育部提出了发展高职"三多一改"的方针，即通过多渠道、多规格、多模式发展高职，重点是改革教学模式，高职教育开始了大发展时期。2002 年在《关于大力推进职业教育改革与发展的决定》文件中，又进一步为高等职业教育的发展指明方向、明确要求，"深化职业教育办学体制改革，形成政府主导、依靠企业，充分发挥行业作用、社会力量参与的多元办学格局"；"要规范中等和高等职业学校的名称，并体现职业特点"；"高等专科学校和成人高等学校要逐步统一规范为'××职业技术学院'"；"要充分依靠企业举办职业教育"，"鼓励和支持民办职业教育的发展"，"积极引进国（境）外优质职业教育资源"；"扩大职业学校的办学自主权，增强其自主办学和自主发展的能力"。这一系列方针和政策极大地调动了地方和社会举办高等职业教育的积极性，中国高等职业技术学院蓬勃兴起，通过合并、改造、新建，高职院校以惊人的速度发展起来。1997—2011 年的高职院校数量如表 7-1 所示，从 1999 年的 161 所增长至 2011 年的 1 143 所，全国高等职业教育招生数从 43 万人增长到 200 万人，实现了跨越式的规模扩张。

表 7-1 1997—2011 年中国高职教育发展状况

年份	高等教育学校数			院校招生数			高职毕业情况	
	合计	本科	专科	其中高职	专科	其中高职	毕业数	毕业班学生数
1997	1 020	603	417	80	42.1	4.46	3	—
1998	1 022	591	431	101	28.9	6.3	3.5	—
1999	1 071	597	474	161	40.2	12.3	4	—
2000	1 041	599	442	184	48.7	19.4	4.2	—
2001	1 225	597	628	386	66.6	35.5	6.3	—
2002	1 396	629	767	548	89.1	—	—	—
2003	1 552	644	908	711	199.6	—	—	—
2004	1 731	684	1 047	872	144.7	118.4	37.1	63

续表 7-1

年份	高等教育学校数				院校招生数		高职毕业情况	
	合计	本科	专科	其中高职	专科	其中高职	毕业数	毕业班学生数
2005	1 792	701	1 091	921	173.8	144.4	57.8	90.2
2006	1 867	720	1 147	981	206.9	177.1	88.1	124.7
2007	1 908	740	1 168	1 015	209.8	182.6	122	160.4
2008	2 263	1 079	1 184	1 036	232.4	203.9	154.5	171.2
2009	2 305	1 090	1 215	1 071	240.7	213.4	169.8	201.4
2010	2 358	1 112	1 246	1 113	244.7	218.1	198.6	217.2
2011	2 409	1 129	1 280	1 143	—	—	—	—

资料来源：中国统计年鉴和教育部门户网站。

注：1997—1998 年高职的统计数据为短期职业大学数据，1999 年之后统计口径为职业技术学院。

2. 模式转型

高等职业教育的本质是什么？应该怎样办学？作为一种与工业化进程相伴生的教育类型，在中国的发展时间尚短，理论和实践都处于摸索阶段。存在的问题也显而易见：一是高职院校存在定位不准，盲目追求"专升本"升学率，教学上沿用本科的教学模式、教学计划和课程体系，缺乏职业特色和就业导向；二是专业设置不适应市场的需求，与企业普遍缺乏联系机制；三是实训条件差，"书本上学专业，黑板上开机器"成为教学常态。高等职业教育迟迟走不出学科式的培养模式，影响了高技能型人才的培养质量，"学术型"的高等教育模式在中国根深蒂固，高等职业教育模式亟待转型。

2005 年 11 月，《国务院关于大力发展职业教育的决定》提出重点建设 100 所示范性高等职业院校，要求高水平地培养高素质技能型人才，拉开了中国新时期高职教育人才培养模式改革的序幕。国家示范性高职院校建设计划实施后，在办学模式、课程和教学方面进行了一系列改革。首先，高职教育成功地实现了从相对封闭的办学模式到开放式办学模式的转变。相当多的高职院校与行业、企业紧密联合，它们不仅能经常地倾听企业界、经济界的意见，及时了解企业对人才的需求，企业的发展和最新动态,将它们的要求作为规定教学计划的主要依据,而且还建立了由行业专家等组成的专业指导委员会,由他们来直接参与人才培养规格、教学计划的制订以及教学过程质量的评估。同时企业也为学校师资培训、学生实习、毕业生分配等提供了有利条件。其次,高职教育通过多种不同的途径开展校企合作,进行"订单式"培养、工学交替、顶岗实习、校企联办或开展项目合作等。再次,在课程教学体系建设上,按照学生就业岗位的核心能力和关键能力,确定专业培养目标、构建课程体系,课程内容较好地体现了岗位工作任务所需要的知识、能力和素质。最后,在教学实施方面,开始强调通过实验、实训、实习等环节提高学生的实践能力。

随着高等教育大众化进程的加快,社会对高等教育的质量越来越关注,高等职业教育的发展正逐步由注重规模和数量的增长向更加注重特色和质量的提高转变。2006年,教育部出台文件《关于全面提高高等职业教育教学质量的若干意见》(教高〔2006〕16号)。该文件首次明确了高等职业教育是高等教育的一种类型,总结了中国高等职业教育从办学定位到质量控制等一系列改革创新成果,较详细地规定了高等职业教育内涵建设的重点和难点,制定了提高质量的具体措施和原则意见。在文件指引下,中国高职教育把工学结合作为高等职业教育人才培养模式改革的重要切入点,改革的重点是教学过程的实践性、开放性和职业性,实验、实训、实习是三个关键环节。各高职院校都积极推行订单培养,探索工学交替、任务驱动、项目导向、顶岗实习等有利于增强学生实践能力的教学模式。人才培养过程中至少有半年时间到企业等用人单位顶岗实习,并通过多主体、多渠道、多形式建设实践教学基地。与企业行业开展合作,建立校内或校外的实习实训基地。

高职教育特色日益彰显,以职业服务为宗旨、以就业为导向、走产学研相结合的发展道路,已经成为中国高职教育发展的共识和行动。主要表现在:办学模式上逐步形成了公办与民办院校相互促进发展、学校和企业合作互惠双赢的格局;培养目标转向学术"就业能力和可持续发展能力";毕业证书制度转向"学历与职业资格证书并重";教师队伍转向"双师型",来自企业的兼职教师占较高比例;专业设置转向市场导向和学生本位的"需求驱动";课程开发和建设以岗位需要为起点,重视"工作过程的系统化";教学内容重视"校内学习与工作经验并重";学习制度转向"校企合作、弹性学制";学习过程转向"工学结合"等一系列的转变。

迄今为止,中国高等职业教育发展格局已初步构建,形成了职业技术学院、短期职业大学、高等专科学校、成人高校、少数重点中专、部分普通高校的二级学院等办学机构和办学主体,培养目标和发展方向日益明确;部分应用技术本科转型为高职本科,高职教育层次结构有了拓展和高移的趋势,高职教育体系显现雏形。中国高职教育在教育体系中的地位日趋突显,并越来越得到社会各界的广泛关注和认同。

二、 政府主导学校本位发展模式的特征

与发达国家教育现代化的自发性、渐进性和由下至上地推行不同,中国教育现代化是在几千年封建教育的基础上发展起来的,具有后发外生型现代化国家的典型特征:它是受到国外借鉴、院校示范的强烈作用,在政府主导下通过革命运动方式强力启动,虽然发展时间不长,但发展速度和规模扩张较快。中国高职教育由政府主导自上而下发展,办学形式以学校为本位,可以概括为"政府主导、学校本位"发展模式。这一发展模式由政府主导高职教育的办学方向、层次、结构、类型、专业调控和经费投入,以高等学校学历教育框架为基础,以处于专科层次的高等职业技术学院为办学主体,通过校企合作、顶岗实习等途径在教学过程中尽力融入产业、行业、企业、职业和实践等要素。具体而言,呈现出以下特征:

(一) 双轨并行而不互通

从 20 世纪末开始,中国高职教育开始突破多年来所形成的在高等教育之外非大学职业教育机构满足社会职业人才需求的传统、单一模式,出现了工厂－学校模式的职业技术学院,并形成了与普通高等教育并行的高职教育系统。然而,在当前中国教育体系中,高职教育与普通高等教育虽双轨并行但却互相缺乏沟通和衔接。中国高职教育双轨型模式形成于重学术

轻技艺、学术与技艺截然对立的教育传统中，它使两种院校泾渭分明，一种专攻人文学术，另外一种专司技艺和技能，如水火不可相容。多年来，人们将高等职业教育视为不同于普通高等教育的另一种类型的教育。在职业学校教育内部，通过初中后、高中后二级分流，形成了中等、高等两个等级的职业学校系统，目前仍局限于专科层次；而在普通教育体系内部，也形成了本科（学士学位）—硕士（学位）—博士（学位）的专业教育和学术教育体系。这两个体系之间缺乏沟通与互通，如图7-1所示：

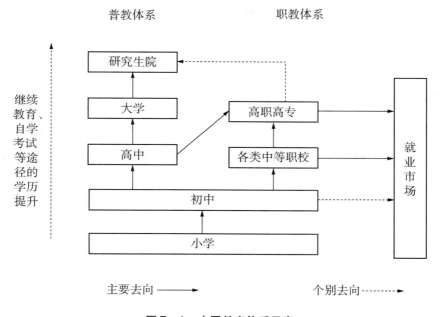

图7-1　中国教育体系示意

从统计数据上看，高职教育已占中国普通高等教育的一半，在规模上可与大学相抗衡。2012年，高职（专科）院校数为1 297所，占普通高校总数的53%；招生人数为3 147 762人，占普通高校招生总数的46%；毕业生数为3 208 865，占普通高校毕业生总数的51%。① 然而，高职教育、普通本科这两类高等教育基本上互不相通，高等职业教育只停留在专科层

---

① 中华人民共和国教育部，2012年教育统计数据，http：//www.moe.gov.cn/publicfiles/business/htmlfiles/moe/s7567/index.html。

次，本科及以上基本是单一的理论型教育，两者彼此割裂，学生转轨升学困难。

（二）政府主导自上而下

作为后发型现代化国家，中国自19世纪的洋务运动、百日维新到五四运动时期的教育改革，都是在国家面临生死存亡的紧急关头启动的，如果没有强大的外来压力，废除科举制，兴办新式学堂，肯定要推迟许多时日；20世纪80年代的改革开放，也是在与国际上有巨大的发展差距、关系国家生存的巨大压力下启动的。中国作为后发型国家，长期处于封建专制之下，经济严重落后、人民生活极度贫困，同发达国家较高的发展水平形成强烈的对比，教育水平很低，迫切需要推行现代化，但是由于传统的强大作用，使任何现代教育改革都遇到了殊死的抗争。"中国教育的重大改革，不可能等待全体民众的觉悟，而必须依靠开明的政府，在采借先进国家教育模式的基础上，用革命性的强行启动方式，推行有目的、有计划、由上及下的改革运动。可见，这种现代化的启动方式完全不同于早发内生型通过自发性的、渐进性的和由下而上的自然而漫长的演变"①，而是一种在外力推动下追赶先进的发展方式。

中国高职教育走了政府主导、由上而下的发展道路，这与早发内生型教育现代化走由下及上，通过漫长的自然演化使教育在经济、政治和社会发展的冲突下达到自然磨合的发展路线有根本区别。学者们用"设计"与"内生"这两种社会发展模式来理解和解释人类社会的发展，②而中国这种政府主导的后发型高职教育发展模式便为典型的"设计模式"。不同于西方职业教育内生于工厂制度内部的"内生模式"，中国职业教育基本上是基于政府或学者而非企业界的价值观，是由政府"设计—生产—控制"的

---

① 冯增俊：《比较教育学》，江苏教育出版社1996年版，第286页。

② 徐国庆：《职业教育原理》，上海教育出版社2007年版，第89-102页。作者认为，世间万物的发展存在两种截然不同的模式，即基于人为设计而发展的"设计模式"和基于自身生命力而发展的"内生模式"，这两种发展模式具有不同的原动力和不同的功能。用"设计-内生"分析框架来分析中西方职业教育模式形成的过程，较好地解释了中西方职业教育存在的问题根源。

产物。这种"设计—生产—控制"的"设计模式"渗透到了职业教育的各个环节、各个层面，从重点学校评审、质量评估，到对招生计划的控制，再到职业院校经费的划拨和控制，无不深深体现了这一模式的痕迹。

政府主导大力推动了中国高职教育的发展：一是通过政府的统一意识使教育现代化具有明确的发展指向目标，吸收有关发达国家的发展经验，并从中总结经验形成统一的决策，推动了中国教育现代化；二是通过政府行为统筹配置有限的资源，集中力量强力推行重大教改，如中国 20 世纪 80 年代的教育结构改革，90 年代末高等职业教育的大发展。政府深度介入职业教育，能够对职业教育的发展起到很大的促进作用，可以在短期内取得较大成效，这是政府主导教育发展的优势所在。

但同时政府主导下的后发外生型的"设计模式"也导致了高职教育中企业的缺位。西方工业化国家也通过政府主导建立了促进和保障高职教育发展的法律和制度，但对于职业教育就其发展原动力而言，是根植于企业发展需要，在企业界的积极参与下形成的，有着浓厚的企业文化根基；而政府在此进程中通过制定法律在模式的最终成型并稳固发展中起了重要作用。各国所形成的模式的差异源于企业与学校博弈中最终达成的平衡的差异。但中国的发展模式与早发内生型现代化国家不同，中国职业教育自发展之初就是在学者与政府的设计下形成的，学者与政府根据自己的研究和设想表达符合企业界利益的意愿，这种"越俎代庖"可能使企业界难以意识到利益的所在，企业与学校之间的博弈最终演化成学校的单方面活动，这导致一种缺乏企业界支持的完全学校化的职业教育模式的形成。

（三）学校本位企业缺位

在过去 30 年的发展历程中，中国职业教育在政府的强力推动下，以职业学校为实践主体，以规模扩张为主要特征迅速发展壮大起来，在中国以学校为本位的职业教育体系中，学校本位主义自然延伸至高职教育的实践中，决定了以学校为本位的模式。由于高等职业教育培养的是实用型人才，学校与企业的紧密合作是其根本特征，依据在高职教育办学过程中学校和企业关系的定位，学校与企业的地位角色不同，我们可以把高职教育模式分为内生于学校、以学校为主的学校本位模式和内生于企业、以企业为主的企业本位模式。企业本位模式的特点主要是，企业或生产部门为实施校企合作的主要组织者和管理者，企业内专设有培训机构，企业内培训比重远远大于学校教学的比重，其代表主要有德国的双元培训制、英国的工读交替式培训和日本的产学合作。而学校本位模式的特点主要是，在教学具体组织实施上以学校计划组织为基础，由学校从培养学生的现实出发，教师根据学生的专业和兴趣寻找适当的企业雇主，根据企业的需要和可能提供的相应的生产实践培训场所等，开展与企业的合作。

近年来，随着中国高职教育的大发展，探索出多种不同的校企合作形式，主要有：①"企业配合"模式。由学校制定人才培养目标、计划和实施，企业配合提供相应的实践教学环节条件，中国多数高职院校的人才培养都采用这种合作模式。②"校企联合培养"模式。在高职人才培养中实行校企联合、共同培养人才，企业与学校共同参与制定培养目标、教学计划、教学内容并参与人才培养过程，如订单式培养等。③"校企实体合作型"模式。如学校中建企业、企业中建学校、校企共建企业等实体合作形式，或企业以设备、场地、技术、师资、资金等多种形式向高职院校注入股份直接参与办学过程和学校人才培养。不论是以上的哪种具体模式，以学校为本位是它们的共同特征，主要由学校承担着培养责任，主动寻求着校企合作，目的是为了在人才培养中融入职业岗位的要素，开展"校企合作、工学结合、顶岗实习"的教育；而企业则将自身定位于教育体系之外，缺乏参与教育的动力和热情。

学校本位发展模式还体现在，大部分高职教育局限于全日制专科学历教育，生源对象主要是应届高中毕业生和中等职业学校毕业生。中国高等职业教育的实施机构为各类高等职业院校，既包括全国各地的职业大学和职业技术学院，也包括高等专科学校和成人高等学校，以及部分本科高校在内，其中独立设置的高等职业技术院校成为高职教育的办学主体。在中国的职业教育实践中，企业内职业教育、职后职业教育未能得到彰显和充分发挥职能。

三、 中国高职教育发展模式存在的问题

一种新的高等教育类型从产生到成熟是需要经历一段较长的发展时期的。中国高等职业教育从孕育到发展，从决策到实践，仅有短短20多年，与国外高等职业教育几百年的发展历史相比，还只是正在成长中的新苗。处于工业化进程中的中国，其高职教育发展模式体现出了工业化社会的鲜明特征：大规模的以高等职业院校为主体的职业学校教育系统广泛；普通教育与职业教育走向分离，职业教育为经济社会的发展提供了大量合格的劳动力的同时，也是以人文割裂和忽视人的发展需要为代价的；秉承了程式化、单一化、规模化工业生产的特点，高职教育呈现出标准化、专门化、大规模化的典型特征。这种发展模式存在着种种问题，如与普通高等教育的不等值、不互通，高职教育校企合作难以深入开展，高职教育的同质化倾向等等，分析这些问题和成因是构建中国高职教育发展模式的关键。

（一）体系不全，与普通高等教育缺乏等值与互通

由于中国高职教育设置时间相对较短，加之国情的特殊性，使中国的高等职业教育长期局限于专科层次，终身教育体系的现代职业教育体系远未形成。中国教育体系依然保持着学历教育体系的明显特征，职业教育成为断头教育，缺乏向上的阶梯，在教育体系中被边缘化。

（1）高职教育局限于专科层次。目前，职业教育仍停留在专科层次，缺少本科层次及研究生层次的职业教育类别，还没有形成从一般向高级发展的完整体系，严重挤压了职业教育的生存和发展空间。高职毕业生继续受教育的机会更微乎其微，在正规教育体系中几乎没有任何机会，而无奈之下只能通过社会教育体系中的自学考试提升层次。高职教育成了一个孤立的、断层的教育，高职毕业生的发展需要和接受学校教育的需要同样被忽视。

(2) 职业教育与普通教育的割裂。普通教育完全推行应试教育,讲授与社会生活实际相脱离的学科知识,培养的是做题和考试高手;职业教育面向就业,培养职业教育与普通教育分离、抵触甚至走向对立,并造成了内在的关系紧张。

(3) 两类高等教育缺乏等值与互通。学术教育通过与科学学科的融合传授抽象的学科知识;而职业教育是培养专业人才的技能资格,使其能够解决工作实际中相应复杂程度的任务。这个"全盘解决任务的方案"使得职业教育从根本上区别于传授学科知识的学术教育。在人才培养目标上的不同,使得职业教育与学术教育成为两种不同的教育类型。一个先进的教育体系是平行的教育途径,其实现的基础是职业教育和学术教育虽非同等类型,但具有同等价值。但在中国高等教育体系中,这两类高等教育是不等值的,同时缺乏互通的机制。

(二) 封闭办学,与产业界互动不足

与行业企业紧密相连,既是高职教育服务于社会经济发展的需要,也是高技能人才培养过程本身的要求。然而在后发外生的中国高职教育发展历程中,封闭办学、与行业企业联系不足导致职业教育不实用,校企合作不够深入已成为历史顽疾。刘桂林在《中国近代职业思潮》中分析了近代中国的职业教育思潮所经历的三个阶段:实业教育阶段(实业救国,1866—1917年)、职业学校阶段(职业救国,1917—1927年)、大职业教育(平民教育、综合教育,1927—1937年)阶段,而这三次职业教育思潮均以失败而告终。之所以认为职业教育是失败的,是因为几十年来职业教育既不能明显地推动中国社会经济的发展,扭转农村经济崩溃、城市工商业凋敝的局面,也没有解决长期存在且越来越严重的失业问题。究其根本,中国近代职业教育与工业化之间没有形成一种紧密的联系,职业教育不切实际,不实用,这正是导致中国近代职业教育变革不成功的重要原因之一。①

---

① 楼世洲:《职业教育与工业化——近代工业化进程中江浙沪职业教育考察》,学林出版社2008年版,第54页。

然而纵观今日高职教育，其虽然在产、学、研合作教育方面迈出了较大步伐，但高等职业教育与社会之间的关系还是没有根本性的改观，高等职业教育存在着过于校园化，缺乏社会性；过于规范化，缺乏职业性；过于学历化，缺乏实用性等问题。[①] 封闭办学主要体现在以下几方面：一是学校与企业之间的联系不紧密，由于种种原因，学校与企业之间并没有形成固定的联系，有些甚至仅仅是为了双方的检查和宣传的需要而建立的一种合作关系；二是学校的市场开拓能力不强，面对社会上急需高技能人才的培养的现状，高职院校还是将重点放在学校教育，对于高技能人才的再学习所需要的产品创新不够；三是学校的任课教师主要还是由专职的任课教师担任，一些实践性较强的课程也是如此，企业中的高技能人才到学校任教的人数占整个教师队伍的比例还比较低，一些最新的技术及设备方面的知识还不能反映到学校的人才培养中去。

究其原因，一方面在于中国缺乏企业参与职业教育的传统，作为代表企业利益的行业协会没有相应的地位和影响力；另一方面在于中国缺乏制度层面对企业参与职业教育的要求、监督、考核和推行的规定。长期以来，中国没有相应的法律法规要求企业必须参与职业教育与培训，对于参与校企合作的企业既没有政策上的优惠，也缺乏利益上的激励，企业与学校的合作完全是一种出于自身利益的自发行为。首先，没有出台校企合作中对企业的奖惩机制，缺乏对校企合作中企业权责划分的立法，尤其对校企合作中的企业利益保护不足，很多项目难以获得企业主管部门和相关部门的支持与协调。其次，缺乏校企合作平台与协调管理机构，没有政府的统筹，高职院校各自行动、重复建设现象严重，没有实现区域共享，存在一定程度的资源浪费。在这种先天不足的现实情况下，虽然高职院校在校企合作实践形式上有所突破，但难以赢得主动，真正要调动企业积极性，必须有政府的支持和制度的保障。德国双元制职业教育中的企业参与是在国家法律条文的规定下得以实施和完善的；而在职业教育发达的澳大利亚，则对企业培训和职业教育有着清晰的制度条文。在中国推行校企合作难以取得实质性进展，缺乏政府支持和制度保障是其关键原因。

---

① 吕一枚：《三大盲区考验中国职教发展》，载《职业技术教育》2003年第12期。

(三) 行政推动，院校发展同质化

中国高职教育的发展因循了新中国成立以来的运动式发展思维、运动式发展，发展进程自上而下强力推进，体现在大规划、大目标、大动员，重视快速、当下、可见的成果，而忽略长期、扎实的综合性的具有内涵与质量的发展。中国高职教育起步于20世纪80年代，出于对国家发展、拉动经济以及回应高等教育大众化的需求，在政府的大力推动下，通过行政力量，虽然高职教育的发展本身条件不成熟，基本设施和办学条件不足，但却通过"三多一改"进行改制、合并、升格，使中国高等职业教育得到了急速的扩张，建立了规模庞大的高职教育体系。近10年来，高职院校发展以规模扩张和投入增加为特征，许多院校从扩招前一两千人在校生的规模的中专升格为一万多人规模的高等职业教育学院，教师数量在近10年间也增长了近10倍。

中国职业技术教育的大发展得益于政府政策的推动，高职院校的发展也主要来自于外部力量的推动，从扩招政策的制定、对高职院校教育教学质量的评估、国家示范性高职院校的建设，到对招生计划和经费开支的控制，高职院校在这些外部力量的推动下前行。同时，由于职业教育资源主要通过政府途径来分配，职业院校自然将最主要的精力放在完成上级的要求上。在高职教育的实践中，上至教育管理部门、学校校长，下至教师，似乎都慌乱而忙碌，不断地迎接各种上级评估，各种师资改革、课程改革、教学改革层出不穷，然而这一切的努力却缺乏理论的指向性，甚至同一学校同时进行的改革竟是背道而驰的，高职院校的实践忙碌却进展缓慢。然而困惑的不仅仅是教育者，管理者也存在着同样的疑惑和犹豫。迷茫的结果是，大家凡事都奉教育部的红头文件为圣典，许多的探索和争鸣都以教育部的"×号文"为终结和定论，不再去探索特色之路。"国家级示范性院校""省级示范性院校""骨干院校"等各种评估层出不穷，犹如指挥棒主导着职业教育的发展。职业院校关注自己在政府评估名单中的排名甚于关注社会和市场，甚于关注自身的培养水平和教学质量，全副精力向上看，造成千校一面。

这种粗放型、重数量的发展模式，忽视了院校的内涵发展与办学特色，诸多高职院校除了在地域、学科领域、规模大小等硬性指标上有所区别外，在专业设置、教学理念、教学方法、就业模式等方面并无大的差异，同质化倾向十分明显。一是与普通高等教育的同质化，许多高职院校想"专升本"，失去了高职院校的特色，成为"本科的压缩饼干"；二是与中职教育的同质化，模糊了高职与中职的界限，成为"中职的发酵面包"；三是专业设置"同质化"，专业特色和办学特色弱化，造成"千校一面"。

（四）人文割裂，人的发展被忽视

在国家推动、自上而下的中国职业教育的发展模式下，人们所关注的焦点过度集中于发展的外延特征上，如财政投入、硬件设施、规模发展、教师队伍等，然而学生的主体性价值却未能得到彰显，学生的学习收获以及学生发展需要很少能够进入院校管理者的视野并予以关注。职业教育的发展模式偏离了人的发展这一教育主旨，这反映在以下几个方面：一是院校发展罔顾服务对象的需求。从轰轰烈烈的各级各类精品课程建设到层出不穷的教学"改革"，因循工具理性的思维，做了大量的表面文章，而忘记了这样做的根本目的，鲜有考虑教师与学生的呼声和需求。二是职业教育改革中的唯技能论倾向，不着眼于人的发展而仅仅强调技术训练与实践教学，职业教育沦为了职业培训。一些高职教育变成了纯粹的就业教育，甚至已异化成为现代工匠培训中心，片面强调专业技能的培养，忽视综合素质的提高和可持续发展。三是学校教育的冷漠与师生关系的疏离，尤其在学校新校区建设与在校生规模扩大的背景下，教育变成冷冰冰的生产流程，学生像产品一样被批量生产，职业教育缺乏师生互动和人文关怀。

（五）文化贬抑，社会吸引力不足

新制度主义认为，不同国家的高等职业教育制度及发展模式具有其不同的文化基础，并且对社会文化、观念、规范等历史形成的规则存在"路径依赖"。造成中国普通教育与职业教育隔离、人文割裂、企业缺位等问题的根本原因在于，中国传统文化重伦理、轻技术的伦理理念，工业文明价值观的缺失及由此导致的技术技能人才地位低下等不良的发展环境。

1. 重伦理轻技术的传统文化

分析职业教育发展在中国受到阻碍的原因，可以清晰地看到中国传统的教育观念对职业教育发展的影响："学而优则仕"的读书做官的目的观，"万般皆下品，唯有读书高"的轻视商业和实用技术的价值观，"劳心者治人，劳力者治于人"的人才观，无不影响着社会对于职业教育的选择。这种传统文化与职业教育的重应用、重实践的价值观是冲突的，深深影响了人们的价值选择与追求，导致人们在思想观念上轻视职业教育，形成不利于职业教育发展的价值观。现实中人们往往把高职教育看成是一个专科层次的短期教育，而非一个实用型教育类型；在招生制度安排上，优先普通教育、冷落职业教育，高职院校招生按批次排在普通高校之后招生，这使得社会普遍认为，只有成绩差、报考普通院校无望的学生才无奈地选择职业学校。这些观念和制度安排都产生了教育内部歧视性的效果，产生高职院校低人一等的选择结果。

2. 工业文明价值观的缺失

现代职业教育的发展始于工业社会大机器生产对技能型人才的需求，随着大机器生产的发展，产生了对掌握机械原理与生产技能的劳动者的需求，同时也产生了重视技术、技能的工业文明。然而长期以来，中国传统文化所存在的社会基础依存于小农经济的农业社会，历代封建社会都是重农抑商，商品经济不发达；即使经过了"西学东渐"、五四运动、改革开放的思想解放，也经历了后发优势的工业化进程，但其社会观念仍处于较低阶段，目前也尚未形成职业教育所依存的工业社会的价值理念，社会对技能性劳动的尊重和重视的观念尚未成熟。

时至今日，虽然落后于时代的传统观念正在转变，但新的工业文明却远未形成，中国职业教育正是缺乏了这一赖以生存的基础。如果说鸦片战争打开了中国的大门算作中国现代化进程的开端，那么中国工业发展的历程不过一个半世纪，虽然近代中国的工业得到了长足的发展，工业文明的物质基础基本具备但文化的积累与改变是渐进的,与工业化的物质文明相伴的精神文明不可能如物质积累一样在短时期内建立。工业社会"工业文明"的缺失使得中国缺少职业教育存在的价值基础。中国企业往往片面追求经济利益的最大化,只对能立即带来利益的成熟技术感兴趣,缺乏参与教育的理念与传统。中国大多数企业认为培养人才是高等职业院校的责任和义务,缺乏参与校企合作的动力,导致校企合作只停留在单纯选择人才的层面,不参与或很少参与人才的培养。

3. 技能、技术人才社会地位低下

中国技术、技能型人才地位低下,学历社会特征明显。中国在短暂的工业化过程中,缺乏像西方一样对工业文化长久的吸收和积淀,普通的工商业从业者难以进入社会主流或上流,在工业企业创造产品的技工、技师等生产者得不到在工业文明中应有的社会地位。接受了高职教育的学生在将来的工作岗位和薪酬水平方面没有显著提升,在工资分配制度上,技能型人才的工资福利待遇一般不如智力型人才高,同时工作条件差,劳动强度大,技能型人才的劳动价值与社会地位也未获得广泛认可与肯定。由此导致了中国最优秀的人才在职业选择中都蜂拥去考公务员、进国家机关,而不是从事创造社会价值。

在以上社会背景下,高等职业教育"低人一等"的地位仍未改变,大多数毕业生就业层次低、稳定性不高、可迁移能力差仍是不争的事实。高职低人一等的看法不仅在学生中,而且在家长和教师中亦十分普遍。不少学生不愿意报考职业院校,一些家长不愿意让子女选择职业教育,一些地方职业院校招生困难,许多考生宁愿以高成本的多次高考复读来争取就读本科的机会,而不愿去读已考上的高职院校,高职新生报到率平均在80%左右,中途退学者也为数不少。

第八章 中国高等职业教育发展模式之重构

前文已对不同历史时期高等职业教育模式的演变和对各国高职教育发展模式特征与形成机理进行了考察，本章着重将规律和研究成果运用于中国，解决中国高职教育发展的理论与实践问题。中国高等职业教育发展应从传统的束缚中挣脱，从模式移植到本土化探索，从教育形态和教育内容的革新，迈向以人的全面发展和终身发展为内容的整体性变革。

一、 国际视野下高职教育发展模式新趋向

（一） 各类各层次教育间有效转换互通

伴随着后现代信息社会的到来，教育的作用不仅仅表现为使被教育者对各种劳动分工岗位的熟悉和把握，而是需要在接受完整、系统教育的基础上，使每个人在知识和智力水平方面获得尽可能全面的提高。对此，美国学者查尔斯·霍顿·库利认为，在信息时代的条件下，知识的隔绝是行不通的，知识的专业化必须立足于普遍的、整体的知识体系之上，正是借助于普遍知识才使得个人在现代生产过程中保持自我并且有所作为。他提出，正是因为美国工人在相对更高的程度上具备了普遍的文化特征，他们才能在高度专业化生产上超过其他国家的工人。[①] 因此，未来教育必将进

---

① ［美］查尔斯·霍顿·库利：《人类本性与社会秩序》，包凡一、王源译，华夏出版社1999年版，第106-107页。

一步扩大教育规模、健全教育体系、拓宽教育渠道、增加教育类型、完善教育方式，以满足人的发展需要。为应对2008年全球经济危机后的挑战，进一步增强国家竞争力，"构建技能的澳大利亚"，2011年5月，澳大利亚技能署发布《为了繁荣的技能——澳大利亚职业教育与培训路线图》报告，对过去20年的澳大利亚职业教育体系发展进行了综合评估，提出了国家职业教育改革的八大方向，其中之一为"在不同教育部门间形成更有效的转换路径"，这体现了当代高职教育发展的一大趋势。

（二）政府、社会、企业多元参与

职业教育的国际发展实践与规律证明，高等职业教育涉及众多职业、行业、产业，社会、企业的广泛参与是办好职业教育，培养生产、建设、管理、服务一线人才的重要途径，有助于促进学校与企业的合作、教学与生产的结合，实现校企双方互相支持、互相渗透、双向介入、优势互补、资源互用、利益共享的目的。随着社会开放程度的增加，教育同外界的联系越来越紧密。而作为教育体系的一个子系统，高等职业教育更由于其特殊性而同教育外部相关体系的联系越来越多，其开放性也越来越强，这首先体现在企业界或产业界更多地参与了职业学校的管理。社会与科技的发展要求学校应不断改革其培养目标和专业设置，以适应不断变化的社会发展的需要。而这种发展最敏感地表现在产业界或企业界对所需要人才的变革上。

（三）高职教育功能综合化

高职院校的功能随着时代要求的变化，正逐步成为融培训、就业、升学、补习、社区服务、技术开发等多种社会功能为一体的综合性教育。从高职教育发展的历史来看，其社会功能经历了一定的转变，无论在哪个国家，其发展初期都主要集中于为就业服务。然而随着教育大众化和个性化浪潮的冲击，20世纪八九十年代以来，各国都拓展了高职院校的功能。从课程上看，美国的社区学院可承担的功能包括升学、转学教育、职业准备教育、技术准备教育、社区服务、补习教育、再就业培训、职后提高教育、订单培训、职业资格证书培训、作为第二语言的英语教育。① 再如德国的职业学院（BA），其毕业生可获得工程师等文凭和学位，也可以直接攻读硕士学位等。另外，以课程形式出现的高职教育，如澳大利亚的 TAFE 课程，都提供给学生既可就业又可升学的途径。

（四）融入终身教育体系

现代终身教育思想出现于 20 世纪 60 年代，它一经提出，就迅速得到了广泛的认同，并被赋予划时代的伟大意义——"终身教育概念的提出可以与哥白尼式的革命相比，它是教育史上最引人注目的事件"。② 传统教育有着"学习"和"工作"两个阶段的人生划分，教育与生活是割裂的。但在现代社会，随着现代科技发展和现代社会经济的发展，传统的生活方式、思维习惯、学校教育体制和方法失灵，人们在幼年时期和青少年时期所接受的教育，不再能受用终身，不再能使他们过上一种令人满意的生活了，即一次性的学校教育不可能满足人一生的需要。③ 知识寿命的缩短和技术更新的加快使现代职业的半衰期越来越短，职业和岗位变动更加频繁，以往人们梦寐以求的"终身职业"已不复存在。学校教育提供的一次性知识和技能培训已无法满足知识与技能更新的需要，人们需要不断地接受"再教育"，不断吸收新知识和学习新技术。终身教育思想的首倡者法国成人教育专家保罗·朗格朗在他的《终身教育引论》（*An Introduction to Lifelong Education*）一书中认为："教育和训练的过程并不随着学习的结束而结束，而是应该贯穿于生命的全过程。"④ 在终身教育的背景下，传统高

---

① 石伟平：《高等职业教育的国际比较：社会功能与社会地位》，载《江苏教育（职业教育版）》2010 年第 5 期。
② 联合国教科文组织：《从现在到 2000 年教育内容发展的全球教育展望》，教育科学出版社 1996 年版，第 142 页。
③ 向春：《论终身教育视阈下的高等教育制度改革》，载《深圳大学学报（人文社会科学版）》2013 年第 3 期。
④ ［法］保罗·朗格朗：《终身教育引论》，周南照、陈树清译，中国对外翻译出版公司 1985 年版。

等教育的时空概念发生了改变,高等教育的性质发展已经改变——高等教育的职能在时空上得到了新的扩展,高等教育内在地成为通向终身教育的桥梁,内在地要求融入终身教育体系。

联合国教科文组织的第二届国际职业技术教育大会的主题是"终身学习与培训——通向未来的桥梁",大会上通过的决议强调,职业技术教育是终身教育体系的一个内在组成部分,随着技术的发展,无论各国的发展状况如何,职业技术教育与培训都要朝向终身化发展方向,并号召各国努力建立现代终身教育体系。[①] 职业技术教育应在终身教育理念下改革自身的教育体系与教育内容,为每个社会个体的整个职业生涯发展服务,构建终身职业技术教育制度已成为世界职业技术教育发展的共同趋势。

(五)促进人的全面发展

随着科技的日益发展,技术将在加剧分化的同时更加强化综合,要求生产者在掌握高科技的同时也要具备越来越高的文化素质,从手工业时代民间的生存技艺教育到工业化时期的职业技术培训与教育,再到信息时代多元融合的教育发展,高职教育显示出了越来越多的教育性,推进全人教育、促进人的全面发展,这是职业教育发展的普遍趋势。

教育为未来培养人才,是面向未来的教育,从马克思人类社会发展的三形态理论所揭示的人的发展规律也为我们表明了高等职业教育这一发展趋向。马克思认为,在人类社会演进中,人的生存与发展方式经历了这样三个阶段:①"人的依赖"形态。于自然经济条件下依靠"人身依附关系"的状态。生产劳动要么以大规模的、强制的奴隶劳动方式进行,要么以家庭经营的小农经济或封建庄园经济的方式进行,对血缘和权力的人身依附关系是生存和发展的前提和基础。②"物的依赖"形态。在一般商品经济条件下依赖于"物"而存在,人通过"物"且为"物"所支配、所奴役的"物化性"发展的状况。高度商品化和机器化的大工业生产是社会

---

① 联合国教科文组织:《21世纪的高等教育:展望和行动世界宣言》,载《教育参考资料》1999年第3期。

生产的主要内容和基本方式,劳动对科技、资本和机器的依赖,呈异化状态,人的劳动成为机器和资本的附属物。③"能力依赖"形态。在知识经济时代,人的能力取代了人身依附和物的因素,成为社会生产和个人发展的主导要素。社会生产是建立在个人全面、自由的个性上,通过人的能力的充分正确发挥来创造社会价值和实现自我价值。

　　基于人的发展形态演变,高等职业教育的发展也经历了三个阶段:在自然经济条件下人处于"人的依赖"状态,教育的等级性、阶级性极为明显,教育内容的中心仍是一些寓统治术于其中的社会历史知识、圣人之言和祖先遗训之类,在中国主要是四书五经,在西欧则是宗教神学和古典科目。这一阶段,职业技术、技能只作为一种简单生存技能在师徒、父子间传授,学徒制的非正式教育形态是其重要的发展模式。在以商品经济为基础的机器生产时代,仅凭经验和技艺劳动已经不能满足生产需求,生产发展越来越依赖科学技术的发展,越来越依赖于工人所掌握的科学文化知识和技术。在以时间经济为基础的社会形态下,个体得到充分发展、全面发展,消除了物化社会中异化劳动所带来的种种弊端,个人真正获得了自由。在这一阶段,施行的是一种个性全面发展的教育,其理想的教育应是促进人的全面发展、和谐发展、自由发展、充分发展、持续发展。教育的重要意义在于,使每个人摆脱原有分工造成的片面性,从而使社会成员的才能得到全面发展,使之能够通晓整个生产系统,在此基础上,"他们能够根据社会需要或者他们自己的爱好,轮流从一个生产部门转到另一个生产部门,以全面发挥他们得到的全面发展的才能"。① 在根据马克思人类社会发展的三形态理论所划分的三形态中,目前我们正处于物化社会的教育形态阶段,科学主义与自然主义、人文主义、人本主义之间的争辩一直未曾消停过,在这种争辩和彷徨中,教育的发展将必然步入自主化社会教育形态阶段,这就是教育本身发展的内在逻辑。

　　无论社会如何变化,职业和教育的关系如何变化,职业教育将包含有越来越多的教育性,这一点,始终不变。在择业自由的社会,应充分了解

---

① 中共中央马克思恩格斯列宁斯大林著作编译局:《马克思恩格斯选集(第一卷)》,人民出版社1995年版,第243页。

人的个性和需要，实现人职匹配，培养职业迁移能力，从而实现职业教育促进人的全面发展的目标。为此，高职院校要按服务社会原则来重新阐释和设计教育，定义全人发展理念；以此为基础，全面整合人文与科学、科研与教学、学术与应用的内在联系，培养职业技能突出、人格健全、品德高尚而又有人文素质和科学创新精神的时代新人。

二、多元融合：中国高职教育发展模式新框架

20世纪80年代中国实行改革开放，中华民族开始由独立自主走向全面复兴。但同时，中国社会本身也处在全面深刻的变化中：中国的人口规模将继续增长并达到峰值；中国工业化的进程将加速，并急剧推动城市化发展，其经济结构将发生重大变化；科学技术迅猛发展，信息科技、电子商务正改变社会制造、生产、生活方式。在这样一个大变革的时代，中国和世界都处在重大转折的关头，中国高职教育发展必须面向时代变革的要求来构建新的发展模式。根据高职教育发展规律、国际职业教育经验和中国经济社会发展的实践基础，中国高职教育发展模式应以全面服务社会经济发展为中心，从学校本位走向产、学、研合作，从政府主导走向院校自主发展，从终结性教育向终身教育转变，全面构建政府指导、行业主导，学校主体、企业参与的高职教育新模式。

（一）全面服务社会经济发展：构建高端技能型人才培养体系

对高等职业教育发展模式的历史演进与国别形态的研究表明，高职教育发展模式一方面受生产力和科学技术发展水平、一定社会政治和经济制度以及文化传统的制约；另一方面，正确的高职教育发展模式又可以为一国社会经济发展和文化发展服务。构建高职教育发展模式，就是要使高职教育主动地适应社会经济发展与变革，这种主动适应包含两方面的含义：一是高职教育主动地为社会发展提供多样化的服务，二是高职教育在为社

会发展服务的目标指导下实现其自身的发展与变革。因此，高等职业教育的发展与变革应具有时代感，应建立于全面服务中国工业化进程和产业转型升级的总体原则之上。

1. 全面服务产业转型升级

自鸦片战争开始，封闭自守的中国封建社会不断遭受西方工业化的猛烈冲击，开始了这一崎岖曲折的现代化历程。新中国的成立为中国现代化翻开了新篇章，从1949年至今的半个多世纪，中国已从落后的农业大国建设成为拥有独立的、比较完整的，并有一部分现代化水平的工业体系和国民经济体系的国家。但长期以来，中国经济发展过于追求发展速度，中国经济依赖的是诸如土地、矿产等不可再生资源，传统的工业化发展带来了我们今天的繁荣的同时，也带来了污染和破坏等灾难。基于对传统工业化模式利弊的反思，为谋求人类的可持续发展，作为后发现代化国家的中国没有必要重复发达国家工业化的老路，而是应该走一条新型工业化道路。

中国选择新型的工业化道路，既是对传统工业化道路的反思，也是发展中国家的后发优势使然，是中国在资源、人口、环境的压力制约下，在"知识经济"和"信息革命"的巨大历史机遇面前，在日趋剧烈的全球性竞争市场中的战略定位。与发达国家的工业化道路以及中国传统的工业化道路相比较，新型工业化是中国工业化发展的新阶段，也是中国21世纪经济发展战略的新选择。中国新型工业化有两大任务：一是大力发展信息产业和高新科技产业，以信息化带动工业化，以工业化促进信息化；二是通过产业结构调整实现对传统产业的改造，走出一条科技含量高、经济效益好、资源消耗低、环境污染少、人力资源优势得到充分发挥的经济发展之路。为此，中国新型工业化是从中国实际出发探索出的一条具有中国特色的工业化道路。一方面，中国前期工业化发展与西方发达国家一样主要依靠物质、资金、人力资源的高投入来促进经济增长，同时也同样出现了经济增长质量不高与生态环境恶化的严重弊端[①]；另一方面，中国社会现代

---

① 中国社会科学院工业经济研究所：《中国工业发展报告》，经济管理出版社2000年版，第1—7页。

化是一种后发追赶型的社会现代化,而并非一种"自然演化",通过学习和借鉴先行国家经验而非完全重复前人道路,可以避免先行国家工业化进程中的弊端。

按照克拉克的工业化理论:劳动力在不同产业之间的分布是反映工业化进程的最重要因素,同时人均收入水平的变动、第三产业产值变动和工业内部结构变动都可以从不同的侧面反映工业化的进程。① 对照国际经验和工业化国家的水平,中国工业化的任务还没有完成,从总体上看现在还处于工业化中期阶段。这突出表现在:中国现在人均国内生产总值才接近1 000 美元;农业现代化和农村城镇化水平较低;产业结构层次低,竞争力不强,第一产业从业人员占全社会劳动力近50%,工业特别是制造业的水平还不高,服务业产值比重和水平同已经实现工业化的发达国家相比还有相当大的差距。② 如表8-1所示:

表8-1 中国工业化、信息化与城镇化发展目标③

	工业化中期(2004年或2005年)	基本实现工业化(2020年)
人均GDP	1 269 美元	4 000～5 000 美元
城镇化率	41.76%	60%
产业结构	2004年,中国第一、二、三产业比重:15.12%、52.19%、31.19%	第一、二、三产业比重:10%、50%、40%
就业结构	第一、二、三产业就业比重:46.19%、22.15%、30.16%	就业结构与产业结构相一致

资料来源:人均GDP、城镇化率、产业结构数据来自《中国统计年鉴》(2005);2020 年人均GDP、城镇化率、产业结构数据参见赵国鸿:《论中国新型工业化道路》,人民出版社2005年版,第64-65页。

2. 全面服务工业化、城镇化社会发展进程

无论是从历史的视角、还是从比较的视角审视,职业教育与工业的互

---

① 姜爱林:《对中国工业化发展阶段的基本判断》,载《汕头大学学报(人文社会科学版)》2003年第2期。
② 陈征、李建平、金喜在等:《政治经济学》(第3版),高等教育出版社2003年版,第89页。
③ 辜胜阻、洪群联:《新型工业化与我国高等职业教育的转型》,载《教育研究》2006年第11期。

动关系，构成了职业教育发展的主线。现代高等职业教育发展伴随工业化进程产生和发展，并在这一进程中发挥着重大作用。新型工业化和 2020 年中国基本实现工业化的目标为高等职业教育发展提供了巨大的市场需求。一方面，城镇化为高等职业教育提供了广阔的人才需求空间，从 2004—2020 年将有约 3.5 亿的人口从农村人口转为城镇人口，通过职业教育特别是高等职业教育把巨大的人口负担转化为高质量的人力资源，是中国高等职业教育面临的挑战和机遇。另一方面，新型工业化要求经济增长方式发生根本性的转变，劳动力结构要从低素质的劳动力和简单的机械化的劳动向高素质的劳动力和复杂的智能化的劳动转变，高等职业教育在这一进程中发挥着重要作用。在未来，中国必须"在以高附加值、高技术含量的技术密集型产业为主体的国际市场竞争中占据优势，否则我们将永远充当'世界加工厂'而不可能成为'世界工厂'"。[①] 人力资本理论研究揭示出，经济增长不能依靠简单的劳动力投入，而更多地要依赖于人力资本投资和技术进步，而在诸多人力资本要素中，高技能人才是发展现代制造业、增强技术比较优势、参与国际中高端产业链竞争的基础。为此，担任培养高技能人才重任的高等职业教育已成为推进新型工业化的重要力量。

根据中国新型工业化的需要，2005 年中国发布了《关于大力发展职业教育的决定》，大力发展高等职业教育，积极开发中国人力资源，体现了国家对于职业教育地位与作用前所未有的重视。同时，工业化、城镇化和信息化目标对高等职业教育培养的人才在数量、质量及层次结构等方面提出了新的要求，大规模、多层次、多种类地培养工业化所急需的应用型技术人才成为中国高职教育的重要使命。作为制造业大国，中国的工业化进程和经济结构转型都需要职业教育和技能型人才作为基础，"中国制造"到"中国创造"的新型工业化道路转变更需要职业教育体系在技能型人才培养上的创造性发展。[②] 社会发展现实和政策取向都表明，职业教育作为现代教育体系的重要组成部分，需要在中国的工业化发展过程中扮演重要角色。

---

① 辜胜阻、洪群联：《新型工业化与我国高等职业教育的转型》，载《教育研究》2006 年第 11 期。

② 张原、陈建奇：《工业化进程中的职业教育体系发展的国际经验及对中国的启示》，载《中国职业技术教育》2012 年第 9 期。

当前，中国正处于工业化、城镇化发展的关键阶段，正在从"制造业大国"向"制造业强国"转变，产业结构不断优化升级。2010年，中国政府提出将大力发展节能环保、新能源、新能源汽车、新材料、高端装备制造业、生物产业、新一代信息技术产业等七大战略性新兴产业。由传统制造业向现代制造业的转型和战略性新兴产业的兴起，需要大规模的技术型产业工人的迅速吸收和掌握。这些特定的国情决定了职业教育对于中国的重要意义。正如胡锦涛同志在2009年珠三角经济调研时指出"技能型人才在推进自主创新方面具有不可替代的重要作用"，"没有一流的技工，就没有一流的产品"。中国工业化推进和产业升级需要职业教育的进一步发展。

为此，2010年中国制定了《国家中长期教育改革和发展规划纲要（2010—2020年）》（以下简称《纲要》），这是指导未来10年中国教育改革发展的重要纲领性文件。《纲要》在序言中就明确提出，"加快从教育大国向教育强国、从人力资源大国向人力资源强国迈进，为中华民族伟大复兴和人类文明进步做出更大贡献"，把发展教育提升到了事关改善民生、推动经济发展的重要地位。《纲要》赋予职业教育全面服务社会的战略定位：到2020年，中国职业教育要"形成适应经济发展方式转变和产业结构调整要求、体现终身教育理念、中等和高等职业教育协调发展的现代职业教育体系，满足人民群众接受职业教育的需求，满足经济社会对高素质劳动者和技能型人才的需要"。因此，中国高等职业教育必须服务于区域经济和社会发展，必须适应经济转型的需求，构建起为地方经济和社会发展提供强有力的人力资源的高端技能人才的培养体系。

（二）从双轨隔离走向双轨并行互通

在现代社会，高等职业教育是以一个完整的体系来为社会服务的，这个体系由各个具有不同功能而又相互依存的部分组成，是一个适应社会多样化需求的、多层次、多类别和开放的框架体系。中国未来职业教育体系的发展，应当根据国家发展实际情况，综合地借鉴其他国家或地区的经验，要突出高等职业教育在职业教育体系和高等教育体系中的双重地位及其分别与其他教育类型的密切关联性，构建"上下贯通、内外衔接"的

"大职业"教育体系。纵向上,构建中职教育、高等职业(专科)教育、应用本科教育和专业学位教育(专业硕士和专业博士)等衔接贯通,横向上职业教育与普通教育互相渗透沟通,成为"类型"特征鲜明、"层次"结构完整的现代高等职业教育体系。实现学习、学历的上下贯通,职业教育、普通教育的有效衔接,让人人时时处处都可以学习,以往象征着"终结"的职业教育转变为"终身教育"。

1. 高等职业教育层次上延

社会对人才的需求是多样的,人才既分类型,又分层次,而人才的类型结构对应着教育的层次结构。由于中国的产业结构、人口分布结构区域经济发展水平不同等因素,需要大量相当于美国的社区学院、多科技术学院或者短期性大学,学习年限为两年到三年的高职教育学院。国家在高等职业教育的起步阶段,将其定位在两年、三年的专科层次上是必要的、正确的。但随着经济发展、社会进步,特别是经济全球化和高新技术的迅猛发展,社会对高职人才的需求必然会变得多样化,包括对更高层次职业人才的需求。

产业升级迫切要求提升技术应用型人才的培养层次。目前中国经济社会正处于转型升级、快速发展的关键阶段,随着工业化、信息化、城镇化、国际化进程的加快以及现代农业和战略性新兴产业的发展,特别是节能环保、信息技术、生物、高端装备制造、新能源、新材料等战略性新兴产业的崛起,社会对高层次应用型人才的需求日益紧迫,这种现象在经济较发达的地区表现得尤为突出。联合国发展组织统计,中国的劳动技能指数仅居世界第 59 位。在技术工人方面,发达国家高级技师占 35%,中级工占 50%,初级工占 15%;而中国技师和高级技工只占 1.5%,高级工占 3.5%,中级工占 35%,初级工占 60%。中国当前这种过于注重操作技能(由高职专科培养)和偏离企业需要(由应用型本科培养)的技术应用人才培养,很可能带来新一轮的劳动力就业结构矛盾甚至招生危机。[①] 为此,

---

① 李晓明:《产业转型升级与高职本科教育发展——以地方应用型本科转型高职本科为选择》,载《教育发展研究》2012 年第 3 期。

中国必须遵循高职教育的规律和发展方向，尽快完善高职教育层次结构，才能搭建人才成长立交桥，才能满足社会对人才需求的多样性和多层次性以及劳动者终身教育的需要。

基于对高层次工程技术应用型各类人才的迫切需求以及教育民主化的浪潮，发达国家和地区逐渐构建起与经济结构相匹配的高等教育体系，形成了以高职本科为主体，包含专科、本科、硕士和博士各个层次在内的上下衔接、左右贯通、相对完整的开放式高等职业技术教育体系，这已成为跨越国界的一项共同性的高等教育改革行动。[①] 这一进程进一步提高了高等教育与经济社会发展的适切性，并在更高的层次上提供了全民职业技术教育和终身学习机会。在现代职业教育体系中，中等职业学校应发挥基础作用，重点培养技能型人才；高等职业学校要发挥引领作用，重点培养高端技能型人才；本科层次职业教育应重点培养复合型、应用型人才；还包括高端技能型专业学位研究生教育，共同构成现代职业教育体系。每一个层次通过培养目标、专业设置、课程体系与教材、教学资源、教学过程、招生制度、评价机制、教师培养、行业指导、集团化办学等"十个衔接"[②]，形成多层次衔接贯通的技能人才培养体系。

积极发展本科及其以上层次的高职教育，系统培养高端技能人才，是建立健全中国职业教育体系的重要举措，其重要性已达成共识，但在高职本科发展途径选择方面还存在较大分歧。许多高职教育研究者对发展本科层次高职教育的途径进行了理论与实践探索，体现为以下三种基本路径：①将部分本科院校，特别是地属普通本科院校或行业特点鲜明的普通本科院校改制，举办本科层次的高职教育。②由高职高专院校，特别是办学基础比较好、办学效益突出的国家示范性高职院校升格举办本科层级的高职教育。③以由高职院校选择部分专业或与本科院校联合培养人才的方式发展高职本科教育。从高等教育（普通高等教育和高职教育）整体发展考虑，根据高等教育现实基础和综合条件，地方应用型本科教育转型为高职本科是目前最为直接、最为合理的选择。

---

① 俞建伟：《高职本科教育发展的国际比较及启示》，载《国家教育行政学院学报》2011年第4期。

② 孟凡华、鲁昕强：《推动现代职业教育体系建设》，载《职业技术教育》2011年第15期。

2. 职业教育与普通教育沟通融合

高等职业教育与普通高等教育共同构成了多类型、多层次的高等教育系统，共同具有各自独特的地位和优势，共同承担着不同类型和不同层次的专门人才培养任务，共同满足经济社会发展和人的全面发展的需要。近年来，普通教育和职业教育互相渗透、互相接近、朝着综合统一的方向发展，即"普通教育职业化，职业教育普通化"，是全球范围内教育改革的共同趋向之一。职业技术学校不能局限于狭窄的职业训练，应该放眼于科学技术发展，重视普通文化科学知识的教育，使他们在就业以后的必要时刻能继续学习。[①] 教育体系中职业教育和普通教育绝不能是自成体系、界限分明和互不联系的双轨，而应是从制度设计到教学内容上的互相渗透、衔接、贯通，要在终身学习思想的指导下，建立普通教育与职业教育的沟通和衔接体系，为学习者的多种选择提供机会。如果职业教育与普通教育隔离，不能产生有机联系，不考虑整个教育结构的协调，不仅职业教育不会取得真正的成功，而且还会影响整个教育体系的功能实现。

20世纪90年代，美国职业教育提出"从学校到工作"的改革主体；进入21世纪，这一主题被替换为"从学校到生涯"，"这种更改绝非是一种名称的改变，而是反映了21世纪教育改革的主旋律——以人为本，着眼于个体生涯的终身发展"[②]。如果说20世纪中期以前的大学还把坚守"自由教育"理念作为"大学精神"的话，那么20世纪末和21世纪初期的大学则把"大学精神"和"职业精神"连接起来。中国学者徐平利认为，在高等教育分化的历史进程中，"高等职业教育有增加'学术性'的倾向，而原来的研究型大学却都有增加其'职业性'的倾向"[③]。教育应努力向学生提供对于任何职业而言都有用的教育，而不应仅仅教给他们有用的职业技能，以融合职业与学术教育，成为世界教育改革的方向。

在实践中，中国职业教育与普通教育的发展一直是双轨并行的模式。在这种模式中，普通教育以普通知识传授为目的，以单一的知识性学术标

---

① 顾明远、薛理银：《比较教育导论——教育与国家发展》，人民教育出版社1998年版，第259-260页。
② 匡瑛：《比较高等职业教育：发展与变革》，上海教育出版社2006年版，第48页。
③ 徐平利：《职业教育的历史逻辑和哲学基础》，广西师范大学出版社2010年版，第416页。

准为考核依据，初中教育没有为学生接受中等职业教育做任何能力培养和选拔，普通高中教育也并非为学生接受高等职业教育做知识准备，而职业教育被定义为与普通教育严格区分的教育类型。在此模式中，职业教育成为无源之水、无本之木，于是沦为"二流教育"，成为人们无奈的选择。如何构建多层次衔接、普通与职业教育融通的现代职业教育体系已成为目前亟待解决的问题。中国高等教育必须打破教育类型和学校类型的单一对应关系，建立更加灵活开放的教育制度和互通机制，架设不同类型人才培养的"立交桥"，以实现不同类型教育和层次之间的横向沟通和纵向衔接。

具体实施可以通过以下的途径：①建立两种教育互认的立交桥。高中学历和职业中专学历互认，普通教育大专和高职学历互认，职业本科和普通本科学历互认，职业教育研究生和普通教育研究生学历互认，所有的学生都可以以互认的学历为基础参加接受更高一级教育的选拔。②互相沟通与学习。职业教育与普通教育要建立沟通与学习机制，打破相互隔绝的系统，通过两种院校学生、教师之间的互动增进了解，让学生可以更好地因自己的兴趣选择自己的学习历程。③教学内容的衔接与融通。普通教育应吸收职业教育的实用性精神，增强与社会实际需要的联系，增加拓展职业能力的课程；而职业教育也要更注重学生可持续发展所依赖的基础能力培养，避免陷入唯技能论的职业培训。

（三）从学校本位走向产学研合作

"学校本位"的职业教育自身存在的局限性，与产业界、企业的脱离导致人才培养与社会需求的不适应。正如《学会生存》中所批判的那样，"这种学院模式已经过时和陈旧了"，因为"它顽固地维持着前几代人的怪癖。它过分地依赖理论和记忆。它给予传统的、书面的和复述的表达方式以特殊的地位，损害了口语的表达、自发精神和创造性的研究。它任意地把人文和科学分开，又拒不承认科学的人道主义的出现。他把所谓普通教育和技术教育分开，表现出对抽象思维的偏爱，这种学院模式至今对所有的实际工作仍然是非常厌恶的"。[①] 然而，高等职业教育服务区域发展、培

---

① ［法］埃德加·富尔：《学会生存》，教育科学出版社1976年版，第54页。

养高技能劳动者的办学方向以满足社会需求为目标，高技能人才培养仅靠学校传统的课堂教育是难以实现的。同时，职业能力具有内隐性、深层性、过程性，更多情况下体现为在复杂的工作情境中做出判断并采取职业行动的能力；因此职业能力的获取具有经验学习的特征。经验知识的获取过程的顺序体现为：行动—经验—反思。通过给学生更多的职业体验和工作经验，并在课堂上按工作过程导向组织教学，体现了职业教育的根本规律。中国以学校为本位、局限于学院模式的高等职业教育难以适应高技能人才培养的需要。

中国高职教育走向产、学、研合作模式是中国经济社会转型升级和工业化进程进一步发展的需要，过去的那种标准化、大批量的生产方式已逐步转为以满足客户需求为目标的高度信息化、个性化、高技术的生产方式，由此需要一线的技术、技能的操作要求和管理水平的相继提升以适应高信息化的新技术、新设备的运作要求。产、学、研合作发展模式是适应经济发展和市场需求特点发生变化的必然选择。德国双元制职业教育模式之所以促成了"二战"后的德国经济腾飞，其原因就是企业通过提供的培训岗位让学生操作以增强其动手能力，由学校和企业共同培养高级技能人才的产学合作模式。

产、学、研合作模式的根本是通过与企业的多方位合作育人与应用技术研发，实现工学结合、顶岗实习培养高技能人才。高等职业教育应通过"互惠互利，合作共赢""学校+企业+社会"的合作机制，把工业文明和企业文化融入职业教育体系之中。目前，校企合作、工学结合是具有世界意义的一项教育政策或教育形式，它包括所有以学校与企业合作为基础的理论知识学习与实践工作相结合的合作教育形式。高职院校人才培养的本质特征就是其实用性和实践性，其专业设置和课程体系具有明显的职业性特征，以"理论够用、实践为主"为核心理念，以职业岗位所需要的知识和能力为依据来设置课程。而最好的实践教学场所莫过于真实的企业工作现场，高职院校通过与企业合作，为学生提供了一个真实的实践环境，在工作实践中、在身体力行中锻炼职业技能和塑造职业素养。通过校企合作、工学结合，利用学校和企业两种不同的教育资源和教育环境，让高职学生在两种角色（学校学生、企业员工）的转换中，在两位导师（学校实习指导老师和企业师傅）的指导下，实现课堂教学和实践教学的有机结合。

推进产、学、研合作必须从改革学校教育入手，增强对行业企业的服务能力，提高对企业的吸引力，建立合作的长效机制，充分发挥学校的主导作用；同时还必须借助于政府、政策的外力推动，促进企业参与职业教育的校企合作。第一，高职院校作为高职教育办学主体，要树立面向产业需求的教育理念，以应用性科研和高质量的人才培养提高对企业的吸引力，并在人才培养、资源共享、职工培训、技术开发应用等领域与行业、企业密切合作。第二，发挥政府统筹作用，政府部门的行政权力始终是职业教育发展的强大助推器，如政府可以通过具体的政策来消除社会对职业教育的歧视，增强社会的文化认同；可以通过财政补贴、税收返还、表彰宣传等举措，使企业积极参与职业教育。第三，建设并规范行业组织，充分发挥行业组织在职业教育与企业之间的中介作用；而企业作为高技能人才的用人单位，应抛弃重视局部利益和眼前利益的短视行为，将人才培养作为企业发展的战略目标和义不容辞的责任，积极参与到产、学、研合作当中。

（四）从政府主导走向院校自主发展

对于各国高等职业教育发展模式，如同各国经济发展模式一样，向来存在两种不同的倾向：一是将职业教育作为国家事业、强调政府干预和主导的设计模式；二是强调建立市场机制，通过市场选择和自由竞争提高教育发展质量。两种发展模式孰优孰劣？英国著名比较教育和教育史学者安迪·格林在《教育、全球化与民族国家》中在对欧美、亚洲国家的教育历史进行比较研究的基础上，提出民族性国家教育体系远没有过时的观点。他认为 19 世纪的英国是一个"欠发达的科学和技术教育"的国家，并将落后的原因归结为其自由经济主义观念下，政府对教育的不干预，反对国家干预教育是英国落后的主要原因。① 而对于中国高职教育发展模式，学

---

① ［英］安迪·格林：《教育、全球化与民族国家》，朱旭东等译，教育科学出版社 2004 年版，第 132 页。

者们对国家在职业教育发展中的大包大揽和强力推动是持有怀疑态度的。这是两种完全相反的观点，其根源在于作者背景和分析对象的不同，一个是教育集权制的中国，一个是自由放任主义的英国，这两种极端的发展模式显然都是不被赞同的。

中国高职教育发展的现实历程也反映出，中国高职教育发展与改革是在政府行政主导下、自上而下地进行，通过质量评估、项目建设等一系列项目主导职业教育的发展，发展方式主要依靠外部规约而缺乏自主性。这种发展模式在高等教育大众化尚未到来、高职教育处于卖方市场的阶段尚可以维持，但随着少子化时代带来的高等教育适龄人口减少影响的渐显，高等教育不断扩招力量的释放以及国外教育机构争夺生源的加剧，高职教育面临着明显的生源下降与生源竞争，中国高职教育发展必须经历从政府行政主导走向院校自主发展和适度市场化的过程。

1. 院校竞争，建立优胜劣汰竞争机制

生源变化必将为高职院校发展带来优胜劣汰的竞争机制，改变以往院校或专业一旦设立便只上不下的发展状态，院校破产机制和专业退出机制的建立迫在眉睫。在竞争中，那些特色鲜明、教育质量高、社会声誉好的高职院校将成为赢家，它们会获得更大的发展空间，甚至会通过兼并生源不足、办学效益差的高职院校，出现规模巨大的职教集团；而那些办学质量较低、社会声誉较差的高职院校则面临被兼并甚至破产的命运。

为扭转高职教育的竞争劣势，有两个方面的改革最为关键：完善职业教育体系与改革招生制度。这两方面的改革相辅相成，缺一不可，因为高职教育体系的完善有赖于招生制度的改革和调整，体系内各层次教育之间的顺畅衔接很大程度上有赖于入学方式的科学和适用。一是完善职业教育体系。一方面，要建立起"中高职衔接""专、本、硕贯通"的一贯体系，打通高职院校学生的升学及进修渠道，关注学生职业生涯的可持续发展，使高职教育不再是终结性教育。另一方面，通过构建普通教育、职业教育沟通的"立交桥"，在有关框架内，使普通高校与高职院校之间实现顺利沟通和学分互认。通过构建纵横沟通的职业教育立交桥，提升高等职业教育学生发展的可能性和可持续性，增强高等职业教育的吸引力，应对人口减少所带来的冲击。二是建立多元化的招生制度,维护高职教育生源市场的公平竞争。学术型教育与职业技术教育都是高等教育的重要类型,本无高低、优劣之分,因此在招生制度上更不应人为地分为三六九等,降低高职教育的地位。

2. 服务社会,寻求差异化生存

中国高职教育必须结合区域经济发展的需要准确定位,突出办学特色,塑造学校品牌,唯有寻求差异化方能得到生存。坚持服务社会是高职院校得以生存和发展的支点,从这一点出发,高职院校应明确两个定位:明确高职教育类型定位——面向区域经济培养社会需要的高端技能型人才,确立更为广泛的生源定位——面向社会满足人们对高等职业技术教育的需求。同时,要更明确高职教育的类型特色,坚持校企合作、工学结合的人才培养道路,满足区域产业发展和社会经济对技能型人才的需求。高职院校的生源应面向大众,不仅包括普通高中毕业生、"三校生"(中等职业高中毕业生、技校生、中专生),还应将历届中等职业技术学校毕业生和各类合格的在职人员纳入生源范围。

3. 关注市场,走向自主发展

种种现实表明,在国家推动、自上而下的中国职业教育发展模式下,人们所关注的焦点过度集中于发展的外延特征上,如财政投入、硬件设施、规模发展、教师队伍等,而忽视了内涵建设与自主发展。为增强高职教育办学自主权,政府和教育主管部门正逐渐转变管理方式,在加强宏观调控能力的同时,赋予高职院校办学目标、专业设置、人事、招生、培养模式等方面的办学自主权,以此增强高职院校自主办学的活力和自我发展的能力。在适度市场化发展模式转变的过程中,高职院校也逐渐将应付上级的要求转移至对接市场需要和关注社会需求,及时调整办学目标和方向,改革发展的方式,从外部推动走向自主提升。一是密切关注市场需要,结合学校实际,合理设置和调整专业布局,创办和着力打造有特色、有影响的专业。以市场需要为驱动的职业教育办学机构今后所关注的不应再是"我能做什么,我能培养出什么样的人",而是要强调"需要我做什么,需要我培养出什么样的人",这种需要来自社会、来自企事业单位,也来自个人。二是加强内涵建设,提升教育教学质量。教学质量是高职院校生存与发展的生命线,高职院校在生源减少的情况下应尽快从规模扩张转入内涵建设,更新办学理念、改革教学方法、优化课程内容,全面提升教学质量。三是以学生为本,将关注点放在关注学生学习质量与学习收获,将改革重心集中在那些确实能给学生及其学习活动带来变化的事情上。

(五) 构建多功能融合的高职教育机构

工业化进程必然伴随着城市化,主要表现为农村人口向城市人口转化,以及城市不断发展完善的过程,体现了农村社会向城市社会的融合。城市化对职业教育的需要已经不再局限于适龄学生的职前学历教育,而且还要求职业教育为失地农民再就业培训服务、为农村劳动力转移服务、为提高劳动者素质特别是职业能力服务。① 在知识经济时代,终身教育已成为人们的一种需要,一次受教育终身受用已不可能,职后培训、终身培训正在由边缘走向核心。随着中国"低出生率、低死亡率、低增长率"人口时代的到来,学龄人口不断减少和企业培训的普遍缺失,非学历教育越来越成为职业教育的重要内容。为此,构建与企业紧密结合,将职后教育与培训、非学历教育纳入高职教育,是今后中国职业教育发展的必然趋势。高等职业学校教育应转变高职学院办学模式,充分扩展其社会服务功能,构建融合社区教育、成人教育、社会培训、学历教育为一体的机构;同时把社会上存在的职后教育与培训、非学历教育纳入高职教育体系框架之中。

为此,应从如下三个方面进行改革②:第一,建立开放性、专业性、产业化的职业技能培训机构,积极开展各种非学历职业培训,深度开发人

---

① 查吉德:《论城市化进程中的职业教育转型》,载《河北师范大学学报(教育科学版)》2010年第3期。
② 李建求:《打造"世界制造中心":我国高等职业教育的发展策略》,载《教育研究》2003年第6期。

力资源;向一切在职的、失业的、转岗的等各年龄段的社会群体提供教育与培训,通过开放招生和建立弹性学制,办成集教育、培训、服务一体化的高职教育机构。第二,走出单纯的学历教育,教育目标从单纯面向职业岗位就业扩展到着眼于整个职业生涯发展,形成学历教育与非学历教育培训并重的办学模式,满足人们日益增长的职后教育与培训的需要。第三,打破高等教育定位于校园之内这一精英教育时代的思维定式,使高职教育由封闭、孤立的发展状态走向与社会、企业界建立紧密联系,提高职业教育对区域经济发展的适应性,紧密服务于社会生产。

（六）构建"育人"与"制器"并重的高职培养体系

对职业教育功能的认识,我们总是过于强调它特殊的社会价值及社会功用,人们习惯于用功利主义价值观来理解职业技术教育的目的和功能,对职业技术教育地位的认识更多地局限于为经济发展服务的社会功能,而没有把职业技术教育促进人的自身发展和完善置于应有的地位。不可否认,社会需求确是职业教育发展的现实动力,职业教育为满足社会需求造就合格的"职业人"也确是其社会功能的具体体现,但过分强调这种外在的、显现的社会功能势必会削弱对职业教育教育性的认识。目前中国的职业教育出现了一种急功近利的倾向,很多人将职业教育简单、狭隘地当作以就业为导向的"就业教育",以就业为导向,以市场为原则,只注重近期的就业效应,不考虑学生的长远发展。这种认识上的偏差,直接导致在人才培养过程中的错误与短视:重视专业课而轻视文化课、强化技能而忽视素质,课程与教学以职业工作为逻辑起点,而拒绝人的发展需要与规律,只见"职业"不见"人"。在职业教育过程中存在着功利化的倾向,在教育目标上重成材轻成人,教学活动上重结果轻过程,教育过程中的刻板,等等。过于强调职业、技能本位,而未能从人的发展角度培养职业技术人才,在很大程度上使职业教育丧失了满足人的发展需要、促进人的全面发展的本质。这种培养模式的结果直接导致了职业院校学生就业层次低,范围窄,缺乏可持续发展的潜力。

高等职业教育发展演进历程表明,服务社会、促进人的发展是教育发展的根本目的，正如联合国教科文组织所言："教育不仅仅是为了给经济界提供人才；它不是把人作为经济工具而是作为发展的目的加以对待的。"① 职业教育与社会生产、生活紧密相连，面向就业培养技能的"制器"和面向可持续发展的"育人"是高等职业教育发展的内在价值目标，这两个目标应在高等职业教育培养体系中得到整合。

1. 关注学生可持续发展

在现代社会中，高科技信息技术的产生与应用使传统的工业生产发生了本质变革，传统行业日见衰微，新兴科技行业纷纷建立起来。同时职业世界和职业结构发生了巨大的变化，职业类型增多、技术含量大，更多复杂的职业代替了少量的简单职业。职业的变革对劳动者素质提出了新的要求——具有可持续发展潜力、能够适应迅速变化。因此，职业技术教育不能够只是授人以一技之长、使人谋得一个职业的功利性教育，而必须回归到人的发展这一价值目标上。"我们需要一个既有生产力又和谐快乐的社会，职业教育应为这样的社会培养幸福的生产者，他们不仅是能干的技师，也是相互理解、彼此关心和具有幸福感的个人。"② 职业教育要培养的是不仅具有谋生技能，还应是有所发展与创新，能够实现个人价值和社会价值的人才，促进每一个人的才能和美德的发展，这是教育的最高目标。职业教育的价值在于培养学生成为有效率、有技能和有能力的工作者，同时培养负责任的公民和美好生活的创造者，这两者应该是并行不悖的。③

2. 促进学生的多元发展

职业技术教育的根本意义在于对不同类型学生的关注，促进不同发展潜质和不同个性学生的自我实现，促进职业教育学生的多元发展。早在1917年，中国职业教育的前辈黄炎培先生就明确提出："职业教育的目的：

---

① 联合国教科文组织：《教育——财富蕴藏其中》，教育科学出版社1996年版，第70 – 119页。
② 徐平利：《从国家化到全球化：职业教育的"被缚"与"解放"》，载《职业技术教育》2012年第1期。
③ 联合国教科文组织国际教育局：《教育展望（中文版）》，华东师范大学译，2005年第4期。

谋个性之发展，为个人谋生之准备，为个人服务社会之准备，为国家及世界增进生产力之准备。"① 黄炎培把"谋个性之发展"列为职业教育的首要目的，正是基于对职业教育促进人的发展之功能的深刻理解与期待。哈佛大学教育学教授霍华德·加德纳提出的多元智能理论认为，人的智能是多元的，如语言智能、数理逻辑智能、音乐智能、空间智能、身体运动智能、人际交往智能等九种智能，各种智能在每一个人身上以不同的方式、不同的程度组合存在，使得每个人的智能都存在差异并各具特色。所有学生都具有多元智能和不同的发展潜质，人与人之间没有智力上的好坏高低之分，只有各种智力不同组合所形成的差异。因此，职业教育要用全新的眼光看待学生、评价学生，把学生当作有个性、具有不同智能强项的完整的人，肯定每个学生的特点，指导学生去选择适合自己的职业，发挥自己的专长。职业教育应该为每个学生提供均等的发展机会，建构一种适合不同学生的不同潜质、不同学习方式和不同发展需求的可选择性的教育。

3. 实现学生综合素质提升

教育的基本价值在于发现、发掘受教育者的潜能，促进受教育者的成长与发展，好的教育应该充分尊重学生在受教育过程中的主体地位，使每一个受教育者都能够在适应社会发展要求的情况下，尽可能得到自由、全面的发展。职业技术教育如何实现学生的可持续发展？显然，将职业技术教育内容局限在某一狭隘的岗位技能范围内，构建不了学生持续发展的通道。职业培训应使下述两个完全不同的目标协调起来：为从事现有的工作做准备和培养一种对尚未想象出来的工作的适应能力。社会发展事实表明，用人单位录用人才的标准逐渐变得更加务实，与专业知识和岗位技能相比，用人单位更关注求职者是否具有学习能力、合作能力及敬业精神等综合素质。因此，作为培养未来技能精英的高职教育，在重视锤炼学生扎实的专业技能，为学生寻求理想职业岗位创造必要条件的同时，更应重视学生综合素质的提升，教育学生学会做人、学会做事、学会生存和发展，为学生的职业生存和未来发展拓宽基础。

---

① 黄炎培：《黄炎培教育文集（第二卷）》，中国文史出版社1994年版，第216页。

结　　语

发展职业教育已经普遍成为世界各国政府的政策重点所在，将其视为本国在全球竞争中不可或缺的发展关键，更是被后发现代化国家视为摆脱落后局面、赶超发达国家的良方。高等职业教育肩负着重大历史责任，为此，高等职业教育成为教育领域乃至社会研究的新重点和难点。高等职业教育因受到政府与市场、职业与学术、模式移植与本土适应、现代工业需求与传统文化制约等发展关系的掣肘而陷入发展困境，其根本问题在于高等职业教育发展模式与本土经济、文化的不适应。为此，本研究将其凝聚为"高职教育发展模式"这一命题，探析在社会经济现代化进程中高职教育模式演变的规律，以及高职教育在各国不同的发展模式及其形成机理，进而对中国高职教育发展模式进行价值判断、选择与再造。这里将简要地围绕研究问题对本书结论作一概述。

一、高职教育发展模式演进

高等职业教育如何服务于人类社会发展进程，并进行模式演变？高等职业教育模式遵循怎样的发展道路与规律？本研究从纵向历史的维度，探寻在人类不同生产技术和社会经济条件影响下的高职教育发展进程及其模式演变。

职业教育受制于同时也敏感地反映着社会生产力的发展与生产方式的

变化，职业教育领域的每一次变革，最根本的驱动因素都在满足和服务于人类社会生活与生产方式的变化。从世界现代化的宏观视野，人类社会经历了农业社会、工业社会和信息社会三个显著进程，高等职业教育服务社会的方式也经历了从农业时代教育向工业时代教育，再到知识信息时代教育的历史性转变。与经济和文明类型相对应，高等职业教育发展模式在一定范围内存在三种类型交叉、并存与渐进的局面：与农业文明相对应的学徒制模式、与工业文明相对应的"工厂－学校"模式，与信息社会即后工业文明相对应的多元合作模式。通过对高职教育发展模式研究历程的研究，发现其发展演进的基本脉络和规律：

（1）高职教育发展是以服务社会为中心，与人类社会互进发展，高职教育随着人类社会、经济、技术因素的不断进步而不断转变发展模式。从原始和谐的自然状态的模式转变为有意识的、专门进行的学徒制模式；从旁落于民间的学徒制模式走向学校教育系统，转变为与大工业生产相适应的"工厂－学校"模式；在以上两种模式的基础上，走向适应于信息社会的综合、多元、合作的模式。

（2）高等职业教育发展模式受到不同国家社会文化传统的制约，在各国形成了迥异的实践形态。这是基于高职教育服务社会的本性，要求它按照本国的实际需要、具体国情和民族文化来组织教育。因此，一个国家的教育如果完全照搬其他国家的模式和方法，不充分考虑自己的民族文化传统，必然会使民族文化的发展和高等教育都受到损失。

（3）高等职业教育在与古典人文教育的此消彼长中发展，并最终从对峙走向融合。不论在西方还是东方，教育历史亦体现出惊人的一致：学校一经出现便成为统治阶级的工具和培养统治者和官吏的场所，重视古典人文教育，视技术、技艺为雕虫小技，技术、技艺的教育只能流落于民间通过学徒制得以延续。工业革命推动科学技术的发展，科学技术教育在古典人文教育的对抗与排斥下得到发展、兴盛，进而将不那么具有学术性的职业教育分离出来，使高等教育中形成技艺、科学与人文等层次和类型院校的对立，加剧了职业教育与大学教育的割裂。但面对信息社会对人的素质提出了新的需要，人文、科学、技术在教育中逐渐走向融合。在这种融合的态势下，古典人文学术教育不断改造自身、吸收科学、走向应用、服务社会，获得了更高水平的新生；职业技术教育在科技水平日益提高的现状下要吸收人文，走向高层次的有学术性的应用，以更强有力的方式服务生产。

（4）高等职业教育产生与发展源流历经汇聚与分化：一是职业教育层次的高移化，二是高等教育专业设置的职业化或技术化。

二、 不同国家高职教育实践形态

高职教育在不同国家有哪些实践形态和特色模式？是什么导致了各国发展高等职业教育的不同路径？本研究考察了美国、德国、澳大利亚三国高职教育兴起与发展的社会背景，以各国高职教育发展模式的形成为核心问题，进行国家高职教育实践模式的比较分析：

1. 美国多功能一体化高职教育发展模式

美国高等教育根植于英国重自由教育、排斥专业教育的传统，但却冲破了模式的束缚，通过"赠地学院"大力发展了服务于工农业发展的专业技术教育；美国高等学校向德国学习、建设研究型大学，但却催生了享誉世界的高等职业教育机构——社区学院。美国高等职业教育模式的形成是美国社会特有的思想观念、多元文化、政治经济教育制度等多种因素的综合作用，是美国社会发展的必然产物。美国高等职业教育紧密服务于本国实际发展需求，历经了服务经济生产——赠地学院与传统教育改造，满足社会需求——从初级学院到社区学院，促进生涯发展——从 STW 到 STC 战略的三大发展阶段，通过多功能一体化的高职教育发展模式实现了支撑现代产业发展的高技能人才的培养。美国多功能一体化高职教育发展模式特征体现为：①一体化的教育体制。高等职业教育并没有形成一贯到底的体系，基本停留在短期高等教育层次，社区学院为人们提供了多样化的高等教育机会。②多功能综合化教育模式。社区学院兼具转学教育、补偿教育、职业技术教育、继续教育、终身教育等中学后教育的多种职能。③学术与职业的融合。努力向学生提供对于任何职业而言都有用的教育，而不应仅仅教给他们有用的职业技能，通过课程实现学术与职业的融合。④密切服务于社区需要和经济发展。社区学院地域性分布与工业布局的契合，专业设置与当地的经济发展、产业结构紧密相连，为社区需要提供各种教育。

2. 德国双轨双元制高职教育发展模式

德国高职教育发展模式植根于德国的历史与社会文化中，在其重商崇技的文化传统、学术性与实用性并重的历史沿袭、重视职业教育的社会共识和企业参与职业教育的内在动力与制度规约下，孕育了德国高等职业教育与学术性高等教育双轨并行，以及"双元制"职业教育的思想与制度。德国高等职业教育的发展与德国工业经济发展紧密地同步互动，并在经济崛起中发挥了无可替代的推动作用，经历了工业化阶段与工业学校体系的发展（"二战"前），经济高速发展与高等专科学校、职业学院的建立（"二战"后至1975年），产业结构调整与高职教育多层次发展（1975年至今）三个发展阶段，形成了双轨、双元制模式，即高等职业教育与高等学术教育双轨并行，学校与企业双元主体的高职教育发展模式。德国双轨双元制高职教育发展模式具有如下特点：高等职业教育与高等学术教育体系双轨互通，高等职业教育是一个独立的多层次的体系；学校、企业合作的双元制教育模式；全民职业教育与企业广泛参与。

3. 澳大利亚国家资格框架下的市场化高职教育发展模式

澳大利亚以"技术和继续教育"（technical & further education，TAFE）为核心的高等职业教育是当今世界职业教育的典型模式之一，其发展模式是在其英国传统与多元文化的文化背景和独特的产业结构与社会需求的现实背景下得以形成和发展的。澳大利亚高职教育发展模式经历了服务社会——高级教育学院的产生与发展（"二战"后至1975年），促进经济——技术与继续教育体系建立（1975年至20世纪末），技能立国——技术与继续教育体系拓展（21世纪至今）三个发展阶段，形成了国家资格框架下的市场化发展模式特征，具有以下发展特点：基于国家资格认证框架（AQF）的混合体系，将大学、职业教育与培训以及学校三个教育系统进行了统一规划,将多种证书纳入一个资格框架体系,是一种融教育与培训为一体的混合制,通过政府调控进行市场化运作。

4. 三国高职教育的发展规律与成功经验

由于各国兴起与发展的社会背景不同,形成了美国、德国、澳大利亚三国不同的高职教育发展模式,但这些发展模式体现出以下共同的发展特征:各国在不同时期,在高职教育的经济目标、社会目标、教育目标三大目标的选择上有所侧重。在高职教育发展的不同阶段发展模式有所不同:在各国高职教育发展的初期,发展重点为规模扩张,定位为高中后职业教育,突出社会价值,强调与大学的差异;在高职教育发展的中期为内涵深化阶段,要求更高层次的职业教育,强调经济价值,并坚持与传统大学错位、特色发展;在高职教育发展的成熟阶段,更加强调技术创新与对人的发展的价值,层次和水平将会进一步提升,其与大学教育的边界将会越来越模糊,并最终走向融合。

高等职业教育的发展模式与各国的实践形态多是由内部逻辑和外部压力的对抗谱写成的,本民族文化的特色,经济发展阶段,及其教育体系结构、教育体制等也影响到高等职业教育发展的重点和路径,进而造就了各具特色的高职教育模式。其最根本的影响因素在于以下三点:文化基础——高职教育与社会文化相互适应,经济基础——高职教育与经济发展适应与互动,政治基础——高职教育发展有赖于政府推动。

美国、德国、澳大利亚都是高等职业教育最为发达的国家,同时也是在世界社会经济中较为领先的国家,各国社会经济文化的强大与高等职业教育的发展时间具有比较紧密的时间和空间上的同步性、同一性。由此得出以下结论:①发展高职教育是国家强盛的关键。虽然推动科技进步和经济发展前进的原因是多方面的,但是培养高技术应用人才的高等职业教育是促进国家技术腾飞和经济强盛的关键性因素也是不言而喻的。②高职教育必须密切服务社会经济发展。从三国高职教育发展过程的研究可见,高等职业教育发展不在乎是否一开始就有自成体系或创新概念的设计,而在于是否能高效地服务产业、服务社会、服务本土,这是衡量一个国家高职教育成败的关键。③高职教育必须积极推动产业转型升级。产业升级是每个国家经济发展的必经历程,高等职业教育必须不断调整专业设置、培养层次等,面向产业未来,推动区域经济转型升级,与产业高端互动,才能与社会经济实现互促发展。

三、 中国高职教育发展模式形成与重构

中国高职教育发展模式的形成与特征及存在问题,如何实现发展模式变革以适应未来社会的需要?本研究在理论分析、历史研究和国别比较的基础上,探讨中国高职教育发展历程与模式特征,重点分析现有模式存在的问题,并构建发展模式新框架。

中国高职教育发展经历了教育救国——实业教育初兴(1949年之前)、政治至上——劳动大学与半工半读(1949—1978年)、服务社会——职业大学的建立及其分化(1978年至20世纪末)、推动经济——职业技术学院的勃兴(20世纪末至今)等四个发展阶段。与发达国家教育现代化的自发性、渐进性和由下至上地推行不同,中国教育现代化是在几千年封建教育的基础上发展起来的,具有后发外生型现代化国家的典型特征,形成了政府主导学校本位的高职教育发展模式,表现为如下特征:①双轨并行而不互通。中国高职教育双轨型模式形成于重学术轻技艺、学术与技艺截然对立的教育传统中,它使两种院校泾渭分明,一种专攻人文学术,另外一种专司技艺和技能,但这两个体系之间缺乏沟通与互通。②政府主导由上而下。不同于西方职业教育内生于工厂制度内部的"内生模式",中国高职教育由政府"设计—生产—控制"。③学校本位企业缺位。实施机构为各类高等职业院校,企业缺乏参与教育的动力和热情,导致一种缺乏企业界支持的完全学校化的职业教育模式的形成。

处于工业化进程中的中国,其高职教育发展模式体现出工业化社会的鲜明特征:大规模的以高等职业院校为主体的职业学校教育系统广泛;普通教育与职业教育走向分离,职业教育为经济社会的发展提供了大量合格的劳动力的同时,也是以人文割裂和忽视人的发展需要为代价的;秉承了程式化、单一化、规模化工业生产的特点,高职教育呈现出标准化、专门

化、大规模的典型特征。政府主导、学校本位的高职教育发展模式存在以下的问题：体系不全，与普通高等教育缺乏等值与互通；封闭办学，与产业界互动不足；行政推动，院校发展同质化；人文割裂，人的发展被忽视；文化贬抑，社会吸引力不足等。

基于以上通过对不同历史时期高等职业教育模式演变和对各国高职教育发展模式特征与形成机理的考察，我们发现国际视野下高职教育发展模式呈现以下发展趋向：各类各层次教育间有效转换互通，政府、社会、企业多元参与，高职教育功能综合化，融入终身教育体系，促进人的全面发展。根据高职教育发展规律、国际职业教育经验和中国经济社会发展的实践基础，本研究提出了多元融合的中国高职教育发展模式框架：中国高职教育发展模式应建立在全面服务于中国工业化进程和产业转型升级的总体原则之上，全面服务产业转型升级，全面服务工业化、城镇化社会发展进程；从双轨隔离走向双轨并行互通，包括高等职业教育层次上延、职业教育与普通教育沟通融合；从学校本位走向产、学、研合作，构建长效机制促进企业参与职业教育人才培养；从政府主导走向院校自主发展，通过院校竞争建立优胜劣汰的竞争机制，寻求差异化生存，走向市场主导下的院校自主发展；构建多功能融合的高职教育机构，使高职院校同时承担社区教育、成人教育、社会培训、学历教育的多种职能；构建"育人"与"制器"并重的高职培养体系，关注学生可持续发展，促进学生的多元发展，实现学生综合素质提升。

虽然是一个相对完整的研究，但由于高职教育发展模式是一个复杂的体系，其中牵涉的领域广、资料多，由于时间、材料和文章篇幅所限，就高职教育发展模式所涉及的问题并没有面面俱到，同时对于涉及高职教育微观层面的问题，没能深入具体地讨论，不能不说是本论文的一大遗憾。同时由于调研条件所限，对国外高职教育发展模式研究主要还是依赖于国内外学者的论文和政策法规方面的文献，认识上有失之深入之嫌。另外，为反映高职教育成功经验和发展趋势，本文选取的是高等职业教育最为发达的三个典型国家，也因此缺乏了对不同发展阶段国家或地区的高职教育发展模式的比较，只能在后续研究中给予关注。上述研究是本人在博士就读和职业教育实践中对于高职教育发展的一些思考、理解和主观性的阐述，其中定有不妥帖、不周全和值得商榷之处，但也深切希望此项研究能对高等职业教育理论研究与实践改革有所贡献，诚请指正！

参 考 文 献

（一）中文类著作

[1] （英）埃德蒙·金. 别国的学校和我们的学校——今日比较教育 [M]. 王承绪，等，译. 北京：人民教育出版社，2001.

[2] 顾明远，梁忠义. 世界教育大系 [M]. 长春：吉林教育出版社，2000.

[3] 石伟平. 比较职业技术教育 [M]. 上海：华东师范大学出版社，2001.

[4] 冯增俊. 比较教育学 [M]. 南京：江苏教育出版社，1996.

[5] 顾明远. 民族文化传统与教育现代化 [M]. 北京：北京师范大学出版社，1998.

[6] 楼世洲. 职业教育与工业化——近代工业化进程中江浙沪职业教育考察 [M]. 上海：学林出版社，2008.

[7] 联合国教科文组织国际教育发展委员会：学会生存——教育世界的今天和明天 [M]. 北京：教育科学出版社，1996.

[8] 周蕖. 中外职业技术教育比较 [M]. 北京：人民教育出版社，1991.

[9] 冯增俊. 当代国际教育发展 [M]. 上海：华东师范大学出版社，2002.

[10] （美）克拉克·克尔. 高等教育不能回避历史——21世纪的问题 [M]. 王承绪，译. 杭州：浙江教育出版社，2001.

[11] 邓泽民，王宽. 现代四大职教模式 [M]. 北京：中国铁道出版社，2006.

［12］杨国祥，丁钢. 高等职业教育发展的战略与实践［M］. 北京：机械工业出版社，2006.

［13］匡瑛. 比较高等职业教育：发展与变革［M］. 上海：上海教育出版社，2006.

［14］裴娣娜. 教育研究方法导论［M］. 合肥：安徽教育出版社，2000.

［15］徐国庆. 职业教育原理［M］. 上海：上海教育出版社，2007.

［16］（法）安多旺·莱昂. 当代教育史［M］. 樊慧英，张斌贤，译. 光明日报出版社，1989.

［17］欧阳河，等. 职业教育基本问题研究［M］. 北京：教育科学出版社，2006.

［18］肖化移. 审视高等职业教育的质量与标准［M］. 上海：华东师范大学出版社，2006.

［19］联合国教科文组织教育统计局. 国际教育标准分类［M］. 国家教育委员会教育发展与政策研究中心，译. 北京：人民教育出版社，1988.

［20］查有梁. 教育建模［M］. 南宁：广西教育出版社，1998.

［21］范先佐. 教育经济学新编［M］. 北京：人民教育出版社，2010.

［22］牛征. 职业教育经济学研究［M］. 天津：天津教育出版社，2002.

［23］靳希斌，等. 人力资本学说与教育经济学新进展［M］. 北京：教育科学出版社，2010.

［24］（美）W. 舒尔茨. 论人力资本投资［M］. 吴珠华，等，译. 北京：北京经济学院出版社，1990.

［25］罗荣渠. 现代化新论［M］. 北京：北京大学出版社，1993.

［26］周稽裘. 教育现代化：一个特定历史时期的描述［M］. 北京：教育科学出版社，2009.

［27］何传启. 东方复兴：现代化的三条道路［M］. 北京：商务印书馆，2003.

［28］李守福. 职业教育导论［M］. 北京：北京师范大学出版社，2002.

［29］冯增俊. 教育人类学［M］. 南京：江苏教育出版社，2001.

［30］孟景舟. 解读与重构：多元视角下的职业教育［M］. 北京：光明日报出版社，2011.

[31] (日) 细谷俊夫. 技术教育概论 [M]. 肇永和, 王立精, 译. 北京: 清华大学出版社, 1984.

[32] 段晓明. 当代国际学校教育模式发展研究 [M]. 北京: 中国科学技术出版社, 2009.

[33] 顾明远, 等. 教育大辞典·第3卷 [M]. 上海: 上海教育出版社, 1990.

[34] 关晶. 西方学徒制研究——兼论对我国职业教育的借鉴 [D]. 上海: 华东师范大学, 2010.

[35] (美) 约翰·S. 布鲁贝克. 教育问题史 [M]. 吴元训, 等, 译. 合肥: 安徽教育出版社, 1991.

[36] 徐平利. 职业教育的历史逻辑和哲学基础 [M]. 桂林: 广西师范大学出版社, 2010.

[37] 姜惠. 当代国际高等职业技术教育概论 [M]. 兰州: 兰州大学出版社, 2002.

[38] 瞿海魂. 发达国家职业技术教育历史演进 [M]. 上海: 上海教育出版社, 2008.

[39] 齐世荣. 人类文明的演进 [M]. 北京: 中国青年出版社, 2001.

[40] (美) 丹尼尔·贝尔. 后工业社会的来临——对社会预测的一项探索 [M]. 高铃, 王宏周, 魏章玲, 译. 北京: 新华出版社, 1997.

[41] 王英杰. 美国高等教育的发展与改革 [M]. 北京: 人民教育出版社, 1993.

[42] 冯增俊. 比较教育学 [M]. 南京: 江苏教育出版社, 1996.

[43] 冯增俊. 现代高等教育模式论 [M]. 广州: 广东高等教育出版社, 1993.

[44] (美) 韦恩·厄本、杰宁斯·瓦格纳. 美国教育: 一部历史档案 [M]. 周晟, 谢爱磊, 译. 北京: 中国人民大学出版社, 2009.

[45] (美) 劳伦斯·A. 克雷明. 美国教育史 [M]. 北京: 北京大学出版社, 2003.

[46] 万秀兰. 美国社区学院的改革与发展 [M]. 北京: 人民教育出版社, 2003.

[47]（美）亨利·斯蒂尔·康马杰. 美国精神[M]. 杨静予，等，译. 北京：光明日报出版社，1988.

[48]（美）赫钦斯. 美国高等教育[M]. 汪利兵，译. 杭州：浙江教育出版社，2001.

[49] 黄永祥，不要忘记德国[M]. 北京：中国城市出版社，1997：153.

[50] 李其龙，德国教育[M]. 长春：吉林教育出版社，2000：299.

[51] 张应强. 文化视野中的高等教育[M]. 南京：南京师范大学出版社，1996.

[52] 黄日强. 英德两国职业教育比较[M]. 北京：原子能出版社，2008.

[53] 陶秋燕. 高等技术与职业教育的专业和课程：以澳大利亚为个案的研究[M]. 北京：科学出版社，2004.

[54] 崔爱林. 二战后澳大利亚高等教育政策研究[M]. 保定：河北大学出版社，2011.

[55] 王斌华. 澳大利亚教育[M]. 上海：华东师范大学出版社，1996.

[56] 徐涵，高鸿. 中外职业教育体系比较研究[M]. 沈阳：东北大学出版社，2005.

[57] 吴雪萍. 基础与应用——高等职业教育政策研究[M]. 杭州：浙江教育出版社，2007.

[58] 任君庆. 高等职业教育的发展趋势[M]. 北京：科学技术文献出版社，2005.

[59] 潘懋元. 多学科观点的高等教育研究[M]. 上海：上海教育出版社，2001.

[60] 顾明远，薛理银. 比较教育导论——教育与国家发展[M]. 北京：人民教育出版社，1998.

[61] 张家祥，钱景舫. 职业技术教育学[M]. 上海：华东师范大学出版社，2001.

[62] 吕鑫祥. 高等职业技术教育研究[M]. 上海：上海教育出版社，1998.

[63] 张恩俭. 论高等职业教育的发展与改革[M]. 济南：黄河出版社，2008.

[64] 刘桂林. 中国近代职业教育思想研究［M］. 上海：华东师范大学出版社，1996.

[65] 中华职业教育社. 黄炎培教育文集（第1卷）［M］. 北京：中国文史出版社，1994.

[66] 雷正光. "双元制"职教模式及其实验研究［M］. 北京：中国科学技术出版社，1999.

[67] 联合国教科文组织. 从现在到2000年教育内容发展的全球教育展望［M］. 北京：教育科学出版社，1996.

[68]（法）保罗·朗格朗. 终身教育引论［M］. 周南照，陈树清，译. 北京：中国对外翻译出版公司，1985.

[69] 中国社会科学院工业经济研究所. 中国工业发展报告［M］. 北京：经济管理出版社，2000.

[70] 陆大道，薛凤旋，等. 1997中国区域发展报告［M］. 北京：商务印书馆，1997.

[71]（英）安迪·格林. 教育、全球化与民族国家［M］. 朱旭东，等，译. 北京：教育科学出版社，2004.

[72] 马树超，郭扬. 高等职业教育：跨越·转型·提升［M］. 北京：高等教育出版社，2009.

[73] 徐国庆. 实践导向职业教育课程研究：技术学范式［M］. 上海：上海教育出版社，2005.

[74]（美）乔治·巴萨拉. 技术发展简史［M］. 周发光，译. 上海：复旦大学出版社，2000.

[75]（美）库兹涅茨. 现代经济增长［M］. 戴睿，易诚，译. 北京：北京经济学院出版社，1991.

[76] 张新民. 高等职业教育理论构建［M］. 长沙：湖南人民出版社，2010.

[77] 顾明远. 中国教育的文化基础［M］. 太原：山西教育出版社，2004.

[78]（美）约翰·S. 布鲁贝克. 高等教育哲学［M］. 王承绪，等，译. 杭州：浙江教育出版社，2002：13-27.

[79] 全国比较教育研究会．国际教育纵横——中国比较教育文选［C］．北京：人民教育出版社，1994．

[80] 周稽裘．教育现代化：一个特定历史时期的描述［M］．北京：教育科学出版社，2009．

[81] 仵自连．中国高等职业教育回顾与展望［M］．徐州：中国矿业大学出版社，2008．

[82] 袁长林，张翌鸣．中部地区高等职业教育与区域经济发展的实证研究［M］．北京：开明出版社，2004．

（二）中文类学术论文

[1] 王建．未来年中国职业教育发展模式与政策选择［J］．职业技术教育：教科版，2006（19）．

[2] 闵良臣．30万年薪为何招不到高级技工［N］．南方周末，2003-10-30．

[3] 李建求．打造"世界制造中心"：我国高等职业教育的发展策略［J］．教育研究，2003（6）．

[4] 张建成．中国制造业的发展与职业教育体系的改革［J］．教育研究，2004（12）．

[5] 《人口研究》编辑部．从"民工荒"到"返乡潮"：中国的刘易斯拐点到来了吗？［J］．人口研究，2009，33（2）．

[6] 冯增俊：民工荒、刘易斯拐点与二次教育革命［EB/OL］http：//business.sohu.com/20110210/n279264835.shtml．

[7] 杨金土，孟广平，严雪怡，等．对技术、技术型人才和技术教育的再认识［J］．职业技术教育，2002（22）．

[8] 冯增俊．中国高等职业技术教育发展模式探析［J］．华东师范大学学报：教育科学版，2006（12）．

[9] 邬大光．大学分化的复杂性及其价值［J］．教育研究，2010（12）．

[10] 王炜波．论职业教育发展形态的演变［J］．学术交流，2005（12）．

[11] 肖化移．大众化阶段高职发展模式比较［J］．职业技术教育，2004（7）．

[12] 靳飞，李勋．职业教育模式演变：技术视角的诠释［J］．教育学术

月刊，2010（1）．

[13] 陈新文．技术文化的发展与职业教育模式演进［J］．职业技术教育，2008（16）．

[14] 匡瑛，石伟平．论社会文化传统对世界各国高职模式选择的影响［J］．教育与职业，2006（33）．

[15] 肖化移．国外高等职业教育发展模式探析［J］．河南职业技术师范学院学报：职业教育版，2006（2）．

[16] 潘懋元．比较高等教育的产生、发展与问题［J］．上海高教研究，1991（3）．

[17] 杨金土，孟广平，等．对发展高等职业教育几个重要问题的基本认识［J］．教育研究，1995（6）．

[18] 郭扬．论职业教育专业设置的综合化趋势［J］．职业技术教育，2001（4）．

[19] 郑建林．欧洲古代职业教育中学徒制的特点与影响［J］．沈阳师范大学学报：社会科学版，2012（1）．

[20] 孟景舟．教育的演进与职业教育的本质［J］．成人教育，2006（10）．

[21] 史旦旦，马洁虹．第一次工业革命对职业教育之影响——基于技术视角的诠释［J］．职教论坛，2010（2）．

[22] 查吉德．高职人才培养目标定位的新思考［J］．中国职业技术教育，2011（18）．

[23] 邓耀彩．论西方高等教育的两次大发展［J］．清华大学教育研究，2002（3）．

[24] 戴荣光．联合国教科文组织关于职业教育与培训的第二届国际大会的建议［J］．教育与职业，2000（9）．

[25] 徐国庆，石伟平．APL的理论与实践及其对我国教育的启示［J］．外国教育资料，2000（1）．

[26] 顾延蕃．职业教育高移化，高等教育职业化——当代国外高等教育改革的一个重要动向［J］．承德民族职业技术学院学报，1997（4）．

[27] 李均，赵鹭．发达国家本科层次高等职业教育研究——以美、德、

日三国为例[J].高等教育研究,2009（7）.

[28] 夏建国.技术本科教育的理论与实践[D].上海：华东师范大学,2007：98.

[29] 戴维·拉伯雷.复杂结构造就的自主成长：美国高等教育崛起的原因[J].北京大学教育评论,2010（3）.

[30] 石伟平.STW：世纪之交美国职业教育改革与发展策略的抉择[J].全球教育展望,2001（6）.

[31] 陈雪芬,吴学萍.浅析美国STW运动[J].教育与职业,2002（6）.

[32] 王明伦.德国高等职业教育综述[J].外国教育研究,1995（6）.

[33] 任玥姗.从STW到STC：美国职业教育的发展趋向[J].职教通讯,2012（10）.

[34] 胡成功.美、日"后大众阶段"高等教育体系比较与借鉴[J].现代教育管理,2013（2）.

[35] 万秀兰.美国社区学院的课程职能体系[J].高等教育研究,2003（7）.

[36] 陈晶晶,陈龙根.学术性与职业性融合——美国社区学院课程模式改革的新趋势[J].比较教育研究,2012（1）.

[37] 陈新文.不同民族文化形态与职业教育模式选择[J].辽宁教育研究,2008（3）.

[38] 德国高等专科学校纷纷改名[EB/OL].http://www.deyinxi-ang.org/HTML/TOGerman/EducationSystem/2009/01/200901140230108629.shtml,2010-12-10.

[39] 姜大源.德国"双元制"进军高等职业教育领域[N].中国教育报,1993-01-11.

[40] 刘来春.从英德职业教育之比较看我国职业教育的取向[J].比较教育研究,1993（1）.

[41] 甘振军,赵昌.战后澳大利亚职业教育演变的历史考察[J].潍坊教育学院学报,2007（4）.

[42] 段晓明.国际职业教育与培训变革的前沿图景——基于2009—2011

年政策报告的分析[J]. 职业技术教育, 2012 (25).

[43] 夏伟. 职业教育的国家战略：对澳大利亚 TAFE 的思考[J]. 中国高教研究, 2008 (12).

[44] 史习明. 从市场意识到市场实践：澳大利亚 TAFE 教育启示[J]. 职业技术教育, 2011 (8).

[45] 甘振军, 赵昌. 战后澳大利亚职业教育演变的历史考察[J]. 潍坊教育学院学报, 2007 (4).

[46] 黄少平, 刘金玉, 冯孟, 等. 试论高等职业教育体系的发展趋势[J]. 高等教育研究, 2012 (4).

[47] 吕鑫祥. 对高等职业技术教育的再认识[J]. 职教论坛, 2004 (11).

[48] 侯晓明, 宫美凤, 李汉邦. 美国高等教育大众化过程中的院校分化[J]. 合肥工业大学学报：社会科学版, 2006 (6).

[49] 史静寰. 构建解释高等教育变迁的整体框架[J]. 清华大学教育研究, 2006 (3).

[50] 罗曼菲, 刘仕辉, 杨竹. 高等职业教育的国际比较研究[J]. 惠州大学学报：社科版, 2000 (1).

[51] 陈解放. 论高等职业教育类型结构逻辑基础的优化[J]. 中国高教研究, 2007 (10).

[52] 肖化移. 大众化阶段高职发展模式比较[J]. 职业技术教育, 2004 (7).

[53] 上海市教育科学研究院, 麦可思研究院. 2012 中国高等职业教育人才培养质量年度报告[N]. 中国教育报, 2012-10-17 (5).

[54] 吕一枚. 三大盲区考验中国职教发展[J]. 职业技术教育, 2003 (12).

[55] 查吉德. 高职教育发展不是姓"高"与姓"职"的问题[J]. 职业技术教育, 2009 (8).

[56] 戴井冈. 我国普通高等学校布局结构分析与思考[J]. 教育发展研究, 2005 (5).

[57] 陈宝华, 陈朝萌. 高职院校"升格热"背后的政策反思[J]. 职业

技术教育：教科版，2006（7）.

[58] 李名梁. 职业教育吸引力研究述评［J］. 职教通讯，2012（7）.

[59] 向春. 论终身教育视阈下的高等教育制度改革［J］. 深圳大学学报：人文社会科学版，2013（3）.

[60] 姜爱林. 对中国工业化发展阶段的基本判断［J］. 汕头大学学报：人文社会科学版，2003（2）.

[61] 辛胜阻，洪群联. 新型工业化与我国高等职业教育的转型［J］. 教育研究，2006（11）.

[62] 查吉德. 论城市化进程中的职业教育转型［J］. 河北师范大学学报：教育科学版，2010（3）.

[63] 郭苏华. "大职业教育"：内涵、理据与实践构想［J］. 职业技术教育：教科版（长春），2005（28）.

[64] 朱雪梅. 中国职业教育体系：问题与发展趋向［J］. 职业技术教育，2011（22）.

[65] 朱雪梅，叶小明. 直面生源危机：中国高职院校发展格局与实践战略［J］. 现代教育管理，2012（4）.

[66] 李晓明. 产业转型升级与高职本科教育发展——以地方应用型本科转型高职本科为选择［J］. 教育发展研究，2012（3）.

[67] 俞建伟. 高职本科教育发展的国际比较及启示［J］. 国家教育行政学院学报，2011（4）.

[68] 孟凡华. 鲁昕强调：推动现代职业教育体系建设［J］. 职业技术教育，2011（15）.

[69] 李志峰，梁世翔. 高职专本衔接学制的类型与课程结构设计［J］. 教育发展研究，2002（12）.

[70] 联合国教科文组织. 21世纪的高等教育：展望和行动世界宣言［J］. 教育参考资料，1999.

（三）外文主要参考文献

[1] Secot John L. Overview of career and technical education［M］. 4th ed. American Technical Publisher, Inc, 2008：127.

[2] Chris Edwards. State failure or market failure? The ten steps to a levy-grant

system of vocational training, skill development for international competitiveness [M]. Edward Elgar, 1997.

[3] David W, Soskice. Social skills from mass higher education: rethinking the company-based initial training paradig [J]. Oxford Review of Economic Policy, 1999, 9 (3).

[4] Seoot John L. Overview of career and technical education [M]. 4th ed. American Technical Publisher, Inc, 2008: 127.

[5] Melvin L Barlow. History of industrial education in the United States. [M]. Peoria: Charles A. Bennett, 1967: 20.

[6] Ashley Maurice. The people of England: a short social and economic history [M]. London: Weidenfield and Nicolson, 1982: 68.

[7] Martin Trow. Problems in the transition from elite to mass higher education [C]. paper prepared for a conference on mass higher education held by the Organization for Economic Cooperation and Development, 1975.

[8] Fachhochschulle [EB/OL]. http://en.wikipedia.org/wike/Fachhochschule.

[9] Brint S, Karabel J. The diverted dream: community colleges and the promise of educational opportunity in America, 1900—1985 [M]. New York, Oxford: Oxford University Press, 1989: 23.

[10] Steven Brint, Jerome Karabel. The diverted dream: community colleges and the promise of educational opportunity in America [M]. New York: Oxford University Press, 1989.

[11] Steven Brint, Jerome Karabel. The diverted dream: community colleges and the promise of educational opportunity in America [M]. New York: Oxford University Press, 1989: 116.

[12] Bailey T. Learning to work: employer involvement in school-to-work transition program [M]. Washington D. C: The Brookings Institution, 1995: 3-4.

[13] Dolores Perin. Academic occupational integration as a reform strategy for the community college: classroom perspectives [J]. Teachers College

Record, 2001 (4).

[14] Wirth A. Education and work for the year 2000 [M]. San Francisco: Jossey-Bass, 1992: 168.

[15] Gary Hoachlander. Integrating academic and vocational curriculum—Why is theory so hard to practice? [M]. Berkeley, CA: National Center for Research in Vocational Education, 1999.

[16] Credit and noncredit class schedule [Z]. Chicago: Moraine Valley Community College, 2008: 16 – 70.

[17] Oscar Handlin, Mary F Handlin. The American college and American culture [M]. [S. l.]: McGran-Hill Book Company, 1970.

[18] Tumey. Sources in the history of Australian education, 1788—1970 [M]. Sydney: Angus and Robertson publishers, 1975: 436.

[19] Richard Sweet. A competent recovery? Economic downturn and Australia's vocational education and training system [EB/OL]. http://www. ncver. edu. au/popups/limit_download. phpfile = research/commercial/op04430. pdf,2009.

[20] Skills Australia. Skills for prosperity: a roadmap for vocational education and training [EB/OL]. http://www. skillsaustralia. gov. au/PDFs_RTFs/SkillsProsperityRoadmap. pdf, 2011.

[21] Nick Boreham. Work process knowledge, curriculum control and the work-based route to vocational qualifications [J]. British Journal of Educational Studies, 2002, 50 (2): 225 – 237.

[22] Jörn-Steffen Pischke. Continuous training in Germany [J]. Journal of Population Economics, 2001, 14 (3): 523 – 548.

[23] Reginald Melton. Developing meaningful links between higher education and training [J]. British Journal of Educational Studies, 1995, 43 (1): 43 – 56.

[24] Jurgen Henze. Developments in vocational education since 1976 [J]. Comparative Education, 1984, 20 (1): 117 – 140.

[25] Terry Hyland, Harry Matlay. Lifelong learning and the "new deal" voca-

tionalism: vocational training, qualifications and the small business sector [J]. British Journal of Educational Studies, 1998, 46 (4): 399 – 414.

[26] Aaron Benavot. The rise and decline of vocational [J]. Education Sociology of Education, 1983, 56 (2): 63 – 76.

[27] Lum G. Towards a richer conception of vocational preparation [J]. Journal of Philosophy of Education, 2003, 37 (1): 1 – 25.

[28] Australian National Training Authority. A bridge to the future: Australia's national strategy for vocational education and training 1998—2003 [M]. Brisbane: Australian National Training Authority, 1998.

[29] Australian National Training Authority, 2000.

[30] Marketing Skills & Lifelong learning [EB/OL]. http://www.anta.gov.au/lifelong/, 2001.

[31] Chris Zirkle. Perceptions of vocational educators and human resource/training and development professionals regarding skill dimensions of school-to-work transition programs [M]. Journal of Vocational and Technical Education, 1998, 15 (1).

[32] Julius T. House two kinds of vocational education [J]. The American Journal of Sociology, 1921, 27 (2): 222 – 225.

[33] Theodore Lewis. Vocational education as general education [J]. Curriculum Inquiry, 1998, 28 (3): 283 – 309.

[34] Gordon I Swanson. Vocational education: fact and fantasy [J]. The Phi Delta Kappan, 1978, 60 (2): 87 – 90.

[35] Corazzini J. When should vocational education begin? [J]. The Journal of Human Resources, 1967, 2 (1): 41 – 50.

[36] Nick Boreham. Work process knowledge, curriculum control and the work-based route to vocational qualifications [J]. British Journal of Educational Studies, 2002, 50 (2): 225 – 237.

后　记

　　回顾博士求学岁月，我百感交集。有初入师门时的兴奋憧憬，有窥见真理时的心潮澎湃，有遭遇研究困境时的一筹莫展，有能力未及时的困顿退缩，更有向上攀登学有所得时的满足喜悦。这六年，是我人生中最繁花似锦的青春年华，求学、工作、家庭都在这一阶段走向丰盛，不论过程如何艰辛和曲折，经历时间包装过的这些岁月都是无比的美好。当学业、事业和家庭的忙碌交织在一起的时候，能最终完成学业也算是人生的一种胜利。这个胜利不仅仅是我个人努力的结果，也是许多人支持和帮助的结果。

　　感谢我的导师冯增俊先生。好多朋友问我为何这么辛苦去读博士，我的本心中，没有任何名、利或是现实需要，只为自己在这浩瀚世界中所知甚少，需要去寻求人生答案，去追求真理与智慧。当我得知能够攻读博士时，那种憧憬、向往和喜悦凝聚了人生最美好的时刻，第一次感觉真理与我如此接近。导师冯增俊先生作为中国比较教育学领域的著名学者，学术上的严谨睿智、诲人不倦，生活中宽容豁达、平易近人，更有走出书斋推动中国教育改革的责任担当、务实勤勉，其学问道德一直为学界仰慕。与先生的多年相处，近百封电子邮件都饱含了老师的谆谆教诲；数十次前往珠三角各地市、各种学校的调研与实践，都体会了老师对教育改革和学术研究的执着热情；老师不厌其烦、苦心孤诣传授学问之道，力推我不断迈向学术之路。我特别感激的是，先生时常诚挚地批评、鞭策我的怠惰；感激他用高标准要求确立我们的学术品格和追求；感激他将我带出这个烦琐而具体的世界，走出固有自我观念的束缚，进入学术研究和自由意志的殿堂。六年后的今天，我不敢肯定有多少真理掌握在胸，但可以凿凿确定，透过先生我窥见了真理之光，这光指引着我的人生路途与梦想。

感谢中山大学教育科学研究所为我提供的宽容、大气的求学氛围。感谢所里的黄崴、陈昌贵等学术大师对我的教诲和关怀；感谢张建奇老师，多年来亦师亦友，对我学业和生活的关心、支持和鼓励使我不断坚持，如沐春风的谈心使我从困顿、怀疑、彷徨中豁然开朗，在我的博士学业及论文写作中给予我重要指导和宝贵建议；感谢朱新称、廖茂忠、牛端、刘铁等老师对我成长的帮助和宝贵建议。感谢台湾政治大学周祝瑛教授、中山大学屈琼斐等教授对论文修改所给予的指导和建议，他们宽阔的学术视野、严谨的学术态度给我留下了深刻印象。

感谢我的工作单位广东轻工职业技术学院的领导与同事，尤其感谢叶小明教授的关心与支持，他是我职业生涯和学术之路上点石成金的人；感谢李丽副院长和谭辉平所长的理解和鼓励，使我能够潜心高职教育研究。

感谢与我同在中山大学求学，有着共同学术成长经历的同学们，周红莉、邹一戈、王淑杰、冯成志、王璐等，他们均以不同的方式关注着我研究的进展，给了我许多重要的建议与帮助。

我还要特别感谢我的奶奶，奶奶在我小的时候抚养我，在我有孩子之后又来我身边照顾，辛苦劳作、任劳任怨，这么多年给我温暖、关怀、支持与盼望，是我完成论文的重要动力。感谢父母亲的深情关怀，正是你们的爱与关注不断激励我向前迈进。感谢亲爱的丈夫，生活上体贴与照顾，工作和学业上陪伴与共勉，人生路上共同成长与收获；感谢懂事乖巧的女儿李语蹊，她自觉自主，独立做好自己的事情还会反过来关心我，偶尔还会谈论我的论文进程并催促我继续写下去！

探求真理的道路曲折漫长，我在这路上艰难前行，时而觉得真理已经掌握在手中，时而又对自己所知的一切产生怀疑。也许这就是接近真理的过程，也是我为人生寻找答案的过程。所幸，在这条路上，我并不孤单，这么多亲爱的人与我相伴。

朱雪梅
2016年3月2日于广州